商品目录语义集成与智能服务理论研究

陈冬林　聂规划　徐尚英 著

電子工業出版社

Publishing House of Electronics Industry

北京 • BEIJING

内 容 简 介

在线商品数量的增加使得商品目录的作用越来越重要。本书针对现有的以单源商品目录为主的电子商务网站模式缺乏个性化服务的问题进行了研究。首先界定了商品目录的概念并设计了商品目录本体模型；然后研究商品目录本体规则推理技术，设计了个性化商品目录本体模型；最后对开发原型系统进行实证研究。本书在推进网络环境下基于本体的商品目录标准制定，促进供应链管理中商品目录集成，满足个性化商品目录服务等方面，具有较强的理论意义和实用价值。

本书可供从事电子商务、计算机、管理科学科研、教学或学习的高、中级人员，研究生，以及相关专业的电子商务工作者阅读参考。

图书在版编目（CIP）数据

商品目录语义集成与智能服务理论研究/陈冬林，聂规划，徐尚英著. —北京：电子工业出版社，2014.1
ISBN 978-7-121-21795-1
Ⅰ. ①商… Ⅱ. ①陈… ②聂… ③徐… Ⅲ. ①商品目录—语义分析—研究 Ⅳ. ①F760.1
中国版本图书馆 CIP 数据核字（2013）第 261658 号

责任编辑：赵 娜　　特约编辑：王 纲
印　　刷：三河市双峰印刷装订有限公司
装　　订：三河市双峰印刷装订有限公司
出版发行：电子工业出版社
北京市海淀区万寿路 173 信箱　邮编 100036
开　　本：720×1000　印张：13.75　字数：308 千字
印　　次：2014 年 1 月第 1 次印刷
定　　价：42.00 元

凡所购买电子工业出版社图书有缺损问题，请向购买书店调换。若书店售缺，请与本社发行部联系，联系及邮购电话：（010）88254888。

质量投诉请发邮件至 zlts@phei.com.cn，盗版侵权举报请发邮件至 dbqq@phei.com.cn。

服务热线：（010）88258888。

作者简介

陈冬林

武汉理工大学经济学院教授、管理学博士、博士生导师，电子商务与智能服务研究中心副主任，电子商务系主任，湖北省系统工程学会理事，武汉市系统工程学会常务理事。

曾任职于武汉天喻信息产业股份有限公司，具备丰富的电子商务和电子政务设计、开发经验。美国伊利诺依大学香槟分校电子商务中心访问学者，专注于现代服务业、语义网、本体论及智能推荐技术。

聂规划

武汉理工大学经济学院教授、博士生导师、电子商务学科带头人，中国管理科学与工程学会常务理事，全国计算机模拟与信息技术学会理事，湖北省电子商务学会副理事长，湖北省系统工程学会理事，武汉市系统工程学会常务理事。

专注于语义网、智能服务、个性化推荐和电子商务的研究与实践，以及相关技术咨询和培训工作。

徐尚英

武汉理工大学产业经济学在读博士，加拿大渥太华大学 Telfer 管理学院访问学生。主要研究智能服务、语义网、知识管理及智能推荐技术。

前言

电子商务的迅猛发展使在线商品数量呈爆炸式增长，不同电子商务网站的商品目录分类标准不统一且过于繁杂严重影响了客户体验，因此友好的商品目录变得尤为重要。据统计，90%以上的用户只对特定的有需求的商品目录感兴趣。多标准源和多数据源环境下存在概念众多、国际产品分类标准各异、企业产品数据库分散、多源商品目录无法有效集成等问题，使查询和搜索方式无法满足智能化和个性化服务的要求。

本书在国家自然科学基金项目“多源电子目录语义集成与个性化服务理论研究”的资助下，借鉴了现有的个性化服务理论、电子目录标准、本体论和语义 Web 研究，从客户的角度研究多源商品目录环境下实现标准整合、语义集成、智能推理和个性化定制的目录服务理论、方法和体系。本书首先系统分析了商品目录的概念并界定了其内涵和外延，设计了商品目录本体模型；研究了多源环境局部商品目录本体半自动生成、本体规则抽取理论、基于产品分类的标准集成方法；研究了结构化多层次商品目录本体集成方法（概念合并、属性集成、实例消重及规则集成）。其次设计了个性化商品目录本体模型，研究了商品目录本体规则推理技术，基于推理结果集对个性化商品目录进行了语义扩展，以构建按需定制的客户端商品目录。最后对开发原型系统进行了实证研究。本研究成果在推进网络环境下基于本体的商品目录标准制定，促进供应链管理中商品目录集成，满足个性化商品目录服务等方面具有较强的理论意义和实用价值。

本书由陈冬林教授主笔，负责全书写作大纲的拟定并定稿。撰写分工如下：第 1、2 章由聂规划教授执笔，第 3、6、7 章由陈冬林教授执笔；第 4、5 章由徐尚英博士执笔。

在本书的撰写过程中，我们得到了有关院校的同行和相关部门的大力支持与帮助，特别是武汉理工大学电子商务专业的老师和学生们，他们对本书的撰写提出了许多宝贵的建议，在此一并致谢。

作者

2013 年 9 月

目录

第1章 国内外相关基础理论研究

1.1 商品目录国内外研究现状

1.1.1 语义网

1. 语义网的起源及概念

第一代 Web，即 WWW，又称万维网，是构建在 Internet 上的，采用 B/S 网络计算模式，访问遍布在 Internet 上的所有计算机上的链接文件。这时的 Web 以 HTML 语言、URL、HTTP 等技术为标志，用静态页面的平台形式来展现信息。

第二代 Web 以动态 HTML 语言、Java Script、VB script、ActiveX、API、CGI 等技术为标志。它允许用户通过交互查询数据库，并将数据库中符合要求的结果动态地生成页面，然后展示给用户。

第三代 Web 是一个庞大的知识库，Web 信息无法被自动处理，计算机在其中扮演了展现信息的作用，而没有理解和处理 Web 信息的能力；Web 信息无法被有效利用，基于传统技术的搜索引擎已经无法应对 Web 这个日益庞大的知识库。由于计算机无法精确识别 Web 上的内容，当前搜索引擎返回的结果中存在着大量的垃圾信息，搜索结果和质量并不令人满意。事实上人们真正关心的是信息的内容，只有对信息的内容的含义进行描述，才能实现智能化的 Web 服务，为此 Berers-Lee 在 2000 年又提出了语义网。

当前对语义网的概念还没有形成统一的定义，对语义网的理解表述不一。主流的定义主要有：

（1）语义网是第三代 Web，其目标是实现机器自动处理信息，它提供诸如信息代理、搜索代理、信息过滤等智能服务。

（2）语义网不同于现存的万维网，其数据主要供人类使用，新一代 WWW 中将提供也能被计算机所处理的数据，这将使得大量的智能服务成为可能。

(3)语义网研究活动的目标是开发一系列计算机可理解和处理的表达语义信息的语言和技术，以支持网络环境下广泛有效的自动推理。

（4）语义网的创始人 Tim Berners-Lee 对语义网的定义如下：语义网是一个网，它包含了文档或文档的一部分，描述了事物间的明显关系，且包含语义信息，以利于机器的自动处理。

尽管对语义网的理解与描述不同，但仍能从这些描述与理解中看出语义网的一些基本特征：

（1）语义网不同于 WWW，它是现有 WWW 的扩展与延伸；

（2）现有的 WWW 面向文档，而语义网则面向文档所表示的数据；

（3）语义网将更利于计算机“理解与处理”，并将具有一定的判断、推理能力。

只有当数据不仅可以被人而且可以被机器自动共享和处理的时候，Web 的潜力才发挥到极致。

语义 Web 最大的优点是可让计算机具有对网络空间所存储的数据进行智能评估的能力，这样计算机就可以像人脑一样“理解”信息的含义，完成“智能代理”的功能。使用语义 Web 搜索引擎搜索的结果比 Web 更为精确。

语义 Web 提供了一种崭新的信息描述和知识表达的手段，而要在语义层次上实现信息的互操作，就需要对信息含义的理解达成一致。语义 Web 采用了本体的思想，本体描述的是具有共识的、概念化的事物，它对实现语义层次上的知识共享、知识重用发挥着核心作用。

语义 Web 的目标是让 Web 上的信息能够被机器理解，从而实现 Web 信息的自动处理，以适应 Web 信息资源的快速增长，更好地实现任何计算机的交互以及合作。近年来，无论在国际上，还是在国内，人们对语义 Web 机器关键技术和应用的研究如火如荼，语义 Web 的支撑软件与应用开发日益受到重视，语义 Web 被看成新一代的信息基础设施，被人们称为第三代 Web。

2．语义网的架构

Berners-Lee 于 2000 年提出了语义网的体系结构（见图 1-1），并对此做了简单的介绍。该体系结构共有七层，自下而上其各层功能逐渐增强。

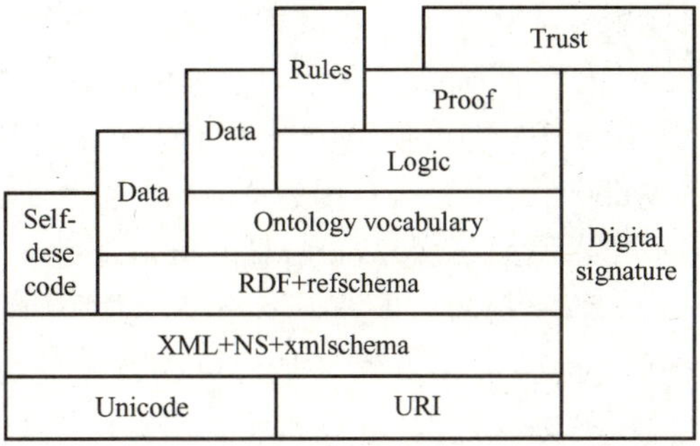

图 1-1　语义网体系结构

第一层，Unicode 和 URI。URI 是 Web 的核心概念之一，它能够唯一地识别 Web 上的任意一个资源，其思想是在需要的时候通过链接引用资源，因此不需要对资源进行复制或集中管理。Unicode 是一种新的字符编码标准，它支持世界上所有的语言，无论在什么平台、什么程序中，每个字符都对应于一个唯一的 Unicode 编码值。

第二层，XML+NS（名称空间）+xmlschema。XML 提供文档结构化的语法，实现了文档结构与文档表现形式的分离，根据不同的目的同一个文档可以有不同的表现形式。XML 名称空间是名称的一个集合，用于文档元素和属性名有效性的验证，由 URI 引用来标示。xmlschema 是约束 XML 文档结构的语言。

第三层， RDF+refschema。XML 实现了文档结构化，但文档信息并不包含任何语义。RDF 数据模型提供简单的定义，RDF 属性可以看成资源的属性，同时又表达了资源之间的关系，因此 RDF 数据模型对应于传统的属性二值对，又类似于 E-R 图。RDF Schema 为 RDF 模型提供了一个基本的类 ing 系统，其目的就是定义资源的属性，定义被描述为资源的类，并对类和关系的可能组合进行约束，同时提供约束违例的监测机制。

第四层，Ontology vocabulary（本体层）。虽然 RDF（S）能够定义对象的属性和类，还提供了类的泛化等简单定义，但它不能明确表达描述属性或类的术语的含义及术语间的关系。本体层就是要提供一个明确的形式化语言，以准确定义术语的语义及术语间的关系。

第五至七层，Logic（逻辑）、Proof（证明）、Trust（信任）。除了本体层定义的术语关系和推理规则外，还需要一个功能强大的逻辑语言来实现推理。证明语言允许服务代理在向客户发送断言的同时将推理路径也发送给客户代理。这样应用程序只需要包含一个普通的验证引擎就可以确定断言的真假。但是，证明语言只能根据 Web 上已有的信息对断言给出逻辑证明，它并不能保证 Web 上所有的信息都为“真”。因此，软件代理还需要使用数字签名和加密技术用来确保 Web 信息的可信任性。

数字签名和加密。数字签名简单地说就是一段数据加密块，机器和软件代理可以用它来唯一地验证某个信息是否可由特定的可信任的来源提供。它是实现 Web 信任的关键技术。公共密钥加密算法是数字签名的基础。

3. 语义网关键技术

要实现语义网，首先要解决信息描述问题，即如何在 Web 页面上添加机器可理解的语义信息。目前，已开发出许多语言，通过采用不同的语法、语义来解决网上知识的标示问题，主要包括 XML、RDF、OIL、DAML+OIL 和 OWL 等语言。语义网的实现需要三大关键技术的支持：XML、RDF 和 Ontology。

1）XML

XML 为可扩展性标记语言，它与 HTML 的固定标记集合所不同的是，允许其制作者创建自己的标记，通过标记来对网页的内容进行注释，并利用标记的层次关系使文档具有结构性。也就是说，XML 是一种可拓展的元指标语言，允许程序开发人员根据其所提供的规则，制定各种各样的指标语言，主要通过数据文档、DTD、样式单三个分离的部分来描述数据。其突出的优点是：良好的可扩展性、内容与形式分离、遵循严格的语法要求，便于不同系统之间信息的传输，有较好的保值性。

但是 XML 的信息是数据层面的，要利用标记来获得语义信息，首先要明白各个标记的含义，如果事先没有对应用的标记名称、组织格式和含义进行一致的约定，计算机就很难表示标记的含义。因而 XML 本身是缺乏予以描述能力的，在语义网体系结构中知识作为语法层而存在。为此，W3C 组织推荐用 RDF 来解决 XML 的语义局限性问题。

2）RDF

RDF 是 W3C 组织推荐使用的用来描述资源及其之间关系的语言规范，具有简单、易扩展、开放性、易交换和易综合等特点。RDF 由三个部分组成：RDF Data Model、RDF Schema 和 RDF Syntax。RDF Data Model 提供了一个简单但功能强大的模型，通过资源、属性及其相应值来描述特定资源。模型定义为：

（1）它包含一系列的节点 N；

（2）它包含一系列属性类 P；

（3）每一属性都有一定的取值 V；

（4）模型是一个三元组，{节点，属性类，节点或原始值 V}；

（5）每一个 Data Model 可以看成由节点和弧构成的有向图。

模型中所有被描述的资源以及用来描述资源的属性值都可以看成“节点”（Node）。由资源节点、属性类和属性值组成的一个三元组叫做 RDF Statement （或 RDF 陈述）。在模型中，陈述既可以作为资源节点，同时也可以作为值节点出现，所以一个模型中的节点有时不止一个。这时，用来描述资源节点的值节点本身还具有属性类和值，并可以继续细化。

为了避免不同词表的名字冲突 ，W3C 还开发了一种轻量级的模式定义语言 RDF Schema，提供了定义在 RDF 之上的抽象的词汇集，引入了一些诸如类、属性等面向对象设计概念。RDF Schema 定义了如下内容。

三个核心类：rdf：Resource，rdfs：property，rdfs：Class。

五个核心属性：rdf：type，rdfs：subClassOf，rdfs：seeAlso，rdfs：subPropertyOf，rdfs：isDefinedBy。

四个核心约束：rdfs：ConstrantResource，rdfs：range，rdfs：ConstraintProperty，rdfs：domain。

RDF Syntax 构造了一个完整的语法体系以利于计算机的自动处理，它以 XML 为其宿主语言，通过 XML 语法实现对各种元数据的集成。

虽然 RDF 可以用来描述 Web 数据的语义，但在表达能力和逻辑严格性方面却存在着不足，这对于构造一个真正支持丰富语义的 Web 是有影响力的。为此，人们引入基于本体的描述语言——OIL 、DAML+OIL+OWL。

3）OWL

OWL 则是 W3C 小组提出的一种基于本体描述语言，在 DAML+OIL 的基础上提供了附加的词汇表，其中的词汇都有正式语义，可明确表达各词汇的含义及它们之间的相互关系。通过一定的处理机制计算机之间就能够协同工作。OWL 语言能够清楚地表达实体间的术语词汇和联系。

4）Ontology 本体

Ontology 本体是语义网的另一项关键技术，将在下一节介绍。

1.1.2 本体

1．本体的概念

Ontology （本体或本体论），原本是一个哲学上的概念，用于研究客观世界本质。目前 Ontology 已经被广泛应用到包括计算机科学、电子工程、远程教育、电子商务、智能检索、数据挖掘等在内的诸多领域。它是一份正式定义名词之间关系的文档或文件。一般 Web 上的 Ontology 包括分类和一套推理规则。分类，用于定义对象的类别及其之间的关系；推理规则，则提供进一步的功能，完成语义网的关键目标，即“机器可理解”。本体的最终目标是“精确地表示那些隐含（或不明确的）信息”。

当前对本体的理解仍没有形成统一的定义，如本体是共享概念模型的形式化规范说明，通过概念之间的关系来描述概念的语义，本体是对概念化对象的明确表示和描述，本体是关于领域的显式的、形式化的共享概念化规范等。斯坦福大学的 Gruber 给出的定义得到了许多同行的认可，即“本体是概念化的显示规范”。概念化（Conceptualization）被定义为：C=<D,W,Rc>，其中 C 表示概念化对象，D 表示一个域，W 是该领域中相关事物状态的集合，Rc 是域空间上的概念关系的集合。规范（Specification）可形成对领域内概念、知识及概念间关系的统一的认识与理解，以利于共享与重用。

2．本体描述语言

本体需要某种语言来对概念化进行描述，按照表示和描述的形式化的程度不同，可以将本体分为完全非形式化本体、半非形式化本体、半形式化本体和严格形式化的本体。有许多语言可用于表示 Ontology，其中一些语言是基于 XML 语法并用于语义网的，如 XOL（Xml- based Ontology exchange Language），SHOE（Simple HTML Ontology Language），OML（Ontology Markup Language）以及由 W3C 组织创建的 RDF 与 RDF Schema（RDFS）。还有建立在 RDF 与 RDFS 之上的、较为完善的 Ontology 语言 DAML（DARPA Agent Markup Language）、OIL 和 DAML+OIL，如图 1-2 所示。

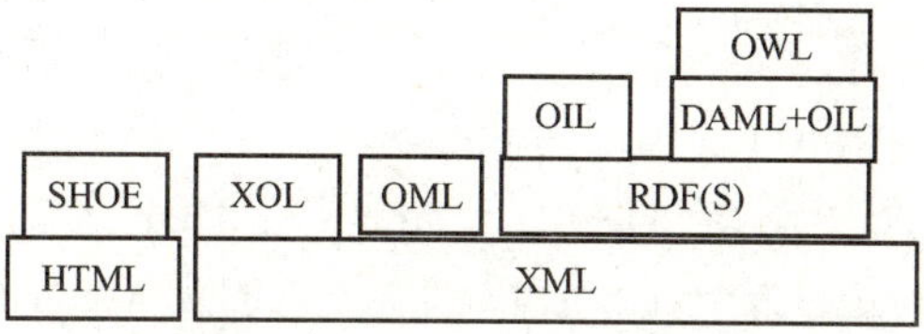

图 1-2　本体描述语言关系图

XOL 是一种基于 XML 语法和 OKBC 语义的本体交换语言。它由美国生物信息学术团体设计，用于其领域的一组异构软件系统间本体定义的交换，它以 Ontolingua 和 OML 作为基础，融合了 OKBC 的高层表达方式和 OML 的语法。当前还没有支持 XOL 本体开发的工具，但由于它采用 XML 语法，可以采用 XML 编辑器来创建 XOL 文件。SHOE 由马里兰大学开发，它将机器可读的语义知识与 HTML 文档或其他 Web 文档相结合，允许直接在 WWW 的基础上设计和应用本体。近来 SHOE 的语法已转向 XML，它使得代理（Agents）能够收集有意义的 Web 页面和文档的信息，改善搜索机制和知识收集。OML 由 Washington 大学开发，部分基于 SHOE。它有四个层次：OML 核心层（与语言的逻辑层相关）、简单 OML（直接映射 RDF 和 RDFS）、简化 OML 和标准 OML。

RDF 是 W3C 推荐的一种信息描述方式，目的是克服 XML 的语义限制，提供一种简单的模式来表示各种类型的资源。在 RDF 的基础上，RDFS 建立了一些基本的模型限制。RDF 具有较强的表达能力，但仍存在一些不足，如 RDF 没有定义推理和公理的机制，它没有说明包含特性以及没有版本控制等。

OIL 建立在 RDF 之上，其主要优势在于以描述逻辑为基础，提供形式化语义的推理。OIL 综合了三方面的技术：框架系统、描述逻辑和基于 XML 与 RDF 语法的 Web 语言。框架系统采用了一种类似于面向对象的方法对数据建模，提供建模原语；描述逻辑用规范化的方法表达结构化知识及查询和推理；基于 XML 和 RDF 语法的 Web 语言为 OIL 提供语言元素。OIL 的数据对象主要包括类定义、槽定义（slot definition）及公理定义（axiom）。类定义包括定义类型、类层次关系和槽约束或属性约束；槽定义定义实体间的二元关系，包括原语 slot-def、domain、rang、inverse、 subslot-of 等；公理定义定义该本体内的一些附加规则，如类之间外延的关系有不相交、覆盖、相交、等价等。

DAML 由 DARPA（美国国防部高级计划研究署）主持开发，力图融入 RDF、OIL 等的优点，它与 OIL 一样建立在 RDF 之上，以描述逻辑为基础。其主要目标是开发一个旨在以机器可读的方式表示语义关系，并与当前及未来技术相容的语言，尤其是开发出一套工具与技术，使得 Agent（代理）程序可以识别与理解信息源，并在 Agent 程序之间实现基于语义的互操作。DAML 的最早版本为 DAML-ONT，但后来与 OIL 紧密结合形成了 DAML+OIL。DAML+OIL 是由美国和欧盟在 DAML 背景下共同开发的，它与 OIL 有着相同的目标，是目前应用最广的本体语言。它是 RDF（S）基础上的扩展，具备充分的表达能力（如唯一性、传递性、逆反性、等价等），具有一定的推理能力，完全确定了语义网中知识表示语言的整体框架。

3．本体的构建方法

当前本体的构建方法尚不成熟，很多组织或个人都采用自己的方法来构建本体模型，这里介绍比较通用的本体构建方法。

1）骨架法

骨架法最开始由 Micheal Gruninger 和 Mike Cshold 等人提出，该方法最开始应用于企业本体的构建，并随后成为大家普遍选择的方法。

采用骨架法构建本体的前提是知道用户需求，也就是确定构建本体的目的以及明确本体应用的具体领域。在明确了本体构建目的和本体所属领域后，核心的工作就是构建本体了。本体的构建分为以下几步。

语义抽取，该部分主要负责从现实客观世界中抽取特征概念、属性、实例、三者之间的语义关系及本体模型，并从不同层次对概念、属性、实例及关系用精确、唯一的术语做出描述。

语义描述，根据在语义抽取阶段中得到的概念、属性、实例、关系定义及本体模型，利用本体描述语言将这些抽取结果表达出来。

语义集成，将研究领域中的各个应用于子领域的局部本体集成起来，其中的关键点是集成每个局部本体的异构。

在本体构建完成之后，需要以之前确定的本体构建目的和本体的应用领域为依据对构建的本体进行评价，同时也要对相关辅助文档及本体执行的软件环境进行评价，最终实现本体描述的清晰、概念及概念间关系描述的完整性及保证本体描述的良好的可扩展性。最后是编写相关文档对本体进行功能等说明，还要包含本体中出现的概念、属性、实例及它们关系的定义词汇，以便以后对本体进行更新。

2）企业建模法

企业建模法是由多伦多大学 Enterprise Integration Laboratory 创立的，使用一阶谓词逻辑进行集成。采用企业建模法构架本体分为以下几个阶段。

收集应用情景阶段，也称需求分析，熟悉领域内应用情景提出的需求并进行分析，提出解决方法，抽象出并定义领域内针对该应用场景的概念与概念之间的关系。

非形式化本体能力问题形成阶段，由这些问题构建对本体的评价标准及本体的相关约束。

语义抽取及定义阶段，从应用情景提供问题中抽取本体概念及其他语义关系模型，确定语义描述词汇，并利用本体描述语言描述。

采用本体描述语言形式化领域内应用情景的问题，并用一阶谓词对词汇公理进行定义，一般概念的约束是利用公理来定义的。

骨架法和企业建模法是本体构建方法中很有代表性的方法，两种方法都来源且提炼于本体的构建实践中。明确本体构建目的、本体的构建以及本体评价是骨架法和企业建模法共有的阶段，其主要思想和软件工程的类似。用 IEEE 标准软件开发生命周期法 IEEE1074—1995 分析上述两种方法，骨架法和企业建模法在实现流程上都还有不足。因为目前没有完全统一的本体建模标准和开发说明文档，构建的本体之间在共享和集成上困难重重，研究出一套共有的本体建模标准是当前问题的关键。

4．本体的编辑工具

本体编辑工具主要具有编辑、图示、自动转换置标语言、自动将系统内容转换成数据库、可以附加软件插件等功能。到目前为止，已经出现了50多种本体编辑工具，但总体来说分为两类。

第一类本体编辑工具基于某种特定的语言，主要包括 OntoSaurus，WebOnto ，Ontolingua，WebODE 等。OntoSaurus 基于 LOOM 语言，Ontolingua 基于 Ontolingua 语言，WebOnto 基于 OCML 语言，并在一定程度上支持多种基于 AI 的本体描述语言。

第二类本体编辑工具包括 Protégé 系列，OntoEdit，OilEd 等。这些工具最大的特点是独立于特定的语言，可以输入/输出多种基于 Web 的本体描述语言格式［如 XML，RDF（S），DAML+OIL 等］。

下面对本体构建工具 Protégé 进行介绍。

Protégé 由斯坦福大学医学院的医学情报学研究组（SMI-Stanford Medical Informatics，一个跨学科的研究小组）开发研制。Protégé 的开发环境是 Java standalone application 和 Java plug-in architecture。Protégé 在类和属性的设置上具有 OKBC（Open Knowledge Base Connectivity）的兼容性。公理的格式符合 KIF（Knowledge Interchange Format）和 PAL（The ProtégéAxiom Language）语言。知识获取的形式是自动生成并抓取实例。本体的合并工具是插件 Protégé Prompt。输入和输出格式支持 RDF（S），OIL，XML 和 OWL。Protégé 支持多重继承，并对新数据进行一致性检查，并且具有很强的可扩展性，主要表现在如下几点：

（1）友好，具有图形化的用户界面。

（2）版本更新速度快。经过不断升级，功能也在不断完善，配有诸多插件可供选择。

（3）由 Protégé 编辑的本体文档可以不倚赖于本体编辑器进行代码修改，方便与数据库的连接。

（4）Protégé 是基于 XML 的本体标记语言，提供 RDF、OWL、XML 等多种存储格式，可以适应不同需要。

（5）支持多种语言格式，尤其是 Protégé 支持中文编辑。

（6）作为网络开放资源，Protégé 可以从网上随时免费下载，网上还提供使用学习手册，为使用者提供了最大的便利。

（7）是 W3C 推荐的本体编辑器。

1.1.3　商品目录

1．商品目录国际分类标准体系

商品目录（又叫产品与服务信息）目前缺乏统一的定义，相关的概念有产品信息（Product Informantion）、产品分类（product categorization）、产品与服务目录（Product and Service Catalog）、产品目录（product catalogue）、产品分类标准（Hierarchy of Classes）等。商品目录领域以工业产品与服务分级标准研究最多，如基于 XML 的通用产品分级标准，国际产品分类标准 UNSPSC，eCl@ss，RosettaNet，EGAS，NCS 等建立了较为全面的分级层次。国际分类标准是为统计而设计的，如产品销售额、成本和聚类分析等。上述标准在分级结构上异构，内容上各异，并且体系庞大，缺乏语义互操作能力，未被大部分企业采用，主要不足表现在：

（1）语义描述和扩展性差。对于不同时间、地域或领域，同一概念可以使用不同的语言表示形式来表达，因此，不同的用户对于同一商品概念可能使用不同的关键词进行表达，使得传统的商品目录面对同义词查询得到不同结果，如对“computer”和“laptop”的查询。

（2）语义扩展能力不足，只考虑到父类和子类关系，未引入产品通用属性（Generic Propertys），如价格、颜色、功能、产地和材质等，产品实例和产品部件关系。

（3）不包含商业属性，在激烈竞争的电子商务交易中，客户不只注重产品功能，价格、厂家和产地等通用属性，使用状态（new/used/refurbish）、税收（tax）、运输（Delivery/Shipping Method）、支付方式（Pay Method）、发票（Invoice）、质保（Warranty）、折扣（off）/优惠券（Coupon）和销售有效期（Valid）等都是影响客户决策的重要因素。智能化的商品目录体系应包括这些商业属性。

（4）交叉目录问题，纯树形结构的分级标准无法表述交叉产品种类（Cross Category）需要，如打印机既属办公用品又属电子产品，电子商务网站 ebay，一级目录有 35 种分类，其中 Baby/Kid、Clothing 和 Health/Beauty 都存在交叉问题。

2．商品目录本体模型

商品目录经过了纸质目录（Paper-based Catalogs）、第一代面向互联网应用的电子产品目录 IEPCs（Internet-based Electronic Product Catalogs），现在发展到基于本体的产品与服务目录（Product and Service Catalog Based on Ontology）。Obrst、Wray 和 Liu 探讨了在 B2B 环境中为产品与服务建立本体所面临的主要挑战。Corcho 和 Gómez-Pérez 也指出了产品和服务的多分类标准可以通过本体映射进行集成，并且建立了基于 WebODE 平台的可执行的原型系统。Tolksdorf 等人分析了语义网技术对 B2C 电子商务的潜在影响，并且讨论了目前电子商务在技术和组织上的挑战。可见本体可以解决商品目录语义描述和互操作问题。商品目录本体模型包括以下两种建模方法。

1）以产品分类为核心的建模方法

这种方法的原理是以产品分级标准为主干，通过增加产品属性和语义关系的方法构建目录本体。

（1）基于 eCl@ss 分类标准的商品目录本体。德国学者 Hepp、Martin 设计了基于分类标准的商品目录本体，提出基于树形分类结构、叙词表的目录本体模型和自动生成算法 GenTax，发布了 OWL 语言的 eCl@ss 商品目录本体。

（2）基于 UNSPSC 分类标准的商品目录本体，Z Cui 提出了 UNSPSC 作为共享本体实现 B2B 企业之间的产品信息交换方法，本课题组以 UNSPSC 为基础进行了产品通用属性的语义扩展，设计了商品目录本体模型，开发了中文 EC 语义词典型/商品目录本体管理系统。

（3）基于企业自定义产品分级的目录本体，大多数企业和电子商务网站不采用国际产品分类标准。IBM 公司的 Brunner. J.S 认为现有的产品信息管理（Product Information Management，PIM）缺乏随需应变的灵活性和规模性，通过自定义产品分类体系（Product Categories）设计了目录本体，包括基于 OWL 的元模型、产品信息管理模型和公司模型。技术上采用规模性本体容器（Scalable Ontology Repository，SOR）和垂直表（Vertical Table）存储商品目录本体，解决实际应用过程的规模性问题。

2）以产品和服务为核心的建模方法

该方法与基于产品分级标准构建目录本体相反，以产品概念、属性和语义关系为主体设计目录本体模型，通过代码的实现与分级标准的映射。Hepp、KIM 和 Lee 等认为电子商务环境下，产品属性（通用属性、商业属性）在商品目录中作用更大，Guo 也研究了“产品概念为中心”的商品目录，强调了属性和语义在产品信息描述和交换过程的重要性。韩国学者 Hyunja Lee 通过增加产品通用属性（Generic Propertys）和度量单位 UOMs 来丰富目录本体的语义，H.Lee 则对产品的语义关系进行了详细分析，增加产品实例，设计了完整的商品目录本体 OWL，包括产品本体元模型、基于语义的产品元数据检索服务 IPIS 系统。Hepp 分析了 e-business 中商业属性和语义对产品和服务的重要性，定义复杂的产品和服务本体 GoodRelations。此外，Jeongsoo Lee 设计了四层产品本体架构解决供应链企业之间的产品数据交换，Hadi 基于语义词典 Wordnet 来区分产品概念和概念关系、概念与 UNSPSC、eCl@ss 等分级标准映射的方法建立目录本体模型。

3）商品目录本体自学习

目前已经开发出一些本体学习工具，最著名的有 Text-To-Onto，OntoLearn ，OntoLT 和 OntoBuilder。这些工具提供了友好的图形化界面和一致性检查机制，方便了用户进行大规模本体的构建和编辑。但是，它们提供的仅仅是本体编辑功能，用户仍然需要手工构建本体。即使使用这些工具，用户依然需要逐个地输入和编辑概念的名字、约束、属性、实例等内容，而且使用的本体学习方法都比较单一，都只能在某些情况下才能取得较好的结果。

目前还没有一种本体学习方法能适用于所有的情况，为了提高这些本体工具的适用范围，避免用户进行不必要的重复操作，必须将多种本体学习方法获得的结果有效地综合起来。依据 Maedche 和 taab 指出的本体学习可以被分为四步——抽取、修剪、提炼、导入或重用，主要有四种通过本体学习来构建本体的方法——基于词典的方法、文本聚类、关联规则及基于知识库的方法。在传统的基于词典的方法中，概念的层级结构能被自动地组织，依据概念的同义词、上下位词来定义概念之间的关系，当然这种方法存在诸如领域依赖等不足。文本聚类的方法能很好地建立概念的层次，但 Hotho,Maedche 指出文本聚类不能满足不同的用户对聚类的不同需求等问题。基于关联规则来自动生成本体的思想来源于关联规则有着很强的支持度和置信度，Wei，Bressan 指出基于关联规则的方法同样存在严重的问题。而利用知识库自动构建本体需要人工预先构建好该领域的知识库，在其中定义了基本的规则和简单的例子。该方法只适合领域相关的本体生成，而不适合商品目录本体的构建。

杜小勇等认为针对不同类型的数据源需要采用不同的本体学习技术。因此根据数据源的不同结构化程度，可以将商品目录本体学习技术分为 3 大类：基于结构化数据的目录本体学习、基于非结构化数据的目录本体学习和基于半结构化数据的目录本体学习。如 Deitel 等提出了一种从 RDF 中学习本体的方法，Johannesson 提出了将数据库的关系模式转换为一对一、一对多、多对多的概念模型，然后由用户对这些概念模型进行修订以生成最终的本体。

商品目录本体模型定义为 ECO（概念、关系、属性、公理和实例），可见自学习的任务包括概念的自动获取、概念间关系（包括分类关系和非分类关系）的自动学习、属性的自动识别和公理的获取。例如，从学习源 WWW 中抽取的信息（商品目录本体概念、关系、属性、实例），并编码组织成结构化的 owl 文件。目录本体概念是构成商品目录本体的最基本，也是最重要的元素，是目录本体学习的起点。傅魁通过术语的获取、同义词的识别及概念的领域性判断三个阶段完成了多策略领域概念的获取。对本体关系的获取，有许多研究成果。一些学者研究了领域无关的特定概念关系，如 Part-Of，Qualia，Telic 和 Agentive，Causation，或者它们的组合。还有一些领域依赖的方法，主要是在生物医学领域（如 PubMed），这些研究的目的是发现已知概念（如 symptom，diseases）之间的关系。对于本体属性的研究，Almuhareb 和 Popescu 将对象-数据-值分别定义为概念属性和概念特征。Luke 和 Michael 研究了基于本体驱动的丰富本体实例的方法，然而通过这种方法学习到的本体实例是无限制重复的，最终导致本体的无意义冗余。

综上所述，将本体应用于产品和服务描述有利于语义网的发展，提升企业竞争力，为用户提供智能化的服务。而手工构建商品目录本体费时、费力，又需要大量领域专家的帮助，国际产品分类标准之间、电子商务网站产品目录之间存在异构性和交叉性，目录学习系统工具不能满足 Web 分布式异构环境下产品服务的需要，直接阻碍了电子商务环境下语义互操作和智能化服务能力。本项目将本体论、语义 Web 和自学习等理论应用于商品目录的研究，可以满足产品和服务语义表示、自学习与智能化服务的现实需要，具有重要的理论意义和实用价值。

1.2　智能服务国内外研究现状

1.2.1　用户个性化信息模型的构建

随着计算机网络的飞速发展、互联网信息的不断膨胀，人们对个性化服务的要求日益提高。大多数个性化系统采用传统的关键词或关键词向量空间模型，即使用关键词向量表示用户的兴趣偏好。这种方法虽然理论成熟、计算方法简单，但并不能十分准确地反映语义信息，制约了不同系统中个性化信息的共享及用户模型的重用。多样化个性化服务的关键都是首先建立对用户的描述，然后据此提供针对不同用户的个性化服务，用户模型是个性化服务的基础和核心。

传统个性化推荐（Personalized Recommendation，PR）具备个性化特征的关键在于用户偏好模型的构建和应用。用户偏好模型（User Profile，UP）是通过跟踪、分析用户在网路购物环境下的行为，建立的对用户偏好的抽象描述，在推荐过程中用于计算目标用户对未知资源的评价，从而将高评价的资源提供给该用户。

用户建模的原理是从用户信息中构建用户模型，但不限于对用户兴趣的准确描述。根据建模过程中用户的参与程度，用户建模技术可以分为用户手工定制建模、示例用户建模和自动用户建模。

用户手工定制建模的典型代表，卡内基•梅隆大学的 WebWatcher 要求用户键入其感兴趣的关键词，系统将输入的关键词作为用户模型，据此进行个性化推荐；示例用户建模的典型代表是加州大学 Irvine 分校于 1996 年推出的帮助用户导航的个性化推荐智能体——Syskill&Webert，其核心思想是通过用户标注的个性化信息进行统计分析互信息（Mutual Information）以完成用户模型构建。自动用户建模的系统主要有卡内基•梅隆大学的 Personal WebWatcher、德国国家研究中心的 ELFI、麻省理工学院的 Letizia 等。

总体说来，前两种方法完全依赖于客户，不仅难以获得良好的客户体验，还会降低客户的参与积极性，而且用户兴趣的易变性会导致模型不具有稳定性；自动用户建模则无须用户主动提供信息，不会造成用户干扰，可提高个性化服务系统的易用性并促进个性化服务的发展。Bhaskar 等人提出了利用统一上下文模型与护照实现跨系统个性化服务的用户建模技术，该方法具有领域局限性；Dominik 等人则研发了通用用户本体 GUMO，用于实现智能语义丰富环境中分布式用户模型的统一描述；为解决领域差异造成的语义歧义问题并实现跨系统个性化服务中用户模型的共享与重用，张付志等人引入了本体思想，构建了基于领域本体的跨系统个性化服务用户模型 DOBUM，详细介绍了该模型在群体用户建模中的应用实现过程。

根据消费者行为学的研究可知“情境”（context）对用户选择自己所需的商品或者服务有着极为重要的影响，随着情境的动态变化，这种影响力的效果尤为明显。

Adomavicius 和 Tuzhilin 构建了个性化推荐研究的问题模型；Montaer 等基于资源评价视角提出了推荐系统的主题研究框架；Sankaranarayanan 等扩展了问题模型，提出了一个整合情境的三维推荐空间；Adomavicius 基于情境耦合强度和评价预测算法中配置的差异，提出了情境化推荐模式的研究框架；Abernethy 等提出了基于用户操作行为预期的协同过滤优化方法。国内学者对于情境因素对用户消费影响的研究几乎没有，许海玲等探讨了推荐问题形式化和非形式化的定义，并分析对比了主流算法；蔡宏志基于用户视角提出了五种推荐服务模式；吴丽花等对个性化推荐系统的用户模型构建技术进行了分类，归纳并探讨了用户建模中的用户数据获取方式、用户模型的表示方法、模型学习和更新四个研究主题。用户模型中除了用户自身意志影响，用户受 Web 2.0 情景环境影响，还要从用户消费心理出发，考虑电子商务企业的各种商品促销活动对于用户购物决策制定的影响。

1.2.2 商品目录模型构建

随着 Web 技术的发展、电子商务的快速发展和在线商品数量的不断增加，商品目录技术越来越重要。现有商品目录及标准只是产品分级概念和属性的结合，不能进行基于规则推理的智能化服务。来自不同企业产品数据库的商品目录不仅让客户感到眼花缭乱，也影响了商务效率，据统计 90% 以上的用户只对特定的有需要的商品目录感兴趣。

多标准和多数据源环境下存在概念众多、国际产品分类标准各异、企业产品数据库分散，商品目录无法有效集成，现有的以单源商品目录为主的电子商务网站模式缺乏个性化服务等特点。依据不同标准分级，往往存在分类标准体系庞大、异构，缺乏有效集成等缺陷，不仅让客户感到无从选择，更影响商务效率。这些缺陷的主要原因是现在的商品目录知识化描述能力不足，需要进行优化。

本体可以解决商品目录语义描述和互操作问题，商品目录本体模型定义为 ECO （概念、关系、属性、公理和实例），包括以下两种本体建模方法。

第一，基于商品目录标准的商品目录本体，其原理是以产品分级标准为主，通过增加产品属性和语义关系的方法构建目录本体。如德国 Hepp，Martin 设计了基于分类标准的商品目录本体和 GenTax 发布了 OWL 语言的 eC@lss 商品目录本体。Z Cui 提出了以 UNSPSC 作为共享本体实现 B2B 企业之间的产品信息交换方法。IBM 公司的 Brunner. J.S 通过自定义产品分类体系（Product-Categories）设计了目录本体，包括基于 OWL 的元模型、产品信息管理模型和公司模型。

第二，基于产品和服务概念及属性的商品目录本体，该方法与基于产品分级标准构建目录本体相反，是以产品概念、属性和语义关系为主体设计目录本体模型，并通过代码实现与分级标准的映射。Hepp、KIM 和 Lee 等认为电子商务环境下，用户关注的往往是产品的具体属性，并提出了产品的两类属性（通用属性和商业属性）的定义，Guo 也研究了以产品概念为中心的商品目录，强调了商品目录中概念属性及概念间关系所包含语义对于信息交换的重要性。韩国学者 Hyunja Lee 通过增加产品通用属性（ GenericAttributes）度量单位 UOMs 来丰富目录本体的语义，H.Lee 则对产品的语义关系进行了详细分析，增加了产品实例，设计了完整的商品目录本体 OWL，包括产品本体元模型、基于语义的产品元数据检索服务 IPIS 系统，通过 code-mapping 的方法实现与不同分类标准的映射（ UNSPSC、HS 和 GUNGB）。现有的商品目录本体，绝大多数以手工设计为主，不适于电子商务环境下分布式的目录智能服务需要，Kim 在讨论基于 Agent 的分布式产品信息智能搜索方法时，假定网上商店提供目录本体和语义 WebService 接口，这种假设在实际应用中不可行。因此自动或半自动从电子商务网站和企业产品数据库中生成目录本体非常重要。

电子商务的快速发展和在线商品数量的增加，商品目录也相应变得很庞大，客户对个性化、集成化和语义化的商品目录要求越来越高。多标准、多数据源环境下商品目录存在相关概念众多、产品分级标准各异，商品目录本体生成没有完备的扩展丰富的产品语义，手工定义不满足大规模电子商务环境目录自动生成的要求，商品目录本体采用的概念和属性集成方法简单，个性化商品目录本体的自动语义扩展困难等问题。以国际产品分级标准、本体论和服务理论为基础，研究商品目录定义和本体建模、目录标准语义集成，可以满足商品目录环境下标准整合、语义集成和智能化服务的需要。商品目录本体语义集成成了一个研究重点。

商品目录集成方法有两种，即语法集成和语义集成，这两种方法需要在国际产品分级标准之间、企业产品数据库与国际产品分级标准之间进行集成。XML 和 Web Service 技术的标准集成研究，只能解决语法和结构异构问题，Keller 提出了虚拟目录的概念来解决商品目录的交叉查询问题，但这些方法无法满足对语义集成的要求。本体能有效表达商品目录语义关系，但由于不同数据源生成的商品目录本体之间存在异构性，所以商品目录语义集成的关键也就变成了目录本体映射和集成。Kim 讨论了不同网站定义的目录本体异构性，提出了 Agent 实现映射和分布式查询的方法，并提出了协同概念的产品映射理论解决异构商品目录系统之间的互操作问题。

电子商务商业企业想要实现理想状况下的个性化服务必须采用高质量的用户个性化信息模型，该模型的质量直接影响个性化商品目录信息主动服务的质量，只有当用户的个性化偏好、兴趣和需求等用户个性化信息能够被商品目录有效地“理解”时，电子商务商业企业才能实现其精准营销和智能服务。

Liu 等提出了基于 Agent 和 XML 个性化商品目录概念，Paik 等提出了一种基于客户目录知识的企业商品目录设计方法，获取与表示客户目录知识成为问题关键，目前主要是基于 K 聚类算法的客户知识获取，商品目录细分，基于产品、品牌或价格的客户细分方法。随着个性化本体（也称私有本体）概念的出现，Peter Haase 等提出了基于用户浏览和兴趣协同的个性化本体学习理论。跨系统中既有共享概念的领域本体，又存在个性化本体。因此，个性化本体在电子商务企业商品目录中的应用具有重要的理论价值和现实意义。传统的基于关键字或关键词（key words）的检索方式难以满足大规模异构商品目录的个性化服务需求，Bamshad 等所引入的元搜索引擎方法及 Kwon 等引入的客户需求与产品种类匹配的目录智能推荐方法均为被动服务方法，且商品目录模型在语义查询和属性的语义描述中存在一定的缺陷。

目前大多数商品目录研究均从企业（卖家）角度出发，所呈现给客户（买家）的产品商品目录大多是千篇一律的。Fensel 和 Omelayenko 提出了着重于产品信息的 B2B 集成，并列出了建立、维护及集成产品信息等不同方面的问题。Agrawal 和 Srikant 提出了如何根据现有的分类模式对产品集进行类别划分。在现阶段，已经有许多建立好的产品分类模式。Harmonized Commodity Coding System，UNSPSC，eCl@ss 是各个行业建立产品分类最重要的分类标准。Chinho Lin 和 Chienwen Hong 研究客户网上浏览行为以帮助企业进行相关的促销策略。现有的开发方法如 Ji 等，Orsborn 等和 Erin 等，大部分取决于对用户低端特征的统计数据。Orsborn 等从美学和心理学的角度出发，使用效用函数来定量地开发形式偏好，Erin 等设计了一个偏好差异性的概念决策模型。但是，客户想要购买某项产品仍需要自己从庞大的商品目录中进行目标定位，这不仅耗费客户的时间，而且会大大降低客户满意度，更重要的是缺乏个性化体验。

1.2.3 商品目录智能服务

传统的基于关键词的检索方法不能满足多源商品目录个性化服务的需求，元搜索引擎等方法的引入亦难实现个性化服务，由于这些方法均为语法查询，而基于语义的商品目录查询可以解决信息语义缺失等问题。

本体本身基于 OWL 语言自定义的公理和函数难以满足个性化推理的需求，因此需要引入本体规则语言完成逻辑规则定义与相关产品的个性化推荐。例如，产品之间的依赖性（Dependence）、冲突性（Conflict）、组合性（Combine）、可选性（Selection）、互换性（Alternate）、替换性（Substitute）等。使用 SWRL（Semantic Web Rule Language）编写商品目录本体的产品关联规则，本体规则的引入，可以为客户提供更多基于逻辑和规则推理的语义扩展，发现用户隐含的语义需求，实现个性化商品目录本体自动语义扩展服务。

综上所述，电子商务的快速发展和在线商品数量的增加，商品目录也相应变得很庞大，客户对个性化、集成化和语义化的商品目录要求越来越高。多标准源、多数据源环境下商品目录相关概念众多、产品分类标准各异，商品目录本体生成没有完备提取产品丰富语义，手工定义不满足大规模电子商务环境目录自动生成的要求，商品目录本体采用的概念和属性集成方法简单，个性化商品目录本体则存在自动语义扩展困难的问题。本文所在课题以国际产品分类标准、本体论和服务理论为基础，研究商品目录定义和本体建模、目录标准语义集成、基于规则推理个性化目录本体的语义扩展问题，可以满足多源商品目录环境下标准整合、语义集成和个性化服务的需要，具有重要的理论意义和实用价值。

1.2.4 智能服务推荐

随着电子商务规模的进一步扩大，在为用户提供越来越多选择的同时，其结构也变得更加复杂。一方面，用户面对海量的商品信息空间，不仅会迷失自己的方向，还将无法顺利定位自己的需求商品，于此同时也难以感受到商家一对一的销售服务；另一方面，商家也难以建立与消费者及时有效的联系。构建商品目录的个性化服务推荐系统，模拟商店销售人员向用户提供一对一的商品推荐，既可以帮助用户准确定位所需商品，进行相关对象（商品、服务组合、群组）的个性化推荐，顺利完成购买过程，还可以有效地保留用户，并提高电子商务系统的销售额，扩大市场占有率以赢得长尾效应；商家还可以通过构建客户个人消费档案保持与客户的联系，管理客户关系。电子商务个性化推荐研究先驱 Resnick 认为，在互联网信息过载的情况下，电子商务网站所面临的是如何有效地赋予用户所需信息的考验。个性化推荐服务正是通过一对一地引导用户进行购物选择来满足用户的个性化需求，为了实现精准而有效的推荐，保证推荐系统的实时性要求，研究者提出了各种不同的推荐方法。个性化推荐的原理是根据用户模型（即用户兴趣和特点的可计算描述）寻找与用户模型匹配的信息，或者寻找具有相近兴趣的用户群而后相互推荐浏览过的信息。

在目前国内外的研究中，典型的个性化推荐服务系统有 EJ Glover 等提出的个性化元搜索引擎原型系统 Inquirus2，该元搜索引擎可以根据用户输入的偏好优化查询关键词，并对搜索引擎返回的结果进行排序；斯坦福大学的 Balabanovic 研发的 Fab 系统；黄建海等人提出了多 Agent 的个性化信息检索智能体 DOLTRI-Agent，该智能体不仅可以学习用户兴趣偏好，还能根据学习到的用户模型提供个性化的信息服务；汪肇兵等人提出了一个个性化信息检索系统 NetLooker，该系统综合采用两层分布式智能体技术、相关反馈学习算法和信息过滤方法完成个性化检索，设计并实现面向用户的个性化模式。

电子商务网站可以通过用户的浏览数据、购买记录以及其他相关信息挖掘出用户的兴趣和偏好，以此为基础向用户提供个性化的购买页面、产品新闻、广告及促销策略等。目前，电子商务企业网站提供给用户的个性化购买页面较多的是基于用户定制的，如 Amazon.com。Amazon 是全球著名的电子商务网站，提供种类丰富的商品类别，以丰富的海量的商品选择吸引更多的客户进行商品交易，但同时也增加了用户定位目标需求商品的时间。为了使用户能够直接浏览感兴趣的商品，Amazon 推出了个性化服务，采用用户参与的形式构建用户模型，在用户进行账号注册之后，Amazon 要求用户选择标示 tag 自己感兴趣的商品类别，并提供感兴趣的商品示例（instances），Amazon 记录下用户输入的信息。当用户再次登录时，Amazon 便显示专门为该用户定制的个性化页面，包括用户感兴趣的商品推荐、用户感兴趣的新到商品实例等信息，如图 1-3 所示。2011 年，Amazon.com 网站重大改版，易用性进一步提高，更加强调用户个性化推荐，品类导航栏被弱化，但仍未考虑商品概念、实例的语义相似性，个性化的商品目录导航并未体现。

国内的电子商务企业较多地集中在产品推荐方面，对用户的个性化体验、个性化商品目录方面的研究几乎没有涉猎，以国内著名电子商务企业 Taobao.com、京东商城、卓越亚马逊、当当网的商品目录为例，呈现在用户眼前的是千篇一律的商品目录，需要用户通过大量的搜索才能找到自己的目标，在技术高速发展的网络社会，这种现象是很不经济的，如图 1-4 所示。

图 1-3　Amazon.com 首页对比图

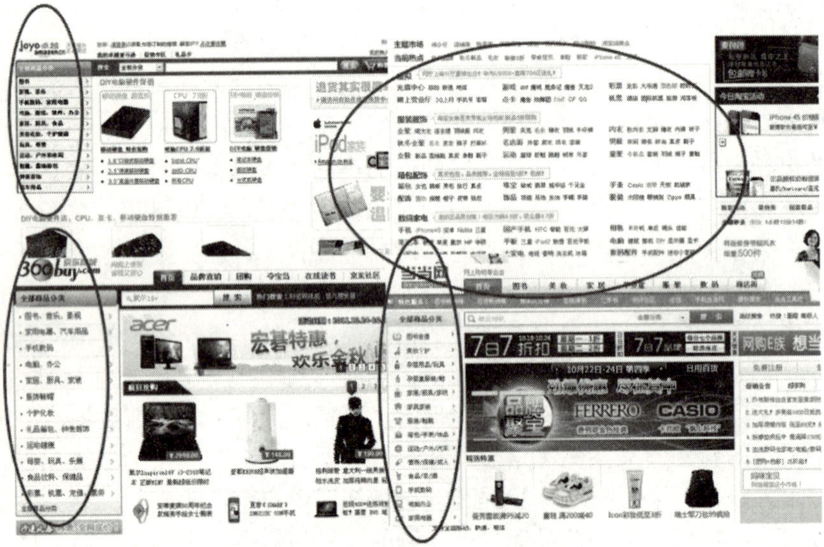

图 1-4　国内电子商务企业目录

综上所述，将本体应用于产品和服务描述有利于语义网的发展，提升企业竞争力，为用户提供智能化的服务。而手工构建商品目录本体费时、费力，又需要大量领域专家的帮助，国际产品分类标准之间、电子商务网站产品目录之间存在异构性和交叉性，目录学习系统工具不能满足 Web 分布式异构环境下产品服务的需要，直接阻碍了电子商务环境下语义互操作和智能化服务能力。本书将本体论、语义 Web 和自学习等理论应用于商品目录的研究，可以满足产品和服务语义表示、自学习与智能化服务的现实需要，具有重要的理论意义和实用价值。

第2章 基础理论

2.1 产品与服务目录相关研究

电子商务环境下的企业需要一个完善的产品与服务目录，为产品与服务知识表示、智能推荐、浏览和查询、企业之间产品和服务信息语义互操作提供基础。多标准源和多数据源环境下存在概念众多、国际产品分类标准各异、企业产品数据库分散、语义描述不足等问题，影响电子商务产品和服务的语义互操作和智能化服务能力。语义 Web 和本体可以在产品和服务之间解决上述问题，但产品与服务目录本体构建是难点和重点之一。现有方法包括以国际工业分类标准为核心和通用产品概念描述的方法，未能从客户角度考虑产品与服务之间的复杂关系和商业属性等，部分产品与服务目录本体如 eCl@ss owl 不符合本体自学习和实用性的要求。本书试图从面向电子商务应用的多源产品与服务目录角度出发，研究产品与服务目录相关概念、扩展语义关系和多种属性，设计满足多源产品和服务目录本体设计和自学习的元模型。

产品与服务缺乏统一的定义，相关的概念有产品信息（Product Information）、产品分类（Product Categorization）、商品目录（E-Catalog）、产品目录（Product Catalogue）和产品分类标准（Hierarchy of Classes）等概念。产品与服务目录经过了纸质目录（Paper-based Catalogs）、第一代面向互联网应用的产品与服务目录 IEPCs（Internet-based Electronic Product Catalogs），发展到基于本体的产品与服务目录（E-catalog Based Ontology）。

2.1.1 国际产品与服务工业分类标准体系

产品与服务目录领域以工业产品和服务分级标准研究最多，如基于 XML 的通用产品分级标准，国际产品分类标准 UNSPSC，eCl@ss，RosettaNet，EGAS，NCS 等建立了较为全面的分级层次。国际分类标准是为统计而设计的，如产品销售额、成本和聚类分析等，上述标准在分级结构和内容上各异、体系庞大、缺乏语义互操作能力，未被大部分企业采用。图 2-1 以 computer 领域为例说明并描述了产品和服务分类标准和 eBay 网站目录结构异构性。

（1）分类标准体系庞大、异构，缺乏有效集成，导致企业不采用或极少采用这种标准；UNSPSC 的分类法，包含了四个层次的分类，分别是区分（Segment），系别（Family），门类（Class）及商品（Commodity）。UNSPSC 拥有超过一万个不同产品的编码，所涉及的行业类别也超过了 54 种。eCl@ss 是一个经典的四层架构模型，第一层为 segment，第二层为 main group，第三层为 group，第四层为 commodity class，标准属性集存放在第四层。

（2）语义描述和扩展差。不同的用户对于同一商品概念可能使用不同的关键词进行表达，使得传统的产品与服务目录面对同义词查询得到不同结果，如对 computer 和 laptop 的查询；语义扩展能力不足，只考虑到父类和子类的关系，不含通用属性（Generic Attributes）、产品实例和产品部件的关系。

（3）非以客户为中心的结构。电子商务环境下，客户不只注重产品功能、价格、厂家等通用属性，更关注商业属性（Business Attributes），包括使用状态、税收、运输、支付方式、发票、质保、折扣/优惠和销售有效期等。

（4）交叉目录问题，纯树形结构的分级标准无法表述交叉产品种类（Cross Category）需要，如打印机既属办公用品又属电子产品。电子商务网站ebay的一级目录有35种分类，其中Baby/Kid、Clothing和Health/Beauty都存在交叉问题。

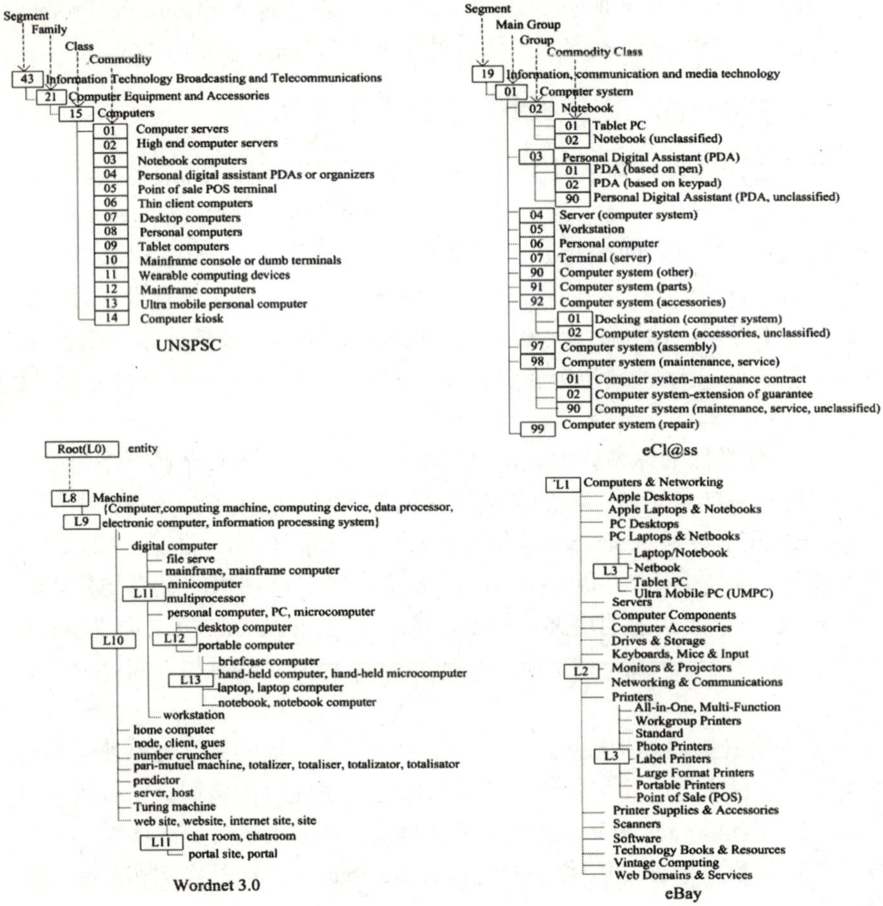

图 2-1　产品和服务分类标准和 eBay 网站目录结构对比（以 computer 领域为例）

2.1.2　产品与服务目录本体模型设计与本体库建立

本体是共享概念模型的形式化规范说明，电子商务领域的本体就是关于产品与服务的一个公认的概念集。其中的概念含有公认的语义，这些语义通过概念之间的各种关联来表现。本体可以解决产品与服务目录语义描述和互操作问题。

Hepp、KIM 和 Lee 等认为电子商务环境下，产品属性（通用属性、商业属性）在产品与服务目录中作用更大。Guo 研究了“产品概念为中心”的产品与服务目录，强调了属性和语义在产品信息描述和交换过程中的重要性。Hepp 分析了 e-business 中商业属性和语义对产品和服务的重要性，定义了复杂的产品和服务本体 GoodRelations。此外，Jeongsoo Lee 设计了四层产品本体结构解决产品数据交换问题；Hadi 基于语义词典 WordNet 来区分产品概念和概念关系，用概念与 UNSPSC、Ecl@ss 等分级标准映射的方法建立目录本体模型。韩国学者 Hyunja Lee 增加产品通用属性（Generic Attributes）和度量单位 UOMs 以丰富目录本体的语义；H.Lee 则对产品的语义关系进行了详细分析，扩展了实体－关系 EER（Extended Entity Relationship），增加了产品实例，设计了产品与服务目录本体 OWL，包括产品本体元模型、基于语义的产品元数据检索服务 IPIS 系统，本体库收集了 88 191 个概念、21 069 028 个语义关系，该系统适用于 B2B 交易。

大多数企业和电子商务网站未采用国际产品和服务分类标准定义的本体，如 IBM 公司的 Bruner，J.S.认为现有的产品信息管理（Product Information Management，PIM）缺乏随需应变的灵活性与规模性，以及自定义的产品分类体系（Product Categories），并着手设计了目录本体。

现有的产品与服务目录本体以手工设计为主，不适于电子商务环境大规模应用需要，Kim 在讨论基于 Agent 的分布式产品信息智能搜索方法时，假定网上商店提供目录本体和语义 Web Service 接口，由于本体模型设计和本体库构建的复杂性，这种假设实际应用中不可行，这就需要自动或半自动地从电子商务网站和数据库中生成目录本体，目前本体自学习正成为语义 Web 领域的研究热点。对基于 E-R 关系数据库模型产品与服务目录本体已有一定研究。刘丹等人提出了结合表格处理技术的半自动局部目录本体构建方法，设计了 DOME 企业产品与服务目录本体管理系统结构。

针对本体工程的复杂性和本体语义的异构性问题，相关领域开始通过元本体模型的方法提供共享架构。Herre，Hpg 定义了元本体模型的三层结构；Joonmyun Cho 研究了 B2B 电子采购中的产品部件目录元本体；但在以客户为中心，尤其是 B2C 的电子商务应用中，还未见到这种元模型的研究报道。从前文分析可知，无论是根据工业分类标准手工定义的产品和服务目录本体，还是企业自定义的产品和服务目录本体，都存在着本体异构和语义互操作问题，因此设计一种本体元模型，为多源产品和服务目录提供共享的本体设计和自学习基础变得十分重要。这种元模型的主要作用是：为分布式多源产品和服务提供基本的目录本体结构，满足本体自学习需要，具有与工业分类标准/本体映射的能力，包含丰富的语义关系和属性，并具备进行中英文语义计算的能力。

2.2 商品目录本体自学习相关理论

电子商务的快速发展、在线商品数量的级数级增加和急速的动态更新，在海量电子商务网站中的商品目录不仅影响商业企业的信息互操作能力，也让众多一般用户眼花缭乱，阻碍了电子商务的进一步发展。在这样的环境下，良好定义的商品目录是电子商务系统的关键。具有互操作能力和丰富语义交换能力的商品目录能提升电子商务系统的服务质量和用户的满意度。商品目录包括商品目录概念、属性和商品目录概念之间的关系，亦称为产品与服务信息。而本体在商品目录中扮演着重要的角色。

通过本体来描述商品目录，客户和企业可以更轻松准确地搜索到更合适的产品或服务，继而实现个性化的语义搜索。而现有的商品目录本体，绝大多数是以手工设计为主，不适于分布式的商品目录智能服务的需要。Kim 在讨论基于 Agent 的分布式产品信息智能搜索方法时，假定网上商店提供目录本体和语义 Web Service 接口，由于本体模型设计的复杂性和本体库构建的复杂性，这种假设在实际应用中不可行，这就需要研究自动或半自动从电子商务网站和企业产品数据库中生成目录本体的方法与技术。目前本体的自动构建正成为语义 Web 领域研究热点。针对这个问题，用自动化的技术构建商品目录本体是一项值得研究的工作。

商品目录概念众多、国际产品分类标准各异、电子商务网站产品与服务目录异构、目录本体构建缺乏自动性等难题。本书旨在现有商务智能、国际产品分类标准、本体论和语义 Web 研究基础上，从满足 Internet 用户——企业和客户的角度研究商品目录本体自学习问题。本研究成果在推进网络环境下基于产品与服务的目录标准的优化，促进供应链管理中价值链的集成和信息的互操作，提升语义 Web 服务内容等方面，具有较强的理论意义和实用价值。

2.2.1　商品目录国际标准

商品目录标准在大多数电子商务环境下，作用越来越突出，尤其是在企业实体间进行交换数据时、在分布式数据库间进行数据集成时以及在客户定位目标文档中等应用中起着不可替代的作用。如果企业对商品目录的描述能理想化地统一，符合计算机可理解的方式并且对任何用户都不存在歧义，那么电子商务将会发展得更为迅速，用户查询商品将得到更全、更准的结果。下面简单介绍一下商品目录国际分类标准的相关内容。

1. UNSPSC 商品目录标准

UNSPSC（The Universal Standard Products and Services Classification）是第一个应用于电子商务的国际产品目录分类标准系统。每个产品在 UNSPSC 的分类系统中，都有唯一的独特编码。

UNSPSC 编码是在 1998 年，由联合国的 UNCCS（Common Coding System）和邓白氏公司的 SPSC（Standard Products and Services Classification）合并而成的，共设置了 55 个大类，351 个中类，2015 个小类，19 000 多个细类产品（V6.0315 版本）。

UNSPSC 国际商品目录标准基本上都是根据产品的“用途”进行分类的，即按照使用目的进行分类。每层结构内的顺序，基本是没有任何含义的，和产品与服务类别名称的语序也无关。UNSPSC 采用四层八位的数字层次码结构，代码结构如图 2-2 所示，可以看出个人计算机在 UNSPSC 目录标准中的编码为 43.21.15.08.04，其中 04 为目录概念的属性描述。

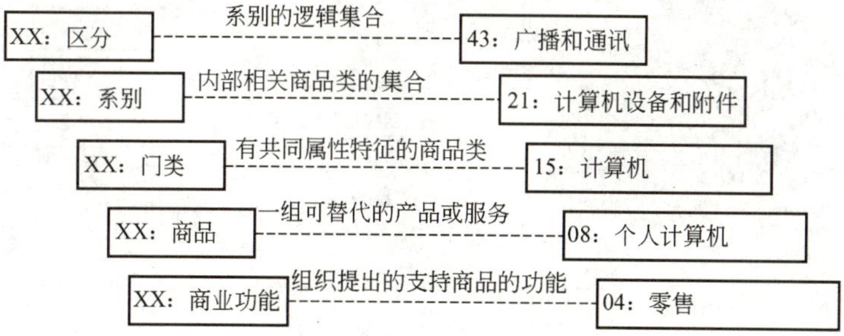

图 2-2　UNSPSC 架构图

UNSPSC 商品目录国际分类标准为公司提供了一个统一的编码方案，使得公司之间的目录信息交换、公司用户的目录查询能更快、更准地进行，节约资源和时间，为公司的业务类型提供一个较完整的架构。

UNSPSC 目录分类系统存在以下主要不足：

（1）对垂直类商品目录分类的覆盖面不够；

（2）对商品目录中商品类的属性描述不够；

（3）UNSPSC 目录标准的设计没有考虑产品之间的继承性。

2．eCl@ss 商品目录标准

eCl@sss 商品目录标准是用于电子采购环境下对产品和服务进行分类与描述的国际标准，确保买家及供应商进行正确的信息交换，是由德国各个行业的领导企业共同参与并考虑国家及国际标准来制定的，填补了目前市场电子商务分类标准的空白。

eCl@ss 商品目录标准以国际标准化数据模型（ISO 13684—42/IEC 61360—2）为基础，并协调了国际和国内的标准。其总体目标是避免由于分类导致的对于商品目录描述的重复工作和资源投入。目前它覆盖了 25 个专业范围，由 4 层组成，包含了近 75 000 个可用于搜索的主题词，30 000 个可用概念和 5000 个属性。eCl@ss 的特点是包含用于对产品和服务进行描述的属性集。

eCl@ss 是一个经典的四层架构模型，如图 2-3 所示。可以看出笔记本电脑在 eCl@ss 中的代码为：19-01-01-07。

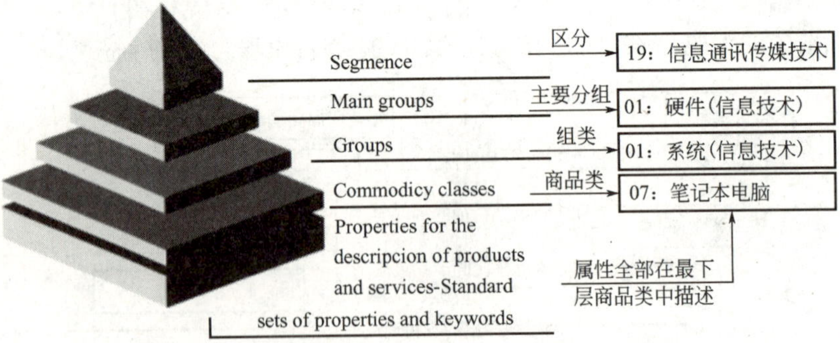

图 2-3　eCl@ss 架构图

具体来说，随着信息技术和通讯科技的发展，电子采购越来越多地成为贸易的一种交易方式被许多企业所用。在电子采购背景下，企业对数据交换提出了更高的要求，使得对商品目录进行分类与描述的统一标准越来越重要。eCl@ss 使商家能够很好地整合在一起，而且创建了很好的流程次序。

但 eCl@ss 目录分类标准也存在一定的缺点：

（1）语义描述和扩展性差。不同的用户对于同一商品概念使用不同的关键词表述时，会得到不同的查询结果，如对"computer"和"laptop"的查询。

（2）语义扩展能力不足。只考虑到父类和子类关系，未引入产品通用属性（Generic Propertys），如价格、颜色、功能、产地和材质等、产品实例和产品部件关系。

（3）不包含商业属性，如使用状态（new/used/refurbish）、税收（tax）、运输（Delivery/Shipping Method）、支付方式（Pay Method）、发票（Invoice）、质保（Warranty）、折扣（off）/优惠券（Coupon）和销售有效期（Valid）等，而这些商业属性都是影响客户决策的重要因素。

3. Wordnet 语义词典

Wordnet 最初是美国 Princeton 大学开发作为心理语言学家的实验品，到了 20 世纪 80 年代末，由于语义计算的需要，计算语言学家又将其用于自然语言的处理中，目前已涉及语义分析的诸多领域。事实上，Wordnet 已经成为一个商品目录国际标准，目前已有中文的语义词典 HowNet。

Wordnet 的结构采用了与传统词典所不同的方式，即它不仅把单词以字母顺序排列，而且按照单词的语义组成一个"单词的网络"。Wordnet 中所有名词、动词、形容词和副词各自按照其语义的接近程度被组织成一个同义词的网络，形成相关的同义词集（Synset）。从认知的角度来看，名词是大部分概念的主要表现形式；动词作为概念独立出现时，一般也被看成名词属性；形容词一般作为概念中的修饰语，即属性；副词作为概念出现的概率较小。因此，名词网络是研究者关注 Wordnet 的主要部分。名词网络的主干是蕴涵关系的层次（上位/下位关系），它占据了关系中的将近 80%。层次中的顶层是 11 个抽象概念，称为基本类别始点（unique beginners），如实体（entity，有生命的或无生命的具体存在），心理特征（psychological feature，生命有机体的精神上的特征）。名词层次中最深的层次有 16 个节点。

Wordnet 通过以下两种方法唯一地确定一个概念的含义：一种是使用 synset 的同义词集合，另一种是被称为注释的文字定义。例如，在 Wordnet 中查询 computer，第一个定义的 synset 集包含：computing machine、computing device、data processor、electronic computer 和 information processing system。第一个定义的文字注释为 a machine for performing calculations automatically。

每一个 synset 表示一个基本的词汇概念，表达同义关系（synonymy）、反义关系（antonymy）、上下位关系（hypernymy&hyponymy）部分关系（meronymy）等多种语义关系，这样就构成了一个比较完整的词汇语义网络系统。

Wordnet 的描述对象包含 compound（复合词）、phrasal verb（短语动词）、collocation（搭配词）、idiomatic phrase（成语）、word（单词），其中 word 是最基本的单位。

（1）Wordnet 并不把词语分解成更小的有意义的单位（这是义素分析法/componential analyses 的方法）；Wordnet 也不包含比词更大的组织单位（如脚本、框架之类的单位）；由于 Wordnet 把 4 个开放词类区分为不同文件加以处理，因而 Wordnet 中也不包含词语的句法信息内容；Wordnet 包含紧凑短语，如 bad person，这样的语言成分不能被作为单个词来加以解释。

（2）人们经常区分词语知识和世界知识。前者体现在词典中，后者体现在百科全书中。事实上二者的界限是模糊的。比如 hit（打）某人是一种带有敌意的行为，这是百科知识；而 hit 跟 strike（击）多多少少同义，并且 hit 可以带一个直接宾语论元，这时词语知识。但 hit 的直接宾语应该是固体（而不像 gas 这样的气体），这时词语知识还是百科知识就界限模糊了。不过毫无疑问，要理解语言，这两部分知识是缺一不可的。但是百科知识太多难以驾驭，Wordnet 不试图包括百科知识。不过，在 Wordnet 中，对于一些不常见的专业概念，如不常见的植物和动物，词语知识和百科知识是融合在一起的。

2.2.2　基于模式的知识获取

模式代表了语言的上下文，通常它能够表明在该模式附近出现的名词、短语、属性等没有歧义性，即名词、短语、属性所具有的含义与商品目录分类标准中表示的是一致的，是该领域的术语。

在无监督和没有预先定义特定领域知识（如手工标注、语义知识库、领域本体等）的环境下，使用语言模式能有效地获取目录本体元素。对于商品目录本体层次关系的获取，使用预先定义的领域独立的语言模式是最通用的方法。Hearst 定义了 5 个模式模板：“computer such as...”，“computer including...”，“computer especially...”，“...and other computer”，“...or other computer”。在获取商品目录本体层次关系时，在电子商务 Web 网站，通过匹配并扩展这些定义的模式，可以确定目录本体概念之前的上下位、部分-整体等层次关系。

而对于目录本体非层次关系的获取，由于其主要由联系动词的相关概念对表示，除了减少一系列预先定义的关系（如部分-整体关系、反义关系、同义关系等），不存在领域独立的模式来直接获取。事实上，动词作为联系概念关系的核心元素的地位是非常重要的。从本体工程的角度来看，动词描述了两个概念类之间的关系，同时这两个概念分别作为该关系的定义域（domian）和值域（range）。Sánchez 和 Moreno 证明了本体概念之间的非层次关系由联系概念对的动词表示。因此商品目录本体非层次关系的获取任务变成了获取与概念对一起出现的动词。而与特定概念对一起出现的每个动词都被认为是候选非层次关系，再通过计算概念对与候选动词之间的置信度和支持度来确认最终最合适的非层次关系。

2.2.3　基于语义的关联规则

当遍历电子商务 Web 网站获取了概念对之间的一系列候选关系后，就需要找出有效的候选关系，并对其进行排序，以便得到精准的商品目录本体概念关系。关联规则能够发现数据集中的元素同时出现的频率，能为商品目录本体概念对、概念对和动词的同现率提供统计分析。

术语集 $I = I_1, I_2, \cdots, I_m$ 为二元属性集，事务数据库定义为 T，每个事

务 t 代表一个二元向量。如果 I_k 在 t 中出现，则 $t[k]=1$，否则 $t[k]=0$。定义 X 为术语集 I 中的一组术语。对 X 中所有的术语 I_k 都有 $t[k]=1$，则说明事务 t 满足 X。

关联规则 $X \Rightarrow I_j$ 表示 X 是 I 中的一组术语，I_j 是在 I 中但不属于 X 的单个术语。当置信度 $0 \leqslant c \leqslant 1$ 且 T 中至少 c%的事务同时满足 X 和 I_j，则说明规则 $X \Rightarrow I_j$ 是成立的。$X \Rightarrow I_j \mid c$ 表示规则 $X \Rightarrow I_j$ 有置信度 c。

从概率学的角度，支持度被定义为术语同时出现的概率 support(R)=$p(X \cup I_j)$，而置信度表示当 I_j 出现在 T 中时，X 也出现的条件概率 confidence(R)=$p(I_j \subseteq T \mid X \subseteq T)$。

在语义的关联规则中，支持度阈值描述了规则中出现的所有术语都出现在事务数据库中的最小百分比，置信度阈值表示如果先前的规则正确，则规则的结果也正确的最小概率。在本书中的基于语义的候选规则 $C \Rightarrow v$ 的支持度和置信度为

$$\text{support}(C \Rightarrow v)=\frac{|\{o \in O \mid C \cup v \subseteq t\}|}{|O|}$$

$$\text{confidence}(C \Rightarrow v)=\frac{\text{support}(C \cup v)}{\text{support}(C)}$$

其中，C 表示概念对，v 表示关联概念对的动词。

2.2.4 基于 Web 的统计分析

领域独立的基于模式的目录本体自学习能够很好地应用于任何知识领域。如果定义的模式被局限于限定文本集中，目录本体学习将得不到精确匹配的目录概念、属性及关系。在目录本体自学习中，更多的目录本体元素的学习是需要提升召回率和进行健壮性的统计分析的。一些学者提出使用预先定义好的相关概念和领域相关的文本集来获取其他概念和概念属性。这种方法虽然能在一定意义上增加召回率，但领域依赖性限制了目录本体自学习方法的可用性。

一般来说，当进行无监督的商品目录本体自动生成时，首先需要确定

合适的抽取知识领域和知识领域范围。

（1）在语义 Web 环境下，由于 Web 处理的不是少量的、同种类的数据，而是 WWW 上大量的、不同类型的数据，而这些数据有着数量巨大和异构性等特点，使得商品目录本体自学习从 Web 获取知识能获得更准确和全面的目录本体元素。

（2）知识，特别是电子商务 Web 网站的目录知识总在不断地发展和更新，所以自动获取的商品目录本体也必须不断更新。

（3）Web 上存在的非常巨大冗余信息，能确保某领域的商品目录本体获取的相关性和可靠性。

（4）利用 Web 的基于关键字的搜索引擎能非常有效地索引和检索资源。

基于以上几点，商品目录本体自动生成以电子商务 Web 网站为学习源是有效的。同时，基于相关商品目录领域知识会在 Web 上不同的地方以不同的形式出现，在进行商品目录本体属性自学习时，利用 Web 搜索引擎进行统计分析来度量每个概念、模式和候选属性之间关系的密切程度，并在整个商品目录 Web 网站范围内对候选属性的分布进行统计以便获得准确的目录本体属性。

从无监督的目录本体自学习的角度出发，可以从概念同时出现的频率来计算概念之间的语义相关度，以确定这对概念是否属于同一领域，以及进一步得到概念之间的语义关系。Turney 使用了特定查询的 Web 搜索引擎估计的命中次数定义一个评分公式来计算单词和相关概念之间的逐点互信息，搜索源为整个 Web。

$$\text{Score(choice,problem)}=\frac{\text{hits(problem and choice)}}{\text{hits(choice)}}$$

拥有最大评分的候选概念属性，即与 problem 相关性最大的概念属性。

直接以 Web 搜索引擎的方式从整个 Web 中获得统计信息对商品目录本体自学习是很有用的，因为：

（1）这些统计信息可以从 Web 搜索引擎中以可伸缩的方式快速得到，避免了大规模分析文本数据，同时获取的结果是最精确的；

（2）由于测量的目录本体概念属性是从整个 Web 上提取的，因此可以提供关于目录本体元素信息分布的健壮的测量方法。

2.3 面向客户产品和服务目录本体元模型

2.3.1 面向客户的电子商务产品与服务目录本体需求

面向客户产品与服务目录结构与基于工业分层标准的目录有很大差别，后者从供应商的角度出发，主要用于统计分析，采用简单的树形结构，而客户更多地关注产品与服务的商业属性、复杂语义关系和层次结构。从客户角度出发的目录模型应满足以下要求：

（1）“一站式”了解产品和服务及相关知识；

（2）商业属性可比性，对同样的产品和服务/实例，不同生产商、代理商提供的商业属性不一样；

（3）易用性，降低客户了解复杂产品和服务知识的难度；

（4）相关产品和服务推荐；

（5）知识化需要，产品和服务之间的规则。

大部分电子商务网站已开始从客户角度体现上述目标，如 ebay 就设计了“一站式”目录“Baby”，包括 Baby clothing、Baby books、Toys for Baby 等；第三方的垂直搜索网站 www.dealslist.com 将来自不同网站的同品牌产品的商业属性进行了集中对比。Amazon 网站则具有 Similar Category/Products、Related Products/Instance 商品目录服务功能。

2.3.2 产品与服务本体建模层次结构

采用元模型进行本体建模时，首先必须弄清楚元模型建模过程中的元层次是什么。所谓“元层次”是表示“描述的”与“被描述的”对象间关系的层次。本书采用 4 层结构——元本体层、本体层、实例层和数据层。其中，元本体层是本体模型建模体系结构的基础，主要是定义描述元模型的语言，它的抽象级别比模型高，其主要内容包括元类、元属性及元关系等，因而通过采用它可以对元模型层中的所有对象进行定义；本体层是元模型的实例，它主要定义描述模型的语言，而模型除继承元模型外，比元模型更加精细，如类、属性和关系等，产品和服务本体可以通过本体学习和本体设计的方法获取；实例层是元建模技术的第 3 层，它描述的是模型的实例，也就是具体的产品和服务目录描述，它以本体层的概念、关系和属性定义为模板，通过文本挖掘等技术从最低的数据层提取实例；最低层为数据层，主要包括企业产品和服务数据库、电子商务网站，是产品和服务目录实例和本体实例的数据源。

从图 2-4 可以看出，元本体模型的定义是自底向上的过程，即从 Extract（数据层）→Conceptualization（实例层）→Formal Reduction（本体层），而元本体模型的使用则按照自顶向下的原则，即 Ontology Learning &Ontology Designing（元本体层）→Instantiation（本体层）→Instance Mapping（实例层）。

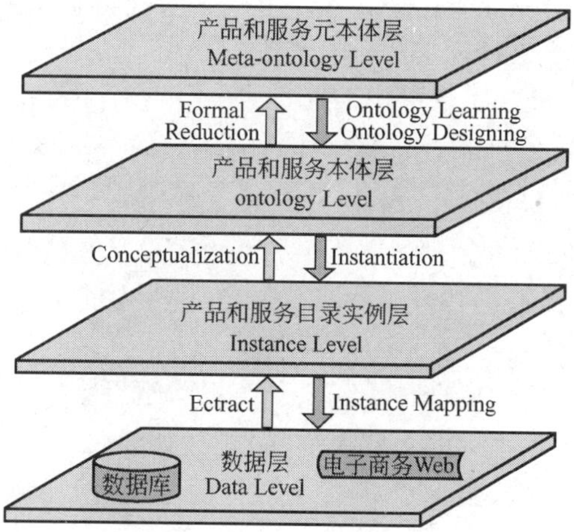

图 2-4　产品与服务目录四层本体模型架构

2.3.3　面向客户产品与服务目录的本体建模元语

定义 2.1：产品与服务目录本体模型 PSO（Product and Service Ontology）=（C, CR , A , CA , M , I ,X）。其中 C 是产品与服务概念的集合，CR 是概念语义关系集合，A 是属性的集合，CA 是概念与属性关系集，M 是表示产品与服务概念与分类标准的映射集，I 是实例的集合，X 是公理的集合。

1．产品和服务概念（C）及语义关系（CR）

产品与服务概念主要来自电子商务商站，并根据网站定义和标准分类体系（UNSPSC、eCl@ss 等）获取概念之间的丰富语义关系，包括：

（1）is a kind of 分层（hierarchy）关系，如 laptop is kind of computer；

（2）equivalent 相同概念，如 laptop same as notebook；

（3）has part 整体与部件关系，如 disk 与 computer；

（4）intersection 交互概念；

（5）disjointWith 不相交概念，如 laptops 与 desktops；

（6）similar to 相似产品与概念；

（7）related to 相关产品，它与 part-whole 的最大区别是前者是可选组件集/购买集，如{Digital Camera，SDMH Card，Camera Bag，Lens}。

2．产品和服务属性集（A）及关系（CA）

产品和服务属性集包括通用属性集（Generic Attributes）和商业属性集（Business Attributes）。而 CA 主要有 DatatypeProperty 和 ObjectProperty。在元模型中定义了 brand、price 和 functions 等常用属性，更多属性可借鉴 eCl@ss owl5.中的 3232 个 DatatypeProperty 和 2293 个 ObjectProperty。

3．产品与服务概念和分类标准映射集（M-Mapping）

UNSPSC、eCl@ss、WordNet 和中文 EC 语义词典以不同方式描述了产品与服务概念层次的集合与实际电子商务网站目录层次异构。这里在元模型中定义多映射关系有助于解决语义异构问题。本体库的设计者可以参照上述标准层次集合构建 Web 产品与服务概念映射（M）。

英文语义词典 WordNet，是以同义词集合（synset）作为基本建构单位进行组织的，同义词集合之间以一定数量的关系类型相关联。这些关系包括上下位关系、整体部分关系、继承关系等。利用它可以获取产品和服务概念层次。WordNet 3.0 还增加了 HAS INSTANCE，如 browser HAS INSTANC{Internet Explorer，Explorer，IE，Netscape}，WordNet 还同中文 EC 语义词典一起满足了中英文语义计算的需求。本书开发的中文 EC 语义词典是一个收录电子商务领域专业词汇，并将专业词汇按照语义词典的结构进行组织的语义关系网络，包括产品概念、关系、功能和属性等相关语义，利用 WordNet 2.1 提供的语义计算接口函数 API，为中文产品和服务语义相似度的计算提供基础。

4．实例集 I 与公理集 X

实例 instance 是产品与服务概念集的具体个体 owl：Individual，如 LENOVO ThinkPad X200 is a instance of Laptop，绝大多数实例在本体生成时从 Web 网站或数据库提取。这里定义了部分实例集，Individuals of conditions{new；used；refurbished}。Individual s of Pay Method{cash；MasterCard；Visa；PayPal}。Individual s of Delivery{UPS；Store Pick Up；EMS；USPS；FedEx；DHL}。公理集 X 则可以利用企业产品配置系统和电子商务网站的规则生成。

2.3.4　用 OWL DL 表示的产品与服务目录本体元模型

Web 本体语言 OWL 是一种定义和实例化“Web 本体”的语言，它提供了三种表达能力递增的子语言(OWL Lite、OWL DL 和 OWL Full)，OWL DL 支持那些需要最强表达能力的推理系统的用户，且这个推理系统能够保证计算的完全性(computational completeness)和可判定性(decidability)。OWL DL 旨在支持已有的描述逻辑商业处理（business segment）和具有良好计算性质的推理系统，目前广泛应用于产品与服务目录本体表述。本书综合 Lee 和 Hepp 商品目录本体模型，细化商业属性和概念层次的集合，采用 OWL DL 设计多源产品和服务目录本体元模型，如图 2-5 所示。

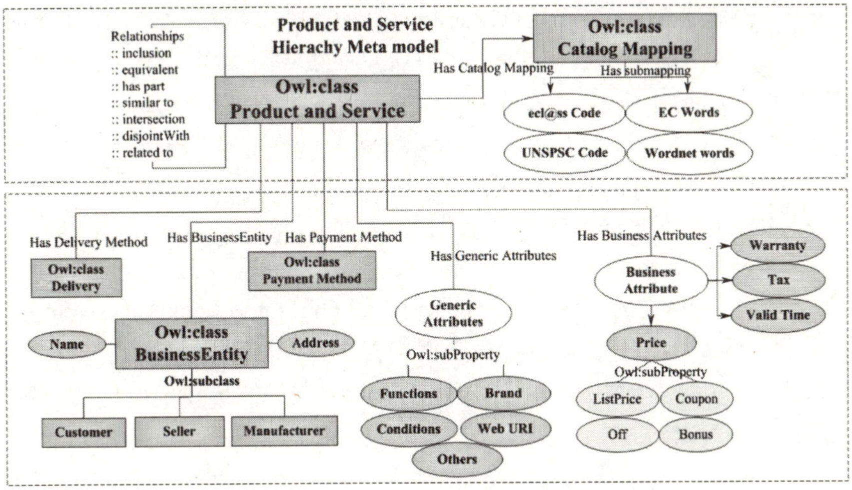

图 2-5　多源产品和服务目录本体元模型

在该元模型中，包含一个子元模型（Product and Service Hierachy Meta Model），主要包括概念及分层关系，并与分类标准及语义词典进行映射，不包括实例、商业实体、属性等，事实上是一个元模型的简化版，适用于解决产品与服务分层概念、分类标准之间的语义互操作和语义集成问题。

2.3.5 基于元模型的产品与服务目录本体构建实例

亚马逊（Amazon.com）是 B2C 网站的代表，以公司面向顾客销售的经营模式而著名，也是美国最大的在线零售商，它的在线销售商品一级目录包括{[Movies，Music&Games]，[Kindle]，[Computer&office]，[Electronic]，[Home&garden]，[Grocery，Health&Beauty]，[Toys，Kids&Baby]，[Clothing，Shoes&Jewelry]，[Sports&Outdoors]，[Tools，Auto&Industrial]}。

本节以 Amazon.com 的 Laptops&Netbooks 为实例，说明利用元模型构建目录本体的方法和过程。为简化论述，本书只对该网站的 Laptops&Netbooks 所涉及的产品与服务概念、语义关系、属性、概念与分类标准的映射集和实例进行讨论。

1．Laptops&Netbooks 本体构建

以上节介绍的产品和服务子元模型（Product and Service Hierachy Meta Model），构建 Amazon.com 上的 Laptops&Netbooks 本体，如图 2-6 所示。与 ecl@ss owl 等分类标准构建的本体不同，它扩展了丰富的语义关系，增加部件关系（has part）、related to 和 Catalog Mapping。“related to”来自“Customers Who Bought Related Items Also Bought”和“Buy This Product and Related Accessories”。

2．Laptops&Netbooks 本体实例

在 Amazon.com 网站中 Electronics& Computers 下 Laptop&Netbook，找到实例“Lenovo Ideapad U-350”，按照 Ontology Level of Laptops& Netbooks 产品和服务目录本体元模型构建本体实例。从网页“Technical Details”、“Product Description”、“Key Features”和“Ships from”等内容中抽取大部分实例。

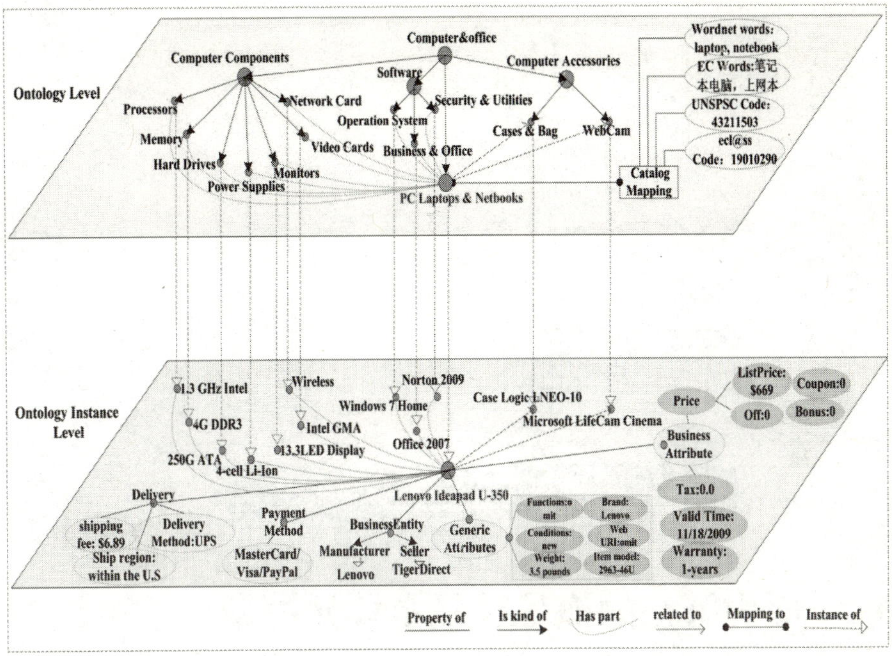

图 2-6　基于元模型的产品与服务本体构建实例（PC Laptops&Netbooks）

第3章 自学习方法与实现

3.1 面向客户的商品目录本体元模型

3.1.1 面向客户的商品目录本体元模型建模需求

电子商务是在互联网开放的网络环境下，买卖双方进行的各种商贸活动，是互联网时代商品流通与交易的重要形式。在电子商务活动中，参与交易的对象之间通过 Web 共享和交换产品与服务信息，就必须对商品目录有共同的理解，而实际应用中要使每个交易对象都拥有对商品目录的完全信息是不可能的，因此商品目录知识的重用问题成为电子商务系统互操作性提高的一个阻碍。商品目录本体即是一个针对产品与服务流通领域的领域本体，其构建目的是将目录领域知识从实际知识中分离，使目录领域知识明晰化并提供目录知识的共性理解，通过共享明确的、包含丰富语义信息的商品目录本体知识模型，以达到目录领域知识的重用与共享，解决现有商品目录多源异构、企业语义互操作、目录集成等问题，大大提高电子商务系统的互操作性。因此商品目录本体是电子商务应用的一个不可或缺的组成部分。

电子商务系统的功能设计千差万别，但从交易对象的角度分类，大致可将应用系统分为企业之间（B2B）、企业与消费者之间（B2C）、政府采购（B2G）和用户与用户之间（C2C）四类。在这些应用领域中某些场景激发了商品目录本体的建设，因此，给出客户对商品目录本体的需求及目录本体的应用场景有助于理解建设本体的动机及更好地为客户服务。以下是 Web 中一些典型的应用场景。

场景一：服务提供商电子商务门户。该场景下，客户专注的是产品与服务的外观、型号、功能、分类信息，通常会包括具体的商品目录实例，其面向对象是批发商或最终消费者，也可能是二者兼有。

场景二：面向消费者的第三方电子市场。该场景下的客户通常对产品与服务的外观、型号、功能、评分、产品实例、供求信息、订货及确认订货、支付、配送方案及卖家身份等信息感兴趣。

场景三：企业间电子商务平台。该场景下，客户（特别是企业用户）对产品与服务的供求信息、批次、订货及确认订货、支付过程及票据的签发、传送和接收、配送方案、结算方式等信息比较专注。

场景四：消费者社区。该场景下客户寻求的是产品与服务的价格、外观、型号、功能、评分、产品实例、使用感受、产品观点等信息。

以上应用场景中需要共享和重用商品目录知识，这种需求激发了商品目录本体的构建。换言之，面向客户的商品目录本体构建的目的即是使产品与服务知识明晰化并提供对商品目录知识的共性理解，以满足企业互操作和语义交换、语义查询的目的。在应用场景中，具体的对商品目录需求的描述可通过提出能力问卷（Competency Questions）确定，本节依据上述应用场景并结合商品目录国际分类标准设计满足用户具体需求的商品目录本体元模型，目录本体元模型应包含能够回答如下问题的逻辑。

问题 1：哪些对象需要共享产品与服务知识？

问题 2：如何找到产品与服务所属的门类？

问题 3：什么是商品目录的作用与功能，商品目录所指向的产品与服务的特性是什么样的？

问题 4：商品目录由什么组成？

问题 5：产品与服务的价格和结算货币是什么？

问题 6：产品与服务的量化指标有哪些？

问题 7：是否有产品与服务的替代产品？

问题 8：产品与服务是否有别名？

问题 9：使用该产品与服务的用户还使用了哪些产品与服务？

问题 10：客户的偏好如何？

与上述问题答案有关的商品知识包括：

问题 1：{交易对象 | 商品目录持有人}

问题 2：{商品目录概念层次性关系}

问题 3：{商品目录商业属性 | 商品目录通用属性}

问题 4：{商品目录的组件属性}

问题 5：{价格属性 | 价格计量单位}

问题 6：{产品与服务属性 | 属性计量单位}

问题 7：{商品目录概念间替代关系}

问题 8：{同义术语集合}

问题 9：{商品目录属性关联度}

问题 10：{商品目录属性域分布}

面向客户商品目录结构与基于工业分层标准的目录有很大差别，后者从供应商的角度出发，主要用于统计分析，采用简单的树形结构，而客户更多关注产品与服务的商业属性、复杂语义关系和层次结构。从客户角度出发的目录模型应满足以下要求：

（1）“一站式”了解产品和服务及相关知识；

（2）商业属性可比性，对同样的产品和服务/实例，不同生产商、代理商提供的商业属性不一样；

（3）易用性，减少客户了解复杂产品和服务知识的难度；

（4）相关产品和服务推荐；

（5）知识化需要，产品和服务之间的规则。

大部分电子商务网站已开始从客户角度体现上述目标，如 ebay 就设计了“一站式”目录“Baby”（儿童），包括 Baby clothing（儿童衣服）、Baby books（儿童书）、Toys for Baby（儿童玩具）等。第三方的垂直搜索网站 www.dealslist.com 将同品牌产品按不同网站提供的商业属性集中对比。Amazon 网站具有 Similar Category/Products（相似目录/产品）、Related Products/Instance（相关产品/实例）商品目录服务功能。

3.1.2　面向客户的商品目录本体建模层次结构

采用元模型进行本体建模时，必须首先搞清楚元模型建模过程中的元层次。所谓“元层次”表示的是“描述的”与“被描述的”对象间关系的层次。本书采用 4 层结构——元本体层、本体层、实例层和数据层来表示这种层次，如图 3-1 所示。其中，元本体层是构成本体模型建模体系结构的基础，主要是定义描述元模型的语言，它的抽象级别比模型高，其主要内容包括元概念、元属性及元关系等，因而采用它可以对元模型层中的所有对象进行定义；本体层是元模型的实例，它主要是定义描述模型的语言，模型除继承元模型外，比元模型更加精细，如类、属性和关系等。商品目录本体可以通过本体学习和本体设计的方法获取；实例层是元建模技术的第 3 层，它描述的是模型的实例，也就是具体的商品目录描述，它以本体层的概念、关系和属性定义为模板，通过文本挖掘等技术从最低的数据层提取实例。最低层为数据层，主要包括企业产品和服务数据库、电子商务网站，是产品和服务目录实例本体实例的数据源。

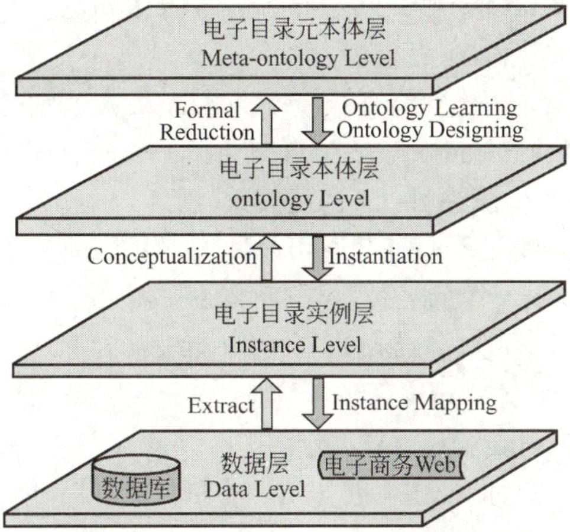

图 3-1　商品目录四层本体模型架构

从图 3-1 可以看出，元本体模型的定义是自底向上的过程，即从 Extract（数据层）→Conceptualization（实例层）→Formal　Reduction（本体层），而元本体模型的使用则是自顶向下的原则，即 Ontology Learning

&Ontology Designing（元本体层）→Instantiation（本体层）→Instance Mapping（实例层）。

3.1.3 面向客户的商品目录本体建模元语

定义 3.1：商品目录本体模型 ECO（Electronic Catalog Ontology）=（C, CR , A , CA , H , I ,X）。其中，C 是商品目录本体概念的集合，CR 是概念语义关系集合，A 是属性的集合，CA 是概念与属性关系集，H 是表示商品目录本体概念层次的集合，I 是实例的集合，X 是公理的集合。

1．商品目录本体概念（C）及语义关系（CR）

商品目录本体概念主要来自电子商务网站，并按网站定义和标准分类体系（UNSPSC、eCl@ss 等）获取概念之间丰富语义关系，包括：

（1） is a kind of 分层（hierarchy）关系，如 laptop is kind of computer；

（2）equivalent 相同概念，如 laptop same as notebook；

（3）part-whole 整体与部件关系，如 disk 与 computer；

（4）intersection 交互概念；

（5）disjointWith 逆概念；如 laptops 与 desktops；

（6）similar to 相似产品与概念；

（7）Related to 相关产品，它与 part-whole 最大区别是前者是可选组件集/购买集，如{Digital Camera，SDMH Card， Camera Bag，Lens}。

2．商品目录本体属性集（A）及关系（CA）

商品目录本体属性集 A 包括通用属性集（Generic Propertys）和商业属性集（Business Propertys）。而 CA 主要有 DatatypeProperty 和 ObjectProperty。在元模型中定义了品牌（brand）、价格（price）、颜色（color）和功能（functions）等通用属性，定义了使用状态（new/used/refurbish）、税收（tax）、运输（Delivery/Shipping Method）、支付方式（Pay Method）、发票（Invoice）、质保（Warranty）、折扣（off）/优惠券（Coupon）和销售有效期（Valid）等商业属性。更多属性可借鉴 eCl@ss.owl 第五版中的 3232 个 DatatypeProperty 和 2293 个 ObjectProperty。

3．商品目录本体概念层次的集合（H-Hierarchy）

UNSPSC、eCl@ss、Wordnet 和中文 EC 语义词典以不同方式描述商品目录本体概念层次的集合，与实际电子商务网站目录层次异构，这里在元模型定义多映射关系有利于解决语义异构问题。本体库的设计者可以参照上述标准层次集合构建 Web 商品目录本体概念层次集（H）。

（1）基于 eCl@ss 分级标准的商品目录层次。如德国学者 Hepp，Martin 设计了基于分类标准的商品目录本体，并提出了基于树形分类层次、叙词表的目录本体模型和自学习算法 GenTax。

（2）基于 UNSPSC 分级标准的商品目录层次。如 Z Cui 提出了以 UNSPSC 作为共享本体实现 B2B 企业之间的产品信息交换方法，本课题组以 UNSPSC 为基础进行了产品通用属性的语义扩展，设计了商品目录本体模型。

（3）同义词词林的 Wordnet，是以同义词集合（synset）作为基本建构单位进行组织的，同义词集合之间以一定数量的关系类型相关联。这些关系包括上下位关系、整体部分关系、继承关系等。利用它可以获取产品和服务概念层次。Wordnet 还同中文 EC 语义词典型一起满足中英文语义计算的需要。

（4）中文 EC 语义词典型/商品目录层次。本书开发的中文 EC 语义词典是一个收录电子商务领域专业词汇，将专业词汇按照语义词典的结构进行组织的语义关系网络，包括产品概念、关系、功能和属性等相关语义，实现以下几个目标：涵盖电子商务的专业词汇；收录产品名称目录和产品属性的描述词汇；建立起领域产品的语义分类，形成产品语义关系网络；数据库结构上参照 Wordnet 2.1，利用 Wordnet 2.1 提供的语义计算接口函数 API，为中文产品和服务语义相似度的计算提供基础。

4．实例集 I 与公理集 X

实例 individual 是商品目录本体概念集的具体个体 owl:Individual，如 LENOVO ThinkPak X200 is a individual of Laptop，绝大多数实例在本体生成时由 Web 网站提取。这里定义了部分实例集，Individuals of conditions{new；used；refurbished}（状态实例{新的；用过的；翻新的}）。Individual s of Pay Method{cash；MasterCard；Visa; PayPal }（支付方法实例{现金；万事达信用卡；Visa 信用卡；贝宝}）。Individuals of Delivery{UPS；Store Pick Up；EMS；USPS；FedEx；DHL }（运输方式实例{UPS；送货上门；EMS；ISPS；联邦快递；DHL}）。公里集 X 则可以从企业产品配置

系统和电子商务网站的规则生成。

3.1.4 商品目录本体元模型的 OWL DL 描述

Web 本体语言 OWL 是一种定义和实例化“Web 本体”的语言，它提供了三种表达能力递增的子语言 OWL Lite、OWL DL 和 OWL Full。OWL DL 支持那些需要最强表达能力的推理系统的用户，且这个推理系统能够保证计算的完全性（computational completeness）和可判定性（decidability）。OWL DL 旨在支持已有的描述逻辑商业处理（business segment）和具有良好计算性质的推理系统，目前广泛应用于商品目录本体表述。本书综合 Lee 和 Hepp 商品目录本体模型，细化商业属性和概念层次的集合，采用 OWL DL 设计多源产品和服务目录本体元模型，如图 3-2 所示。

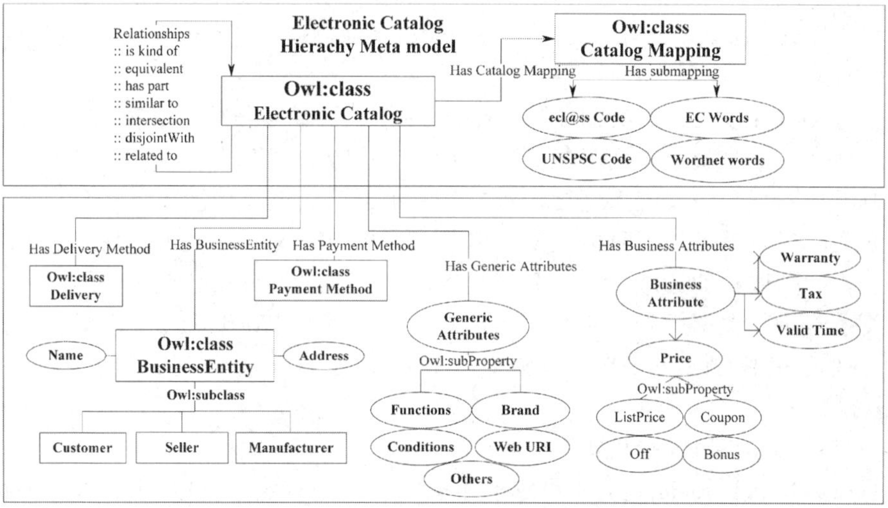

图 3-2 面向客户的商品目录本体元模型

在该元模型中，包括一个商品目录层次元模型，主要包括概念及分层关系，并与商品目录国际分类标准及语义词典进行映射，但不包括实例、商业实体、属性等，事实上是一个元模型的简化版，适用于解决商品目录分层概念、分类标准之间的的语义互操作和语义集成问题。

3.2　基于元模型的商品目录本体自学习方法

3.2.1　商品目录本体自学习原理

本书已经扩展了商品目录国际分类标准，为目录本体自学习提供了模板，本节主要是学习商品目录本体组成元素的具体实例，在这个过程中，不需要再对目录标准进行语义扩展，而是设计主要算法填充商品目录本体元模型，以自动生成商品目录本体，如图 3-3 所示。

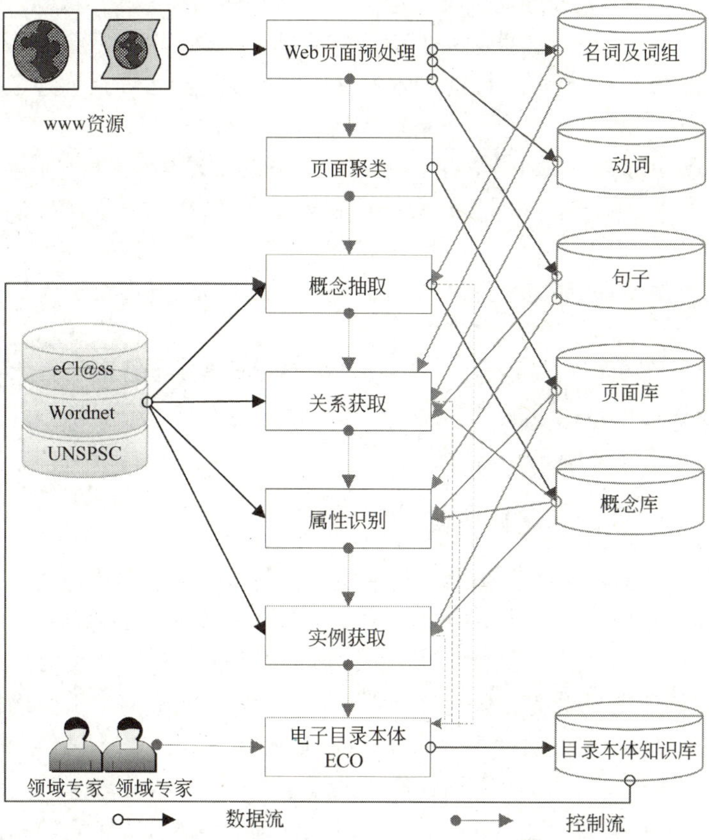

图 3-3　商品目录本体自学习原理图

商品目录本体自学习的具体步骤如下。

步骤 1：Web 页面预处理，以电子商务 Web 网站作为目录本体的学习源，首先需要对 Web 页面进行预处理，以减小网站所特有的数据无结构性、动态性及数据源的不可靠性和视觉表达所带来的噪声等问题，预处理的结果为名词及词组、动词、句子等，为模式抽取做准备。

步骤 2：页面聚类，按领域进行页面聚类，得到页面库，是计算目录本体属性评分和目录本体实例获取的依据。

步骤 3：概念抽取，分析领域页面的特征和目录网站层次结构，并以预处理的名词及词组库为依据，获取目录本体概念，是进行关系、属性和实例学习的基础。

步骤 4：关系获取，目录本体关系学习需要用到名词及词组、动词和句子库，便于分析语言模式。

步骤 5：属性识别，依存于目录本体概念，是概念的属性，主要是从句子和页面库中抽取模式，并在页面库中进行统计分析。

步骤 6：实例获取，目录本体概念的实例，概念属性实例化后便能最终确定一个实例。

这个过程可以有领域专家的知识经验协作，最终将商品目录本体存储于目录本体知识库，以指导更大范围和更精确的目录本体概念学习，这样形成了商品目录本体自学习的生命周期。

3.2.2 电子商务 Web 页面预处理

Web 所具有的缺乏结构性、动态性、不可靠性、冗余和歧义性使得从 Web 页面上抽取目录本体变得更加复杂。海量 Web 网站的海量的、相互异构的商品目录信息进一步增加了目录本体自学习的工作。本文采用自然语言处理和特征向量聚类、分词等技术对电子商务 Web 网站页面进行预处理，并将处理的 Web 页面存储到 Web 页面库中。

1. 电子商务 Web 页面预处理的方法

一个 Web 页面中包含了图像、动画、音频、超链接等丰富的信息表达方式，但最主要的信息还是文字信息、超链接、关键字信息。Web 页面预处理过程如图 3-4 所示。

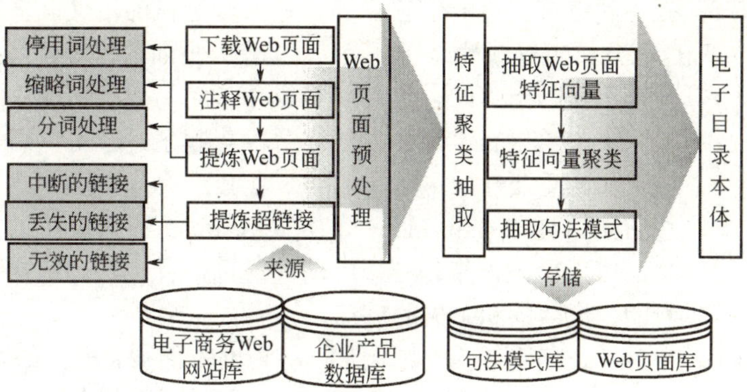

图 3-4　Web 页面预处理过程

输入一个 Web 页，系统扫描该 Web 页面，进行文档的特征抽取，并找出文本中可能分类为本体概念的词组或短语（phrase），预处理包括以下步骤。

步骤 1： 使用 WinHTTP 解析下载的网页 Web 文档为 HTML 文档，进而对 HTML 文档进行注释、分析。

步骤 2： 提炼 Web 页面。过滤掉那些不包含句子主题或关键概念的“噪声”文档，如图像、动画、音频、导航条、版权信息、广告等。过滤启发式规则是基于这些“噪声”文档中经常出现的线索短语进行过滤的。

步骤 3： 对每一页的重要短语做出标记。这些重要短语的标签包括 <title></title>，<h1></h1>，…，<h4></h4>，<b>，<P>< / P>，<strong>，<big>，<i>，<a>等；对于文本块中的内容，进行编码转换、全半角处理、字符转换，再将停用词、标点符号、数学运算符等其他非字符用空格代替。

步骤 4： 结合 Wordnet 语义词典，进行缩略词和分词的处理，以得到标准化的词、短语。对于产品名称“ASUS UL30A-X5 Thin and Light 13.3-Inch Black Laptop”不做分割，视为一个整体；去除名词动用的术语，如“The old man the boats”中的术语 man；将复杂的时间日期转变成标准化的形式，如 January 1st，2010

变成 1/1/2010。

步骤 5：提炼超链接。超链接包含了大量人类潜在的语义，它有助于自动分析出权威性语义。当一个 Web 页面的作者建立指向另一个页面的指针时，这可以看成作者对另一页面的注解。把一个页面的来自不同作者的注解收集起来，就可以用来反映该页面的重要性，并可以很自然地用于 Web 页面的发现。算法 HITS（Hyperlink-Induced Topic Search）利用 hub 的搜索算法，可以用来搜集超链接中的关键词，并去除超链接中的中断的、无效的和丢失的链接。

步骤 6：另外，还确定一些规则让某一标记文本能被忽略，如<script>标签中间包含的内容、称谓、URL 或电邮地址等。

经过文档的预处理阶段，已经产生一系列的规范文档（$D_1,D_2,\cdots,D_n$）。

2．多层次 Web 页面库的构造

众所周知，基于关系数据库可以构造数据仓库，用于提供数据的多维与层次化视图。

那么能否构造多层次 Web 页面库（Multilayered Web Information Base）用于提供 Web 的多维与层次化视图呢？答案不置可否。这里尝试设计一种多层次 Web 页面库，结果表明它是可行和有益的。

首先，建立一种 Web 数据仓库，包含 Web 中每个页面的副本，这是不太现实的。因为这只能导致出现一个巨大、重复的 WWW。这表明多层次 Web 信息库的最低（最详细）一层必须是 Web 本身。它不可能成为单独的数据仓库。我们把这一层称为 layer-0。

其次，可以把 layer-1 定义为 Web 页描述层（Web Page Descriptor Layer），包含了 Web 上页的描述信息。因此，layer-1 是 layer-0 的抽象层。它应当远小于 layer-0，但仍然包含足够的信息，用于基于关键字或文本的搜索或挖掘。

基于 Web 页的内容不同，layer-1 可以组织为若干半结构化的类，如 document（文档），person（人）、organization（组织）等。

可以将类 document 设计成表 3-1 的样式，类 document 中的相关内容设计成表 3-2 的样式。

表 3-1 类 document 属性设计

file_addr	doc_category	authoritative_rank	form	size_doc	access_frequency
记录文件名和 URL 网络地址	文档分类	Web 链接分析	文件的格式	文档文件的大小	页面被访问的频率

表 3-2 类 document 中句子、名词等的属性设计

file_addr	dc_sentenceId	dc_sentence	dc_noun	dc_verb	noun_frequency
记录文件名和 URL 网络地址	句子 id	文档中包含的句子内容	句子中的名词及词组	句子中的动词	名词及词组在该句子中出现的频率

第三，各种更高级别（higher-layer）的 Web 目录服务可以在 layer-1 之上加以构造，用于提供针对数据库系统研究的黄页服务。这种目录可以包含几个维的层次结构，如主题分类、地理位置、发表时间等。

使用 Web 页的等级（ranking）和页或文档分类服务，可以在构造 layer-1 和/或更高层次信息库中有选择地保留质量高、相关性高的必要信息。

3．基于商品目录特征向量的 Web 页面聚类

1）构建“Web 目录-关系矩阵”

中文分词技术属于自然语言处理技术范畴，是文本挖掘技术的方法之一。现有的分词算法可分为基于字符串匹配、基于理解和基于统计的三大类分词方法。基于字符串匹配的最大切词法是按照一定的策略将待分析的字符串与语料库中的词进行匹配，若在库中找到某个字符串，则匹配成功（识别出一个词）。本文采用正向最大匹配法，对每个商品目录 Web 文档与 Wordnet 进行匹配分词后，将结果保存到词表中。

权重计算方法有很多种，常用 TFIDF 函数来计算关键词的权重：

$$W_{ij}=\frac{tf_{ij}\times\log_2(\frac{M}{m_i}+0.01)}{\sqrt{\sum_{j=1}^{m}(tf_{ij}\times\log_2(\frac{M}{m_i}+0.01))^2}} \tag{3-1}$$

其中，tf_{ij} 表示词 t_i 在目录文档 d_j 中出现的频率，M 表示Web目录集合中的Web目录页面总数量，m_i 表示在Web目录集合中出现词 t_i 的Web目录页面数目。

某目录文档包含的关键词为 $(T_1,T_2,\cdots,T_n)$，则该目录文档可以用一个n维向量 $W=(W_1,W_2,\cdots,W_n)$ 来表示。其中 W_i 为词 T_i 的权值。

设Web目录页面库中文档d_1由 $(T_1,T_2,\cdots,T_m)$ 共m个目录特征词构成，另一目录文档d_2由 $(T_1',T_2',\cdots,T_n')$ 共n个目录特征词构成，则这个两个目录文档之间的关系矩阵可以表示为

$$\boldsymbol{R}=\begin{bmatrix} R_{11} & R_{12} & R_{13} & \cdots & R_{1m} \\ R_{21} & R_{22} & R_{23} & \cdots & R_{2m} \\ \vdots & \vdots & \vdots & & \vdots \\ R_{n1} & R_{n2} & R_{n3} & \cdots & R_{nm} \end{bmatrix}$$

其中，R_{ij} 为词 T_i与T_j 的关联度

$$R_{ij}=\begin{cases} 1, & T_i=T_j \\ \dfrac{i-a}{i+a}, & T_i\neq T_j\,(a\text{为默认参数}) \end{cases} \tag{3-2}$$

目录文档 d_1 与目录文档 d_2 的相似度为：

$$\mathrm{sim}(d_1,d_2)=(\sum_{i=1,\,j=1}(W_i+W_j')\times R[i][j])/2 \tag{3-3}$$

2）基于 K-均值的文档聚类

得出目录文档相似度后，为了消除孤立点对聚类结果的影响，将相似度进行归一化，计算结束便可执行聚类算法。

算法 3-1：K-均值聚类算法

输入：聚类个数为 k 及包含 n 个目录文档对象的 Web 数据库。

输出：满足相似度最大标准的 k 个商品目录聚类。

步骤 1：从 n 个目录文档对象中任意选取 k 个目录文档作为初始簇类中心，其中每个目录文档都用自己的目录特征向量表示。

步骤 2： 根据每个簇类中文档的商品目录特征向量，计算每个文档与这些中心目录文档的相似度，并根据最大相似度重新对相应目录文档进行划分。

步骤 3： 重新计算每个（有变化）簇类的中心点。

步骤 4： 循环步骤 2 和步骤 3，直到每个聚类不再发生变化为止。

执行完聚类算法后，Web 目录页面库中的页面文档被分为 K 个领域无关的商品目录文档簇类。针对每个领域文档簇，自学习出商品目录本体的基本元素，即目录本体概念、目录本体属性、目录本体关系及目录本体实例。

3.2.3 基于目录网站层次的目录本体概念获取

1. 商品目录概念集获取原理

一个组织或社区网站一般都有很清晰的网站地图。网站这种内在固有的层次性是与组织或社区的结构相统一的。而电子商务目录网站拥有比其他网站更明显的层次结构性，即拥有非常强的导航性。客户一般可以按照网站事先设定的目录导航，一步步链接到所需要的产品或服务页面，如图 3-5 所示。因此，可以从商品目录组织网站的层次结构中获取领域轻量商品目录本体概念。

例如，Amazon 网站是一个销售电脑、电脑附件等相关计算机领域产品和服务的网站，该网站 www.Amazon.com 的地图可以被组织成一棵层次 Web 树，如图 3-6 所示，其中 Web 页面、页面块是 Web 树的节点，大部分节点都可以被映射成商品目录本体概念，如 laptop、netbook 及 computer accessory。

本文采用层次导航路径（Hierarchical Navigation Path，HNP）的方法检索目录组织网站的结构。HNP 是一系列称为层次超链接（Hierarchical Hyperlinks，HLs）的超链接，如图 3-7 所示。HLs 反映了 Web 页面之间的层次关系，通过 HLs 我们可以很容易地得到目录组织网站的拓扑结构地图。

分别针对 3.2.2 节聚类得到的 K 个领域无关的商品目录文档簇类，分析每个簇类所包含的所有 Web 页面的层次结构，即可抽取 K 个领域的所有商品目录本体概念集 $C_i(c_{i1}, c_{i2}, \cdots, c_{in})$ $(1 \leqslant i \leqslant K)$。

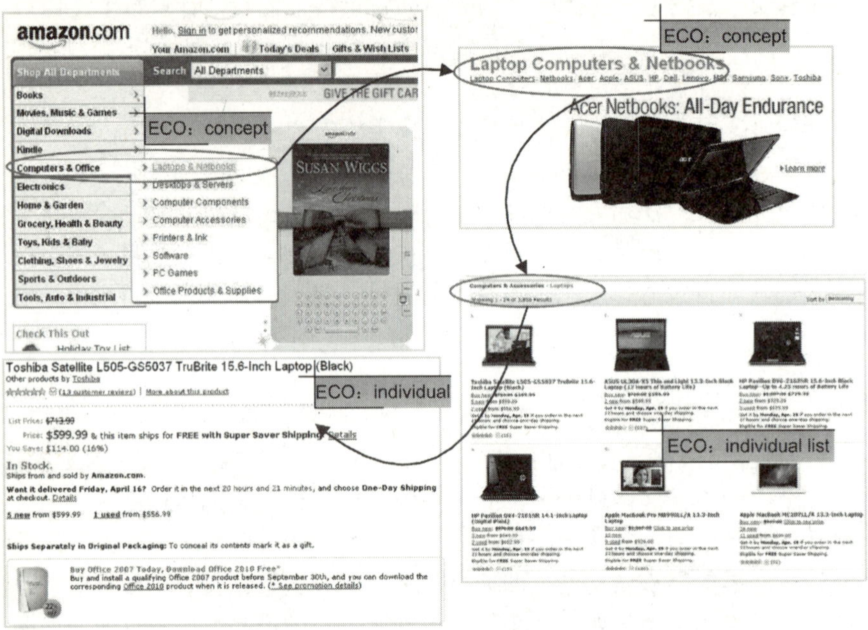

图 3-5 电子商务网站的目录层次导航性

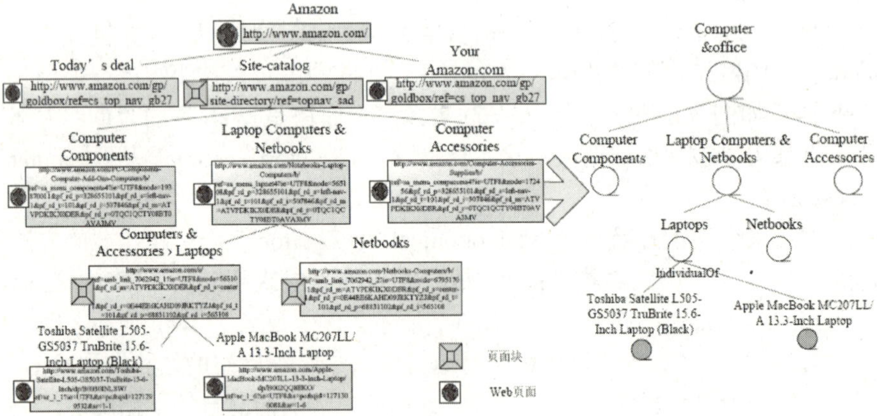

图 3-6 Amazon 网站商品目录结构（部分）

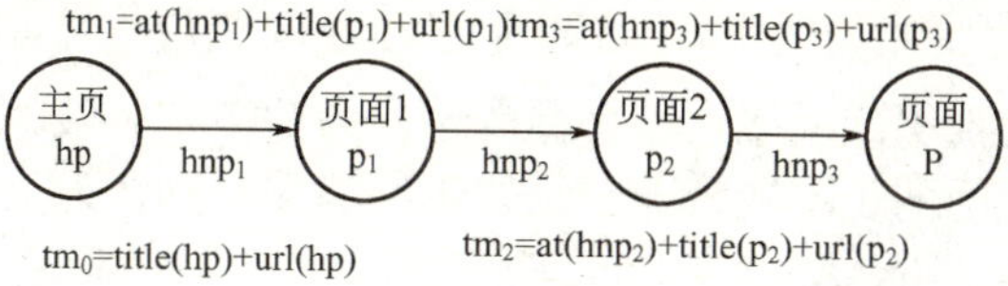

图 3-7 从主页到目的页面的 HNP 路径

2. 基于目录网站层次的目录概念集获取算法

由上节可知，在获取目录本体概念集之前首先要构建目录网站的层次结构（层次节点以树形存储），将每个节点映射成目录本体概念；针对页面块所包含的页面，分析组成页面的小页面块，得到延伸的目录本体概念，如图 3-8 所示。

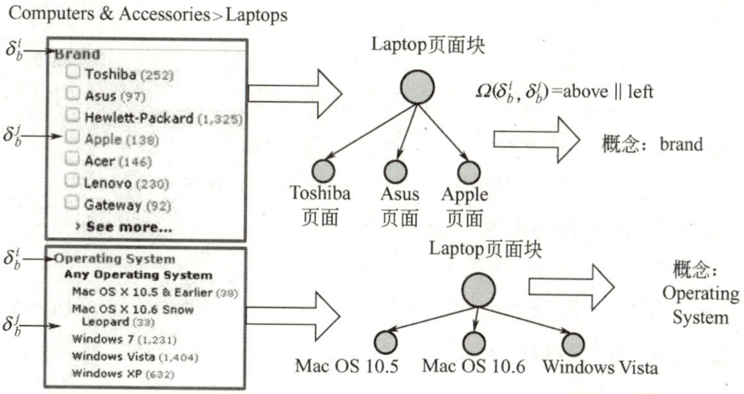

图 3-8 商品目录本体概念获取方法

页面块所包含的目录本体概念的获取基于以下两个基本现象。

（1）一组元素的标题一般处于该组块的上方或左方，并且该标题和组块明显地与其他组块及组块的标题相区分。基于此，可以得到一个规则：如果一个小页面块 δ_{bi} 包含两个子块 δ_{bi}^1 和 δ_{bi}^2，并且有 $\Omega(\delta_{bi}^1,\delta_{bi}^2)=\text{above}\,\|\,\text{left}$，其中，$\delta_{bi}^1$ 只包含文本，δ_{bi}^2 包含至少一个超链接指向目录本体实例列表页面，则文本内容 δ_{bi}^1 是 δ_{bi}^2 的标题。

（2）如果一组元素拥有相同的术语，则该共同的术语为本块的标题。例如，Desktop Memory 和 Laptop Memory 有共同的术语 Memory，则

Memory 是该组块的标题。即，如果 δ_{bi} 已经获取标题，且该标题与页面块内容拥有相同的前缀或后缀，则将标题替换为前缀或后缀。

如果通过上面两步不能为一个组块定义标题，则认为该组块是无意义的，应将其剔除。

算法 3-2：商品目录本体概念集获取算法

输入：商品目录某领域页面簇类。

输出：该领域目录本体概念集。

步骤 1：利用 HNP 算法得出目录组织网站的树形结构图。考虑到后期不会频繁地查找树节点，采用孩子链表表示法存储该结构树。

步骤 2：将除叶子节点外的树节点映射成目录本体概念，逐个加入目录概念集。

步骤 3：基于上述的两个基本现象，将对应于网站商品目录结构中节点页面块的 Web 页面分割成若干小块，并找出块标题，映射成目录本体概念，加入目录概念集。

步骤 4：对目录概念集中的概念进行概念消重，并与国际产品与服务分类标准、Wordnet 进行标准化，得到标准的目录本体概念。

3. 目录概念集的标准化方法

通过上述算法获取的目录本体概念存在以下不足：

（1）重复性，如 laptop 页面块下的 brand 和 netbook 下的 brand；

（2）同义性，如 computer 和 pc；

（3）不规范性；

（4）异构性。

所以需要对其进行标准化。

目录概念集的标准化思想基于概念的相似度计算：对于目录概念集中的两个概念如果相似度大于一定阈值，则合并成一个概念；对于概念的不规范和异构性，可以与 Wordnet 中的概念进行语义相似度计算，将大于设定阈值的概念视为标准化概念，小于一定阈值的概念则丢弃。

概念相似度的计算采用 Wu-Palmer 语义相似度算法，基于长度定义相似度（用于 ISA 层级关系）：

$$\mathrm{sim}(c_1,c_2)=\frac{2\times \mathrm{depth}(\mathrm{lso}(c_1,c_2))}{\mathrm{len}(c_1,\mathrm{lso}(c_1,c_2))+\mathrm{len}(c_2,\mathrm{lso}(c_1,c_2))+2\times \mathrm{depth}(\mathrm{lso}(c_1,c_2))} \quad (3\text{-}4)$$

阈值的选取依据经验统计和实际需求来确定。

3.2.4　基于语义和关联规则的概念关系学习

1．基于语义的层次关系学习

商品目录领域概念间的层次关系，定义为 is-a 关系，即 $H \in C \times C$ 。

由 3.2.3 节可知，商品目录概念的获取主要是从目录网站结构中的叶节点映射得来的，通过 HNP 算法得出目录组织网站的树形结构图。进一步将树形结构图中的上下位关系映射为商品目录本体概念的层次关系。

算法 3-3：商品目录本体概念层次关系自学习算法

输入：商品目录本体概念集、商品目录网站的树形结构图、eCl@ss 数据库。

输出：具有层次结构的商品目录本体。

步骤 1：遍历所有的目录本体概念 C 和页面 P，C_i 是页面 P_i 的映射概念。

步骤 2：将根节点 P_1 对应的概念 C_1 作为商品目录本体的最上层概念。

步骤 3：如果 P_j 是 P_i 的孩子节点，则 C_j 是 C_i 的下位概念。

步骤 4：否则遍历 Wordnet 数据库，根据 C_j 的的编码找到 C_j 的上位概念 C_i，将 C_j 作为 C_i 的下位概念。

步骤 5：否则 C_j 是 C_1 的直接下位概念。

对于从页面块中抽取的概念，无法依据目录网站的树形结构构成目录本体概念的层次关系，这时可以通过扩展 Hearst 提出的模板，结合 Web 页面预处理之后的句子来发现这些概念的上下位关系。

模板 1：…{all | every} NP_0 except NP_1 {（and |,） NP_i}*…（i>1）

句子：…all computer accessories except Webcams…

⇒ sub-class（“computer accessories”, “Webcams”）

模板 2：…NP_0 such as NP_1 {（and |,） NP_i}*…（i>1）

句子：…most computer system such as notebook, personal computer, terminal…

⇒ Hyponymy（“computer system”, “notebook”）

⇒ Hyponymy（“computer system”, “personal computer”）

⇒Hyponymy（“computer system”, “terminal”）

模板 3：NP_0 {, NP_1}* {,} {or| and} other NP_i …（i>1）

句子：Keyboards, mice, printers or other computer accessories…

⇒Hyponymy（“computer accessories”, “Keyboards”）

⇒Hyponymy（“computer accessories”, “mice”）

⇒Hyponymy（“computer accessories”, “printers”）

模板 4：（all| some） NP_0 {,} including {NP_1 , }* {or | and} NP_i …（i>1）

句子：Some keyboards, including Ergonomic Keyboards, Gaming Keyboards and Keyboard & Mouse Combos…

⇒Hyponymy（“keyboards”, “Ergonomic Keyboards”）

⇒Hyponymy（“keyboards”, “Gaming Keyboards”）

⇒Hyponymy（“keyboards”, “Keyboard & Mouse Combos”）

模板 5：NP_0 {,} especially {NP_1, }* {or| and} NP_i …（i>1）

句子：…most featured brands especially Apple, Brother and Canon…

⇒Hyponymy（“featured brands”, “Apple”）

⇒Hyponymy（“featured brands”, “Brother”）

⇒Hyponymy（“featured brands”, “Canon”）

在商品目录本体概念层次关系的学习中，因为利用了国际目录分类标准和语义词典库，因而学习出的层次关系可信度比较高。

2．基于关联规则的非层次关系学习

商品目录领域非分类关系被定义为 $R^* \subset C \times C \times \text{String}$，指除 is-a 关系以外的目录概念间的任何其他关系，如同义关系（synonymy）、相关关系（related to）、部分整体关系（part-of）和属性关系（property-of）等。在本体学习中，非层次关系的抽取被认为是最困难的任务之一，鲜有学者能很好地解决这个问题。

本节提出一种从商品目录 Web 网站学习目录概念间非分类关系的创新性方法，主要学习目录概念间的除部分整体关系和属性关系之外的非层次关系。商品目录领域概念的非层次关系学习主要包括三个任务：

（1）扩展概念对（$\text{CP} := \{(a_{i,1}, a_{i,2}) a_{i,j} \in C\}$）；

（2）抽取与概念对经常一起出现的动词——非层次关系；

（3）非层次关系的领域相关度判定。

1）扩展概念对

由于概念对之间的非层次关系通常是由动词来体现的，因此商品目录领域概念非层次关系可用模式 $\boldsymbol{\Phi}$ 表述。

模式 $\boldsymbol{\Phi}$ 定义为

$$\varphi = (\text{concept}_1,\ \text{concept}_2,\ \text{verb}) \in \boldsymbol{\Phi}$$

即概念对与动词同时出现的句子是我们应该关注的地方。由于同一概念对可能与不同的关联动词在不同的句子中出现，形成若干关联模式，这里将所有关联关系都作为候选关系 R。

概念对集 CP 是从上节得出的商品目录领域概念层次模型（$H \in C \times C$）中得到的。为了增大概念对与动词的匹配率，本文依据 Wordnet 语义词典对 $\forall c_i \in C$ 扩展其同义词集，同时将模式 φ 中的概念 concept_1，concept_2 变成相应的同义词集。如概念 Notebook 在 Wordnet 中的定义为 a small compact portable computer，则可以将 Notebook 扩展为包含 laptop、laptop computer、Notebook computer 等术语的同义词集。

Prat-Of-Speech （POS）是斯坦福大学研发的用于标记文档中内容性词、功能性词，以及标识句子中词、短语的词性的标签器。输入一个自然语言的句子，POS 能够对每个词加注词性标签，用以填充模式 <term><verb><term>，其中<term>是 concept_1 或 concept_2 的同义词集。

2）抽取动词

尽管通过 POS 可以得到大部分的“术语-动词”模式，但动词所具有的不同形式（第三人称单数、时态、语态、名词动用等）再加上动词的抽取是无监督的自动抽取，使得自学习得不到正确的模式<term><verb><term>。

为了避免自然语言处理的相关类似问题，这里采用一种简化的方法，即只抽取那些能够命名的关系动词，其形式要满足以下限制：

（1）舍弃将来时或条件从句中的动词；

（2）由于无法确定哪一个动词为核心，对于包含复合动词的动词短语也舍弃（如 tends to develop in）；

（3）包含介词的动词短语是合法的；

（4）舍弃表示层次关系的动词，如 is/are/was/were，include 等，这些动词用于构建商品目录概念的层次关系。

3）判定非层次关系的领域相关度

为了能够自动地学习，须使用关联规则方法来计算每个模式和选定商品目录领域之间关系的相关程度，如果获取的关系有足够的统计特征（即置信度大于给定阈值），则认为该非层次关系是合理的，否则删除该关系。支持度的阈值表示在候选规则中出现的所有 CP 和 v 在事务中所占的最小百分比；而置信度的阈值表示的是当支持度大于阈值时，规则结果可信的最小可能性。

候选规则 $\mathrm{CP} \Rightarrow v$ 的支持度和置信度计算如下：

$$\mathrm{support}(\mathrm{CP} \Rightarrow v) = \frac{|\{\varphi \in \Phi \mid \mathrm{CP} \cup v \in t\}|}{|\Phi|} \tag{3-5}$$

$$\mathrm{confidence}(\mathrm{CP} \Rightarrow v) = \frac{\mathrm{support}(\mathrm{CP} \cup v)}{\mathrm{support}(\mathrm{CP})} \tag{3-6}$$

其中，CP 为模式中的概念对，事务 t 代表概念对和相关动词在文档集中一起出现。例如，给定概念 Notebook（Nb）、Notebook sleeve（Ns）和动词 Buy together（Bt），事务 t=<Nb,Ns,Bt>表示这三个词在预处理后得到的文档集中的句子中出现的事实。

3.2.5 基于模式匹配和在线统计的属性识别

商品目录本体属性主要包括对象属性和数据属性，其中对象属性有定义域（Domain）和值域（Range）约束；数据属性有数据类型和属性值约束。实现商品目录本体概念属性识别首先依据预处理得到的句子和页面库抽取领域概念相关属性，然后利用 Web 搜索引擎、商品目录国际标准和统计技术计算属性与商品目录领域概念的相关度，对商品目录本体概念属性进行选择；其次针对数据属性进行属性值的抽取和选择；最后选择数据属性值的计量单位，并将属性、属性值和计量单位归入商品目录本体中。最后两步旨在学习目录本体概念属性的属性约束。其原理如图 3-9 所示，以初始目录本体概念和句法模式为输入。

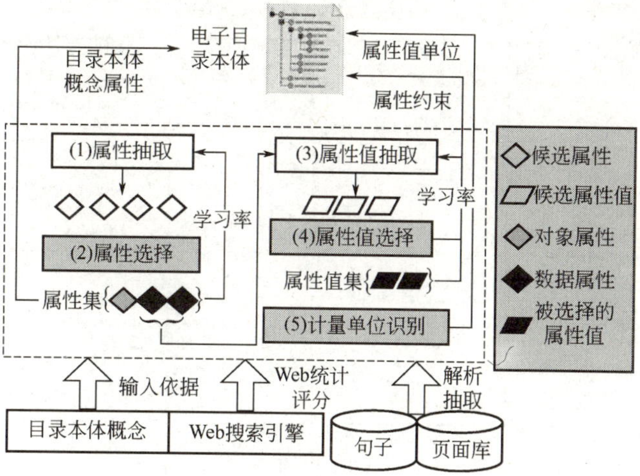

图 3-9 商品目录本体概念属性学习框架图

1. 目录本体属性的抽取和选择

1）目录本体属性的抽取

定义 3.2（商品目录本体概念对象属性定义）：在商品目录概念非层次关系领域，将表述商品目录本体概念间部分整体关系（part-of）的特殊二元关系，称为对象关系，即 $P^* \in C \times C \times \text{Part\_of}$，其中 C 是商品目录本体概念（如 p=Computer×Hard_Disk ×part_of）。

定义 3.3（商品目录本体概念数据属性定义）：将目录本体概念和数据间的相关关系定义为对象属性，即 $D^* \in C \times T \times \text{String}$，其中 C 是商品目录本体概念，T 是数据类型，String 是关系的文本表示（如 d=Computer×Float×Price）。

定义 3.4（模式集定义）：模式集是一系列规则表述的部分整体模式，如表 3-3 和表 3-4 所示。

采用 OpenNLP 工具对商品目录 Web 网站页面预处理后的句子和页面集进行解析（OpenNLP 是一个提供多种自然语言处理工具的 Java 包，能够执行句题检测、断词、词性标注及组块解析等处理），然后用目录本体概念和以上模式构建一条可查询语句，从解析后的句子和页面库中提取出候选属性（propertyCandidates）。

表 3-3　商品目录本体概念属性模式

模　式	例　子	关　系
NP's NP{is|are|was|were}	…computer's cpu is…	Meronym（"cpu", "computer"）
NP of {the|a|an} NP{ is|are|was|were }	…resolution of the display is…	Meronym（"resolution", "display"）
NP in {the|a|an} NP { is|are|was|were }	…cache in CPU is …	Meronym（"cache", "CPU"
NP of NPs { is|are|was|were }	…speed of processors is…	Meronym（"speed", "processor"
NP in NPs { is|are|was|were }	…endurance in batteries is…	Meronym（"endurance", "battery"

注：本表目录本体属性模式来自于对文献的提炼和修改。

表 3-4　以动词为指示的目录本体属性模式

模　式	例　子	关　系
NP have|has|had NP	…memory has capacity…	Meronym（"capacity", "memory"
NP come|comes|come with NP	…Notebook comes with mainboard	Meronym（"mainboard", "notebook"
NP feature|features|featured NP	…laptop features material…	Meronym（"material", "laptop"

由于属性是表述一个概念特征的，所以很容易获取候选属性量的等限制修饰（例如 dual-core processor，very high resolution，9-cell battery）。但由于本节关注于目录本体属性候选集的生成，故将修饰词删除，只保留主要名词（如 processor，resolution 和 battery）。

2）目录本体属性选择

为了最大程度地避免自然语言处理带来的问题（如概念和特征属性虽在同一句子或页面中出现，但实际上却是语义无关的），以及为了能够自动地学习目录本体属性，本文借鉴 Turney 的方法，针对 Web 的大规模性，利用 Web 搜索引擎进行统计分析来计算候选属性评分 ECO_propertyScore，以度量每个概念、模式和候选属性之间关系的密切程度，并在整个商品目录 Web 网站范围内对候选属性的分布进行统计以便获得可靠的数据。

$$\text{Score(ECO\_pc)} = \sum_{pat_i \in \text{patternSet}} \frac{\text{hits}(pat_i(\text{concept}, \text{ECO\_pc}))}{\text{hits(ECO\_pc)} * \text{hits}(pat_i(\text{concept}))} \qquad (3\text{-}7)$$

在实际中，一方面属性之前通常有若干个修饰词，为了增大匹配结果，Web 统计时在 pattern 和 ECO_propertyCandidate（ECO_pc）之间应用了通配符*（如 memory has * capacity）。当候选属性的评分大于设定阈值时，将其加入目录本体属性集中，如表 3-5 所示。

表 3-5 computer 领域部分候选属性的属性评分

抽取的文本	候选属性	属性评分
2GB memory card	Memory	0.0016
A proprietary battery	Battery	5.02E-4
500GB SATA hard drive	Hard drive	6.42E-4
Dimensions	Dimension	6.64E-5
Notebook weight	Weight	2.58E-3
15.6-inch widescreen display	Widescreen	1.86E-5
High resolution	Resolution	3.93E-5

另一方面，由于商品目录本体学习过程是自动的、无监督的，为了使得整个学习过程能够合理结束，本文认为当从候选属性集中选择出的属性越来越少时，将没有必要再从句子和页面库中进行属性的抽取。所以本文引入学习率（LearningRate）的概念，以控制算法的进行。

$$\text{LearningRate} = \frac{\text{选择的目录本体属性的数量}}{\text{抽取的目录本体属性的数量}} \times 100\% \qquad (3\text{-}8)$$

当学习率小于设定阈值时，返回目录本体属性最终结果集。

算法 3-4：商品目录本体概念属性抽取和选择算法

输入：商品目录本体概念 ECconcept，模式集 patternSet

输出：目录本体属性集 ECO_propertySet

```
begin
  for （each pattern in patternSet） do begin
```

```
        用 ECconcept 和 pattern 构建一条语句 Q;
        初始化学习率 lr 为最大，属性集为空;
        解析句子和页面库;
        while （lr>MINIMUM_LEARNING_RATE） do begin
            执行语句 Q;
            抽取先前没有出现的属性为候选属性 ECO_property Candidate;
            for （each ECpropertyCandidate） do begin
                用 patternSet 和 ECconcept 对 ECO_propertyCandidate 计算 ECO_propertyScore;
                if （ECO_propertyScore>MINIMUM_PROPERTY_SCORE）then
                    将 ECO_propertyCandidate 加入 ECO_propertySet;
                end
            end
        end
        重新计算 lr;
    end
    返回 ECO_propertySet;
end
```

2．目录本体属性值的抽取和选择

1）目录本体属性值的抽取

通过以上步骤获取的商品目录本体属性集中的部分属性表述的是纯部分整体关系（如 resolution of the display），即对象属性；而其他的是由数量等限定词修饰的属性，称为数据属性（如 notebook has 2GB memory card）。为了获取更丰富的目录本体属性内容，本文将进一步区分目录属性集中的对象属性和数据属性；针对数据属性识别其数据类型、数据值和数据单位。具体来说，对于商品目录属性集的属性区分主要包括以下几个步骤。

步骤 1：在页面库中如果候选目录属性 ECP 没有任何修饰词，则认为该属性为对象属性 ECOP。这时属性代表的是一个新的目录概念（如 mainboard），它与源概念（notebook）之间是部分整体的对象与对象之间的关系。将这样的新目录概念前面加上 has_ 作为最终的对象属性，定义域为源概念，值域为新获取的目录概念（如对象属性 has_mainboard，domain 为 notebook，range 为 mainboard）。

步骤 2：否则，候选属性之前有若干形容词式的修饰词，则为数据类型属性 ECDP，其类型为 string 型。如 netbook has high resolution，其中 resolution 为数据属性，定义域为 netbook，为 string 型。

步骤 3：否则，如果候选属性之前有数据类型的修饰词，则为数据类型属性 ECDP，其类型为数据型，如 float，double，int 等。例如，dell notebook has USB ports。

在后两种情况中，一个特定的属性可能会被检索若干次，并被贴上不同的标签，即一个候选属性之前可能既有形容词修饰又有数字修饰，如 laptop has 9-cell rechargeable battery。对于这种情况，本文将其归于最后一种类型中，这样就可以从目录属性集中抽取出数据属性。

目录本体属性值的抽取见算法 3-5，主要过程如下：对每一个数据属性，并用该数据属性和目录本体概念构建一条语句。一般目录属性的修饰词都出现在属性之前（high resolution），通过分析句子和页面库中的页面，定位目录本体概念数据属性在文本中出现的位置，然后抽取属性之前的形容词、量词等修饰词，作为候选目录属性值。注意其中以量词修饰的目录属性将伴随计量单位一起出现（15.6 inch，500GB）。

2）目录本体属性值的选择

同目录本体属性选择一样，由于自然语言的次语言性使得候选目录属性集可能会有很多噪声及非常庞大。这样，将不利于发现属性值的值域，另一方面，拼错词、歧义词或非本领域概念又将进一步增大候选目录本体属性值的噪声。为了避免这种情况的出现，本文利用 Web 搜索引擎技术，统计分析候选目录本体属性值、目录本体属性、目录本体概念一起出现的概率，即候选目录本体属性评分 ECP_valueScore，以便获得可靠的数据。同时为了控制算法的顺利开始和结束，也引入学习率（learningRate）的概念。

$$\text{Score(ECP\_valueScore)} = \frac{\text{hits(ECP\_valueScore ECdataProperty and ECconcept)}}{\text{hits(ECP\_valueScore and ECconcept)}} \tag{3-9}$$

$$\text{LearningRate} = \frac{\text{选择的目录本体属性值的数量}}{\text{抽取的目录本体属性值的数量}} \times 100\% \tag{3-10}$$

算法 3-5：目录属性值的抽取和选择算法

输入：商品目录数据属性 ECdataProperty，目录本体概念 ECconcept

输出：目录数据属性值集 ECdataProperty_ValueSet

```
begin
    初始化 learningRate 为最大，目录数据属性值集 ECdataProperty_ ValueSet 为空;
    用 ECconcept 和 ECdataProperty 构建一条语句 Q;
    while （learningRate>MINIMUM_LEARNING_RATE）do begin
        for（every sentence and page in pageBase）do begin
            在预处理得到的句子和页面库中执行 Q;
            if（propertyValue 之前没有出现过）then
              抽取 propertyValue 作为候选目录属性值 ECP_value Candidate;
            end
        end
        for（each ECP_valueCandidate）do begin
            if （ECP_valueScore>MINIMUM_VALUE_SCORE） then
            将 ECP_valueCandidate 加入 ECdataProperty_ValueSet;
            end
        end
        从被选择的未被选择的 ECP_valueCandidate 计算 lr;
      end
      返回 ECdataProperty_ValueSet;
end
```

3．目录本体属性值计量单位识别

通过以上步骤，本文得到了商品目录本体概念的对象属性、数据属性及数据属性的属性值集，为了进一步完善商品目录本体，根据目录本体数据属性的定义，属性值的值域和数据类型都是必需的。对于 string 型的数据属性，值域可以从上节选择的目录属性值集中得到（如 expressCard of laptop 的值域为 wireless， networking， storage)；对于数据型的数据属性，值域的最大值和最小值也可以从目录属性值集中得到（如 laptop's memory

的取值从 512 到 4096)。而作为商品目录本体属性识别的最后阶段，属性值计量单位的识别也是很重要的。

一般来说，数据型的数据属性值的计量单位有非数字的特征，一般出现在数字之后（如 512M memory，15″，13.6 inches，15.6-inch)。故可以从目录属性值集中获取数据型数据属性的非数字的修饰词，即为属性值的候选计量单位，如算法 3-6 所示。由于部分属性会有若干不同的属性值，而每个属性值又以不同的单位为计量（如 512MB，4GB)，故须计算候选计量单位评分，选择其中评分最大值为最终计量单位。候选计量单位评分为以 Web 搜索引擎构建查询条件，利用统计技术计算候选计量单位的领域相关度。

算法 3-6：数据型数据属性值计量单位识别算法

输入：数据型数据属性 ECnumericProperty，目录数据属性值集 ECdataProperty_ValueSet，目录本体概念 ECconcept

输出：数据型数据属性值计量单位集 ECO_dataPropertyValue_measureUnit

```
begin
    从 ECdataProperty_ValueSet 中抽取候选计量单位 ECP_measureUnit Candidiate;
    for (each ECP_measureUnitCandidiate) do begin
        用 ECnumericProperty 和 ECconcept 计算计量单位评分 ECP_measure
UnitScore;
    end
    返回具有最大评分的 ECP_measureUnitCandidiate;
end
```

其中，候选计量单位的评分计算方法如下：

$$\text{Score(mUnitCandidiate)}=\frac{\text{hits(mUnitCandidiate numericProperty and ECconcept)}}{\text{hits(mUnitCandidiate and ECconcept)}} \tag{3-11}$$

3.2.6 商品目录本体实例提取

基于本体的商品目录本体实例提取有两个途径：一是依据电子商务网站结构图，二是通过模式匹配的方式。

针对第一个途径，在 3.2.3 节中的 Web 网站树形结构图中，商品目录本体实例处于层次结构图的叶子节点，而层次导航路径 HNP 可以很容易地定位到目录本体概念的实例列表页，将所有的实例都提取为该概念的实例。当然这种方法获取的目录本体实例数量的多少依赖于网站产品与服务量的大小。

第二个途径，仍是借鉴 Hearst 的模式："computer such as..."，"computer including..."，"computer especially..."，"...and other computer"，"...or other computer"，并引入 BE（Binding Engine，绑定搜索引擎）作为搜索页面库的工具。BE 能够处理形如"computer such as <NounPhrase>"的查询，并且能快速地返回所有 NounPhrase 的词语。

依据概念和语言模式获取目录本体实例，会将存在语义关系的目录本体概念当做实例提取出来，这时需要删除非实例的概念。

具体步骤如下。

步骤 1：输入 3.2.3 节获取的目录本体概念和页面库。

步骤 2：按顺序抽取概念，作为实例化的名词。

步骤 3：将 5 中模式逐个输入 BE，并遍历页面库。

步骤 4：利用 Web 统计分析技术［式（3-12）］，计算目录本体概念和获取的 NounPhrase 同时出现的概率（即评分，score）。

步骤 5：将所有 NounPhrase 按 score 从大至小排序，遍历 score 大于 1.0E-5 的 NounPhrase，删除等同于概念集中的概念。

步骤 6：将剩下的 NounPhrase 一一对应为商品目录本体概念的实例。

在步骤 5 中，等同于概念集中的概念的确定方法为，计算该 NounPhrase 与 3.2.3 节中生成的概念集中的概念的相似度，当相似度大于一定阈值时，则认为该 NounPhrase 应为目录本体概念，而非目录本体概念实例。

最后，整合两种途径提取的实例，即得到商品目录本体概念的全部实例。

$$\text{Score(concept,NonePhrase)}=\frac{\text{hits(concept and NonePhrase)}}{\text{hits(concept)}} \quad (3\text{-}12)$$

3.3 商品目录本体自学习实证研究

3.3.1 亚马逊商品目录本体自学习实证

亚马逊 Amazon.com 是 B2C 网站的代表，以公司面向顾客销售的经营模式而著名，它也是美国最大的在线零售商，在线销售商品一级目录包括{[Movies，Music&Games]，[Kindle]，[Computer&office]，[Electronic]，[Home&garden]，[Grocery，Health&Beauty]，[Toys，Kids&Baby]，[Clothing，Shoes&Jewelry]，[Sports&Outdoors]，[Tools，Auto&Industrial]}。

本节以 Amazon.com 的 Laptop&Netbook 为实例，说明利用商品目录元模型构建目录本体的方法和过程。为简化论述起见，本章只以该网站的 Laptop&Netbook 所涉及的商品目录本体概念、语义关系、属性、概念与分类标准的映射集和实例进行讨论。

以 3.1.3 节介绍的商品目录层次元模型为基础，构建 Amazon.com 上的 Laptop&Netbook 本体，这里的元模型已经扩展了客户的需求，加入了语义关系和商业属性。

（1）亚马逊商品目录本体概念。在 3.2.3 节探索商品目录本体概念自动获取方法时，解析的就是 Amazon.com 电子商务网站的页面地图和页面结构，通过层次结构和页面块得到了大部分目录本体概念，并与国际目录分类标准进行标准化处理，这里不再赘述。

（2）亚马逊商品目录本体关系。上文提到商品目录本体概念层次关系可以通过语言模式获取，实际上，电子商务网站层次结构图中已经包含了概念之间的层次结构，在获取目录本体概念的同时，概念的层次结构关系也已经大部分确定。目录本体概念非层次关系挖掘部分如图 3-10 所示。

（3）亚马逊商品目录本体属性。商品目录本体属性获取主要通过模式匹配与 Web 统计分析方法计算评分得到，利用 3.2 节所给出的算法，主要从电子商务实例页面的 Key Features 部分得到大部分属性，如图 3-11 所示。

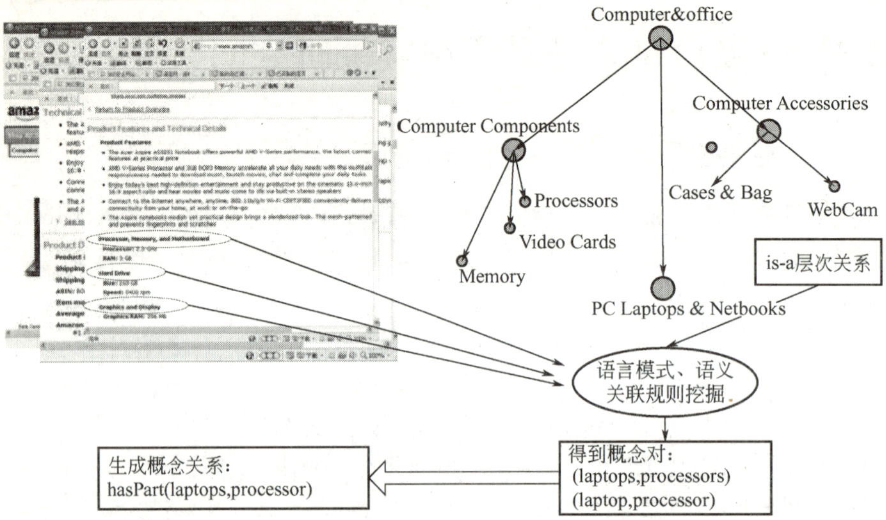

图 3-10 Laptop&Netbook 商品目录本体非层次关系挖掘

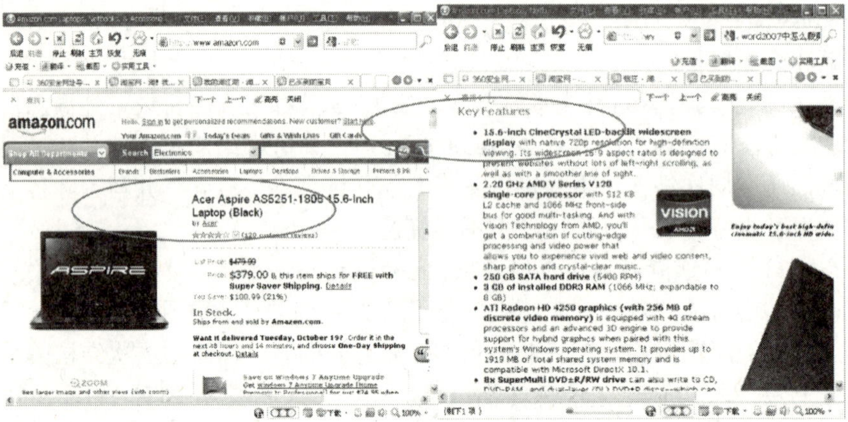

图 3-11 Amazon.com 电子商务网站属性分布

由图 3-11 可知，商品目录本体概念属性的获取源来源于具体概念实例下的 Features 页面部分，因而这里存在大量的数据属性的属性值和属性计量单位，如 3.5 pounds weight，这里只给出属性集，如表 3-6 所示。

表 3-6　从 Laptop&Netbook 页面下获取的属性集

抽取的文本	属　　性	属 性 评 分
2G memory card	Memory card	0.0012
6-cell battery	Battery	5.13E-4
Three USB 2.0 ports	USB port	2.37E-4
Fast Ethernet	Ethemet	1.32E-4
8x SuperMulti DVD drive	DVD drive	6.39E-4

（4）亚马逊商品目录本体实例。在 Amazon.com 网站中 Computer&office 下 Laptop&Netbook，找到实例 Lenovo Ideapad U-350，按照 Ontology Level of Laptops&Netbooks 和产品和服务目录本体元模型构建本体实例。从网页的“Technical Details”、“Product Description”、“Key Features”和“Ships from”等内容中抽取大部分实例，如图 3-12 所示。

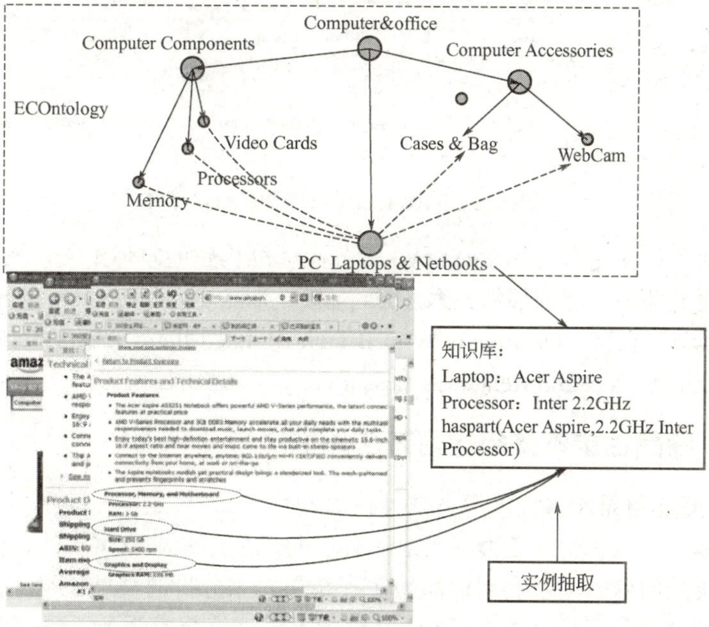

图 3-12　Amazon.com 电子商务网站 Laptop&Netbook 的实例获取

结合上节对 Laptop&Netbook 目录概念、关系和属性的获取结果，最终生成的商品目录本体如图 3-13 所示。

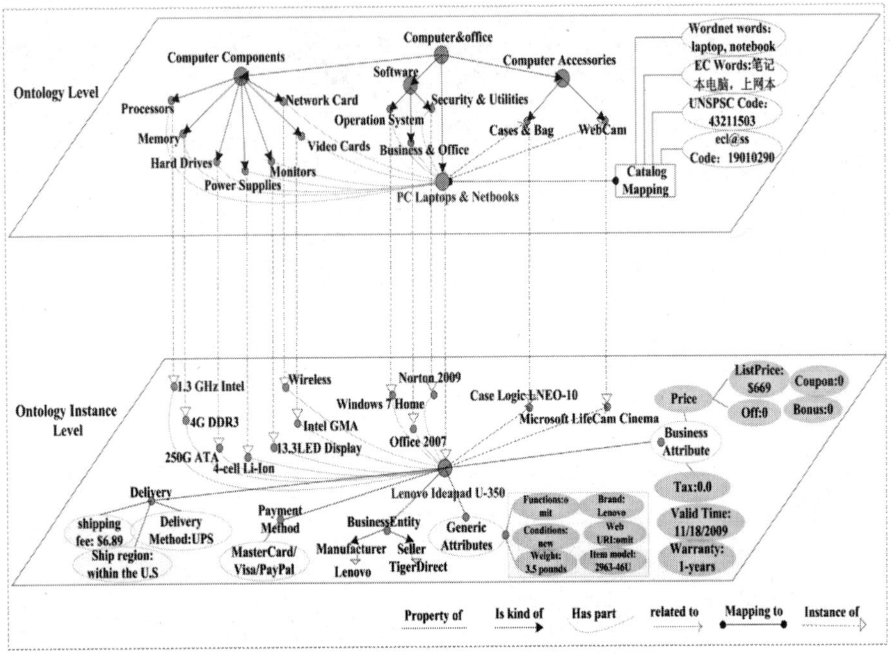

图 3-13 基于元模型自学习的商品目录本体

该商品目录本体与 eCl@ss.owl 等分类标准构建的本体不同，它扩展了丰富的语义关系，增加部件关系（has part）、related to 和 Catalog Mapping。“related to”来自“Customers Who Bought Related Items Also Bought”和“Buy This Product and Related Accessories”。

3.3.2 商品目录本体自学习方法评价

1. 商品目录本体自学习方法评价原理

本体自学习评价对于商品目录本体的自动生成是非常重要的，但也是很难解决的问题。本节利用前面的实证结果，来分析商品目录本体自学习方法的精确度和召回率等指标。商品目录本体评价分成两个步骤：第一步，术语层次的评价。这一步主要是评价从页面库中抽取的目录本体相关术语（包括商品目录本体概念、属性、实例）的精准率和召回率。当然，目录本体术语的抽取质量直接影响构建的目录本体的质量。第二步，目录本体质量的评价。以领域专家手工建立的黄金标准目录本体为参考依据，对用上述方法自学习的商品目录进行评价，如图 3-14 所示。

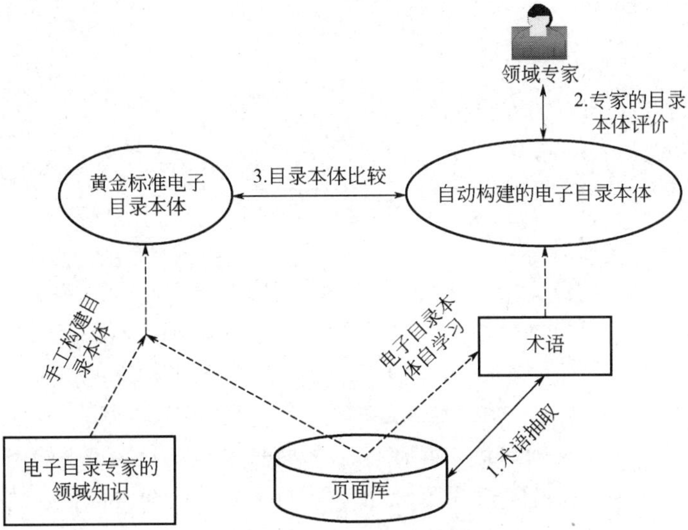

图 3-14 商品目录本体评价框图

步骤 1：首先分析商品目录术语的质量，如图 3-14 中的 1。

步骤 2：其次，领域专家对自学习商品目录本体逐个概念地评价，如图 3-14 中的 2。

步骤 3：商品目录领域专家同时手工构建黄金标准本体，将自学习的目录本体与之对比，如图 3-14 中的 3。

1）术语抽取

对从页面库中抽取的商品目录本体术语的评价包含了对抽取的商品目录本体概念、属性（包括属性名、属性值、属性计量单位）及实例的评价。

本文用术语召回率（TRecall）表示从页面库中抽取出的正确术语（$correct_{extracted}$）的量与页面库中全部术语（all_{corpus}）的比率。所谓抽取的正确术语，指的是手工构建的商品目录本体（如黄金标准本体）中所包含的术语。

用术语精准率（TPrecision）表示抽取的正确术语与所有从页面库中抽取出的术语的比率（$all_{extracted}$）。并且通过计算 Fmeasure 来定义精准率和召回率的重要程度。

$$\text{TRecall}=\frac{\text{correct}_{\text{extracted}}}{\text{all}_{\text{corpus}}} \tag{3-13}$$

$$\text{TPrecision}=\frac{\text{correct}_{\text{extracted}}}{\text{all}_{\text{extracted}}} \tag{3-14}$$

$$\text{Fmeasure}=\frac{2\times \text{TPrecision}\times \text{TRecall}}{\text{TPrecision}+\text{TRecall}} \tag{3-15}$$

2）领域专家的评价

在这个阶段的评价中，领域专家实际上代表了对自学习的目录本体逐个概念的评价。目录本体的精准率表示在自学习得到的商品目录本体中，领域相关概念所占的百分比（OPrecision）。由于手工构建的黄金标准目录本体经常会出现忽略一些概念或者引入一些在页面库中所没有的概念的情况，因此，在这个评价阶段，正确的本体概念应包括存在于黄金标准本体中的概念(correct)和被忽略的概念(new)，而不相关概念被标记成spurious。

$$\text{OPrecision}=\frac{\text{correct+new}}{\text{correct+new+spurious}} \tag{3-16}$$

对于学习到的目录本体概念层次关系质量的评价，本文通过计算获取的领域相关概念的层次关系（$\text{allRels}_{\text{Relevant}}$）的数量，以及领域专家所明确的这些层次关系中是 is-a 关系（$\text{allRels}_{\text{Correct}}$）的数量，用 TaxoPrecision 表示上述两者之间的比率来求得 is-a 关系的精准率。

$$\text{TaxoPrecision}=\frac{\text{allRels}_{\text{Correct}}}{\text{allRels}_{\text{Relevant}}} \tag{3-17}$$

3）目录本体比较

目录本体的比较主要是将通过自学习方法得到的商品目录本体与黄金标准本体进行对比，以确定自学习的目录本体是否是领域知识相关的，是否满足了客户的需求。首先定义 LO（Lexical Overlap）为自学习的目录本体所包含的概念与手工构建的黄金标准本体所拥有的概念的差距。这个定义可以表示自学习出的目录本体的精准率。

$$\mathrm{LO}(O_1,O_2)=\frac{|L_{O_1}\cap L_{O_2}|}{|L_{O_2}|}=\frac{\mathrm{correct}}{\mathrm{all}} \tag{3-18}$$

其中，L_{O_1} 表示所有领域相关的概念，包含 correct 和 new；L_{O_2} 表示黄金标准本体中所含有的概念。可知，这个结果越大，说明自学习的本体越精确，越能满足客户的需求和解决企业间的互操作问题。

另外，本文使用本体改进率 OI（Ontological Improvement）作为衡量通过自学习算法得到的商品目录本体比黄金标准本体的改进程度和自适应程度。

$$\mathrm{OI}(O_1,O_2)=\frac{|L_{O_1}\setminus L_{O_2}|}{|L_{O_2}|}=\frac{\mathrm{new}}{\mathrm{all}} \tag{3-19}$$

其中，$L_{O_1}\setminus L_{O_2}$ 表示自学习的商品目录本体中所含有的而不包含在黄金标准本体中的领域相关概念。很显然，OI 值越高则说明自学习方法越有语义价值。

2．基于元模型的商品目录本体自学习评价

为了说明本文所提出的商品目录本体自学习方法的领域独立性和可用性，本节对技术领域、非技术领域、非产品领域的商品目录执行商品目录本体自学习算法。技术领域是基于 Web 或表格页面的，是特定的领域，如上节构建的亚马逊网站的商品目录本体即为技术领域的商品目录本体。技术目录实体，如数码相机（Digital camera）、扫描仪（Scanner）一般是半结构化的数据；非技术领域的商品目录如图书（Book）、鞋子（Shoe）、车子（Car）和药物（Drug），非产品领域的商品目录如城市（City）、餐馆（Restaurant）、旅馆（Hotel）则更具有一般性和领域模糊性，这些领域描述的都是抽象性的概念，难以进行模式匹配。执行结果如表 3-7 和表 3-8 所示。

从表 3-7 可以看出，本文的自学习算法对于这些领域术语的召回率和精准率都比较高，比较有趣的现象是，对于技术性的目录领域（如 Laptop）的 FMeasure 和精准率非常高，与非技术目录领域的高模糊性，使得非文本的模式抽取的精准率较低。

表 3-7 不同商品目录领域的术语抽取结果

Domain	Book	Laptop&Netbook	City
$correct_{extr}$	471	549	325
all_{corpus}	631	693	433
all_{extr}	658	661	486
TRecall （%）	75	79	75
TPrecision（%）	72	83	67
F-measure	73	81	71

表 3-8 不同商品目录领域的专家评价和本体对比

Domain	Book	Laptop&Netbook	City
correct	29	35	25
new	70	77	140
spurious	165	211	98
OPresicion （%）	38	35	63
LO（%）	46	54	20
OI（%）	140	154	112

目录领域专家对自学习得到的商品目录本体的评价依赖于专家对该领域的认知程度和所具有的知识丰富程度。由表 3-8 可以看出，领域专家对于 Laptop 目录本体评价的结果是获取的精准率不高，而该目录本体与黄金标准本体的对比结果却远远高于其他通用领域的结果。由此可知，对于 computer 领域，本书的自学习算法更能得到比黄金标准本体更有意义的结果。

3. 与其他本体学习方法的比较

本书研究的最初目的是利用已有技术工具解决客户浏览电子商务网站对商品目录的需求及满足企业语义互操作和语义交换需求，而非设计新的技术工具。然而与其他现有的工具方法进行比较时，存在一个不可执行的阻碍：很少有商品目录本体学习工具可以免费下载去用于实验。据知只有 TextToOnto 和 OntoLT 可以较容易地获得，然而这两个工具仅仅是初级的本体学习平台，提供的是通用技术并允许用户根据需求个性化地定制。例如，它们提供抽取特定领域模式的编码方法。因此，可以使用这两个工具来执行本书的商品目录本体自学习模式，得到的结果只有32%的相似性，出现差距主要是次语言性和隐含在内的语言处理工具所导致的（如所有的工具都使用不同的POS标记）。

为了补充无法对比现有工具的缺失，本书尝试与相关论文、研究成果做比较。研究成果表明基于本体学习算法获得概念的LO值最大达到27.71%，而本书为54%，可以认为本书的面向客户的商品目录本体自学习算法是成功的。

第4章

个性化目录服务理论与用户建模

4.1 个性化商品目录服务相关理论研究

随着互联网技术的不断改进及电子商务市场的日益繁荣，商品目录作为一项有效的营销工具被许多商业企业采用以实现其吸引客户、增加客户满意度和增强客户忠诚度的目的。随着在线零售商和电子卖家所提供的产品数量的指数级增加，商品目录随之变得愈加庞大且缺乏实际操作性和经济性，目前企业对于如何优化商品目录的设计有着急切的需求。在现实案例中，大多数客户仅对商品目录中的小部分商品感兴趣。对于他们而言，展现给他们只包含满足他们需求的商品信息的商品目录将会是符合客户满意度且具有操作便捷性的，用户需要满足其个性化需求的商品目录来帮助其实现目标商品的快速准确定位。因此，商业企业需要针对不同客户生成多样化的商品目录，能够实现面向客户定制的、满足客户个性化偏好的和多样性需求的商品目录。

通过用户兴趣度模型来描述用户的个性化偏好，商业企业能够便捷地实现用户个性化商品目录的生成，继而用户能够进行语义搜索并能更加快速准确地实现目标商品定位。目前大部分的研究着重于聚类具有相似情感的客户，以帮助其实现高效率的购物并刺激交叉销售。现有个性化推荐研究大多是基于顾客的特征（features）或购买记录（transactions logs）进行的，个性化推荐时根据顾客的特点和行为推荐他可能感兴趣的信息和商品。事实上，购买记录并不能完美地反映顾客对某件商品有偏好，他可能在购买后对这件商品给出差评，而 Web 2.0 技术的出现使得网络购物用户能够通过更多的渠道（包括网络购物网站、博客、论坛等）得到有价值的评论信息，评论信息的来源既可以是网络评论，也可以是群组好友的推荐，这些评论所表达的意见和情感，将成为潜在顾客进行购物选择时的重要参考指标。除此之外，用户在网络购物环境下的各种行为信息也会反映出其本身的个性化信息，这些信息中蕴涵了巨大的商机，当然也存在着潜在的风险，对它进行正确的分析和有效的应对对于网络购物网站的发展具有至关重要的意义。针对这个问题，构建基于用户兴趣度的面向用户需求的个性化商品目录是一项值得研究的工作。

但是目前存在客户偏好的信息来源多样、形式标准各异、用户偏好和商品目录异构、商品目录难以实现动态更新等难题，本章在现有商务智能、商品评论、情感分析、用户行为分析、商品目录和语义 Web 的基础上，从满足 Internet 用户的需求和商业企业的角度出发，研究商品目录的个性化问题。本研究成果在推进互联网环境下基于用户的个性化信息和偏好挖掘的基础上，促进在线交易和精准服务，满足用户不同的个性化需求，在提升个性化信息主动服务与信息智能推送等方面具有较强的理论意义和实际价值。

4.1.1 目录分割理论研究

在面向市场的世界，产品目录被相当多的公司当做一项有效的工具来实现其吸引消费者、满足客户需求和保持顾客的目的。商品目录被广泛地应用于在线商城以便于顾客在线或通过手机进行下单操作。如 Landsend.com 和 Americanmusical.com 整合其在线商城的产品目录，通过简化首页目录显示以方便客户进行快速准确的下单，优化客户体验。

事实上，Catalog Age 杂志于 2005 年进行的关于操作的基准调查报告显示，70%的被调查对象反映至少有 1000 万的在线交易额是通过目录管理系统将商品目录进行集成后完成的。无论是 CD-ROM 目录或是在线的商品目录，都是企业传递信息、吸引消费、扩大销售的重要工具。

企业使用目录作为市场营销工具所面临的巨大挑战是日渐增加的营销

成本。随着技术进步，商品目录作为一项行之有效的工具降低了企业的营销成本。但是，随着 Web 2.0 时代的到来，网络上商品信息的指数级增加，使得商品目录愈加庞大。消费者需要经过较长时间的筛选和辨别才能找到自己的目标，这样的现象不是电子商务企业的理想状态，因而需要对商品目录进行有效的优化，为客户提供满足其个性化需求的商品目录是电子商务企业的首要任务。

与企业提供一些产品而不是单个产品的原理一样，电子商务企业更希望提供一系列可供选择的目录而不是单一目录以满足客户多样化的需求和兴趣。面向客户的目录分割问题，首先是 Ester 等人所提出的经典目录分割问题。面向客户的目录分割问题包含设计 K 个目录，每个目录包含数目为 r 的产品能最大化地吸引顾客。如果客户对所提供的目录中至少有 t 个产品感兴趣，则说明客户被该目录吸引，t 是被吸引阈值。类似的问题由 Kleinberg 等人作为开放问题提出过。

面向客户的目录分割问题，也可以认为是客户聚类问题，为了实现对每个目录进行尽可能多的客户数目划分，需要注意以下问题。

（1）该任务是依照客户所感兴趣的产品集将客户划分成 K 个聚类，每个客户被划分到包含他感兴趣产品数目最多的目录中。

（2）一个可接受的商品目录需要满足以下两个约束条件。

①每个聚类所包含的产品数目为 r。

②只有当目录中所包含的客户感兴趣的产品数大于 t 时，客户才被划分到该目录，即客户被该目录吸引。

Kleinberg 等人所提出的经典目录分割问题旨在将目录中的客户感兴趣的产品数目最大化，客户对所收到的目录中至少 t 个产品感兴趣，用客户兴趣度来描述客户效用，又被称为客户覆盖。已出版的著作中，除 Ester 等人之外都集中于经典目录分割问题研究。Refs 通过列举和评价抽样客户的各种可能性划分提出了一种基于样本的算法。Xu 等人研究了在只有两个目录情况下的 e-catalog 分割问题，他们提出了基于半明确编程的近似算法，该算法对于产品数目为 r 的目录，分割效果确定率为 1/2；当目录大小为 $m/3$ 时（m 为可用产品数目），分割效果值要大于 1/2。

Ester 等人所提出的面向客户的目录分割问题中，目录的效用至少对目录中 t 个产品感兴趣的用户数目进行衡量。目录分割问题中的客户覆盖与关联规则挖掘中的最小支持率类似。

客户覆盖所要实现的是以下目的：

（1）目录不是服务于个人的个性化目录，而是针对一群有着相似兴趣爱好的客户；

（2）呈现给客户的目录中仅包含少量且客户感兴趣程度低的产品，这样的目录无法获得客户的青睐；

（3）开发能够吸引大多数顾客的目录能够减少营销成本。

针对面向客户目录分割的复杂性，Ali Amiri 提出了两种解决算法：

（1）第一种是运用 Greedy 算法初始构建一个包含所有产品的初始目录，随着时间的推移，逐渐移除客户所不感兴趣的产品直至用户对目录中所包含的产品都感兴趣。Geedy 算法中包含随机特征值以避免陷入本地最优的困境。

（2）另一种方法则是基于数据挖掘的关联规则挖掘算法，初始也构建一个目录。在目录中出现的产品有着与客户兴趣最大的关联关系。最后用实际数据和综合数据计算结果证实，利用 Greedy 算法进行目录分割的效果要比 Ester 等人提出的方法效果好。

现阶段，根据所提出的方法完成的目录分割存在以下不足：

（1）目录分割问题并没有对目录本身进行重新设计，无法满足 Web 2.0 时代的语义搜索需求；

（2）对产品和客户进行聚类，缺乏个性化特征，难以满足客户的多样化需求；

（3）仅仅是对产品目录的简单聚类，对产品描述并没有进行有效的处理等。

4.1.2 商品目录本体研究

商品目录最基本的功能是提供基于网络的产品搜索。但互联网上信息的快速增加导致用户在搜索产品信息时难以快速确定目标信息。商品的描述情况在不同的商品目录中亦各有差异。在线商店的所采取的产品信息查询和存储的方式也千差万别，相关的问题有异构商品信息间的集成，以及搜索系统和多样化资源间的互操作。目前关于商品目录的研究主要有以下的研究方向：商品目录的构建、商品目录本体学习和商品目录的集成研究。

1．商品目录构建方式

现阶段绝大多数的商品目录本体都是手工设计的，难以满足客户在电子商务环境下的智能需求。为电子商务网站和企业产品数据库自动构建商品目录本体的方法和技术显得尤为重要。现阶段，在语义网的学习中自动构建本体是一个热点研究方向。商品目录本体自动构建包含以下两方面的问题：

（1）基于企业产品数据库和电子商务网站自动生成商品目录本体，解析产品的层次结构并且抽取概念、属性、关系，同时增加产品的实例，生成初始的局部目录 OWL 本体；

（2）商品目录本体的标准化，研究国际产品分类标准间的集成，如计算 ecl@ssOWL 本体的概念节点间、属性间和关系间的语义距离以实现集成研究。

2．商品目录本体学习系统

本体学习，相关概念包括本体生成、本体丰富、本体挖掘和本体抽取等，形成基于自然语言处理基本理论和机器学习方法的系统框架结构。根据不同的数据存储类型，需要采取不同的本体学习技术。基于数据来源的结构化程度主要有以下三种本体学习方法：基于文本的学习方法、基于结构化数据的学习方法和基于非结构化数据的学习方法。有些学者提出了关于某些具体关系的学习方法，如 part-of，Qualia，Telic 和 Agentive，因果关系，或通过具体的语言模式联合它们。它们难以恢复领域相关的关系，因而构建领域本体有着至关重要的作用。

目前，已经开发出许多本体学习系统，如 ontoLearn，ASIUM，ontoLT 和 DOGMA 等。然而上述这些工具都有缺点：第一，这些本体学习系统都是建立在特殊的或特定领域本体模型的基础之上的；第二，相较于语言学家和机器学习专家，这类学习系统很大程度上忽略了与最终用户的互操作。

3．商品目录集成方法

商品目录集成包括句法集成和语义集成。D. Kim 等人提出了一种多分类标准情况下的目录管理方法。基于 XML 的集成标准能够解决句法和结构异构性问题，如 CEN/ISSS 提出了 e-catalog 集成标准。Corcho 和 Gómez-Pérez 也提出了如何通过本体映射将多种分类标准情况下的产品和服务进行整合，并且基于 WebODE 平台描述了实现本体映射功能的原模型。基于不同国际产品分类标准的目录本体是异构的，因此商品目录语义整合的关键是转换成商品目录本体的集成。Chen 等人所提出的目录集成方法包括：

（1）基于本体属性的 schema；

（2）基于本体概念间的集成方法；

（3）多层次本体集成方法（实例消重，属性集成，概念合并及规则集成）；

（4）基于组合本体概念和属性的语义相似度产品匹配算法，e-catalog 集成可以参考 Yi 等人提出的语义映射方法。

Joshua 等人应用本体概念、属性匹配方法与全球数据同步网络 networkGDSN 和 EPCglobal 进行了目录本体集成。

4.1.3　协同过滤推荐技术

协同过滤的广泛应用是基于“口碑营销”中的一个事实，客户做出购买决策时会受到已购买用户的影响。协同过滤推荐系统旨在将系统现有用户进行兴趣相似度聚类，并将他们潜在感兴趣的产品进行推荐。协同过滤方法通常被划分为基于历史记录的协同过滤推荐和基于模型的协同过滤推荐。基于历史记录的协同过滤推荐又分为 user-based 和 item-based 两种，相似的用户的产品通过历史记录排序进行分类，如此，有相似兴趣的用户就会被推荐相应的产品。基于模型的协同过滤推荐则通过训练集来生成模型，并预测用户可能感兴趣的产品（用户之前并没有搜索、浏览或交易过的产品），如决策树、特征模型和潜在因素模型等。协同过滤在电子商务企业的个性化推荐技术中应用非常广泛，如 Amazon.com 就是利用协同过滤方法帮助其实现个性化推荐功能的。

基于历史记录的协同过滤推荐中一个关键的步骤是计算产品和用户的相似度，然后选取相似程度最高的产品和用户。常用的语义相似度计算方法有基于余弦的相似度计算、基于关联关系的相似计算和改进的余弦相似度计算，通用公式如下：

$$r_{i,j} = k \sum_{U_i \in U_a^*} \mathrm{sim}(U_a, U_i) \times r_{i,j} \qquad (4\text{-}1)$$

近年来，构建协同过滤推荐系统吸引了许多学者的注意，很多研究学者对协同过滤推荐进行了改进研究和多领域应用的研究。如 Chung 等人提出了利用协同过滤方法构建电子商务时尚产品领域的快速响应系统，协同过滤用于分析并预测之前的设计师和现有设计师之间的关系以实现面向用户的最终产品风格推荐。Li 等人提出了一种基于语义距离的模糊协同过滤方法，应用模糊集理论和语义距离矩阵以弱化传统协同过滤推荐中需要用户参与的问题。Tomohiro Tsunoda 和 Masaaki Hoshino 则是将协同过滤推荐应用到电视节目推荐领域，提出了一种基于元数据自动扩展和直接协同过滤的电视节目推荐系统，以提高电视节目的推荐准确性。Liu 等人则提出了一种混合协同过滤推荐机制，该方法不同于传统分别考虑 user-based 或者 item-based 的协同过滤，而是将两者进行组合考虑并推荐，增强推荐准确性和客户满意度。

协同过滤推荐能够很好地利用客户相似度和产品属性相似度进行相关推荐，但是在实现客户满意方面还存在一定的缺陷：推荐对象是某个产品（实例）或者某个用户，在协同过滤过程中仅考虑相似性，并没有对用户的潜在需求进行分析，可能会出现推荐用户已购买过的产品的现象；推荐主要是基于相似度，并未结合用户的个性化偏好进行相应的改进，因而无法满足 Web 2.0 时代客户的个性化需求。

4.2 个性化商品目录用户模型构建

4.2.1 个性化商品目录用户需求分析

随着越来越多的零售商参与到以客户为中心的和基于市场分割的电子商务中，商务智能（Business Intelligence，BI）和客户关系管理（Customer Relationship Management，CRM）在竞争中使得商家获得并维持比较优势方面发挥着极其重要的作用。综观企业营销模式发展，从 4C 到 4P 再到 4V，4S，4R 等，全都体现了企业营销的核心思想是从产品导向转为用户导向。在 Web 2.0 时代，电子商务网络购物环境下，企业更加关注用户体验，期望提供给客户高效优质的网络购物流程以实现企业的长远目标。

Amazon.com 作为电子商务企业个性化推荐领域的先行者，其公布的数据表示，销售业绩的 35%来自于个性化推荐，且销售额的 60%间接受到产品推荐的影响。调查显示 Amazon 的用户在访问其网站时，仅有 16%的用户对于自己的目标需求有明确清晰的概念；余下的 84%的用户很难明确定义自己的目标商品，若没有 Amazon 的商品推荐帮助很可能不再光顾。Amazon.com 通过为这 84%的客户提供个性化的推荐服务，以实现用户目标需求的准确快速定位，通过提供良好的客户体验以提高客户满意度、客户忠诚度，进而提高其客户市场占有率，实现企业价值和客户价值最大化的双赢局面。直到现在，Amazon.com 所提供的推荐服务系统仍是国内外同类型网站的学习对象。

国内个性化服务先行者百分点科技 CEO 柏林森曾说："要练好企业内功就要注重体验，要把保留老客户提高到一个高度。百分点做的事就是以个性化为基础，加上对用户行为偏好的了解，提高用户体验。"百分点科技的专业推荐引擎技术平台建立在海量用户数据挖掘基础上，基于 SaaS（软件即服务）形成其个性化推荐引擎模式，根据用户网络环境下的访问行为和兴趣偏好特点，向用户推荐感兴趣的商品类别和信息资源，以实现良好的用户体验。百分点科技通过构建海量的消费者偏好数据仓库（目前约有 4000 万的消费者偏好数据信息），将电子商务营销的焦点集中在客户体验上，以期实现提高顾客满意度和获得更多忠诚度的目标。

在网络购物环境下，用户所想要获得的是个性化的推荐服务信息、精简准确的购物流程提供以及完美的用户购物体验。电商企业网站所关注的不能仅限于销售，更重要的是帮助客户完成其消费体验过程，其经营成功与否所取决的对象不只是销售额的高低，而是客户的重复购买、客户忠诚度及高质量客户的个性化用户体验扩散进而实现市场份额的持续扩大。电子商务企业为实现其目标必须注重于用户流程体验的提升，流程体验提升的关键是提供给用户个性化的体验以满足其多样化、差异化的需求。因此要实现个性化的商品目录服务，必须要构建用户信息模型。

本书中所构建的用户模型并不是一般意义上的用户个体信息的简单描述，它是一种面向算法的（个性化商品目录生成算法）、具有预先定义数据结构的、标准化的用户信息描述。用户模型构建基本原理如图 4-1 所示。

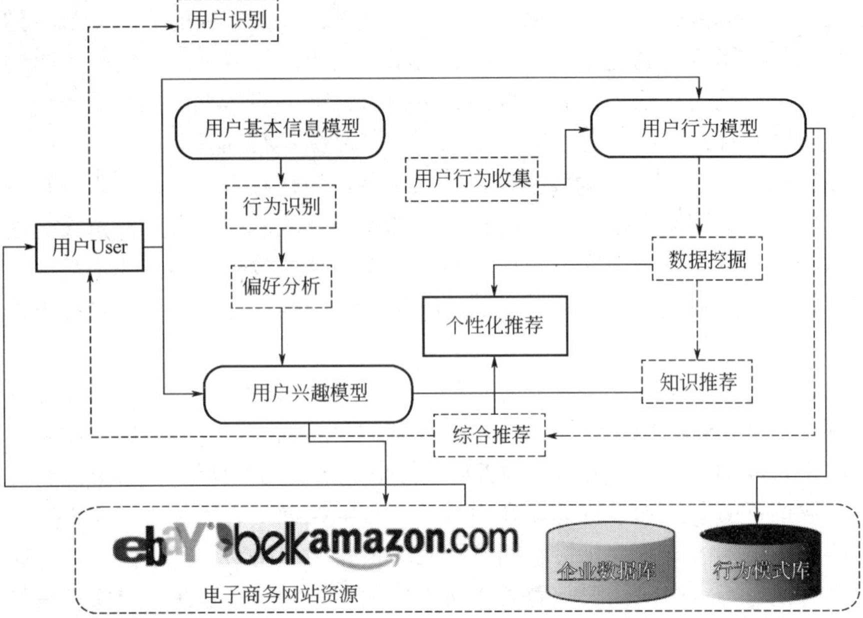

图 4-1　用户模型

商家想要实现精准营销、保持客户忠诚度，必须首先找出用户兴趣偏好所在，推荐符合用户兴趣的商品类别或商品实例。本书的研究核心是个性化商品目录的用户模型构建和个性化商品目录推荐。个性化商品目录的用户模型构建不仅仅是简单的基于统计的用户低端数据分析，而是将用户的网络购物行为进行深层次的挖掘。用户模型包含用户基本信息模型、用户行为模型和用户兴趣模型三部分：用户基本信息模型是指用户主动在网络购物环境中留下的及被挖掘到的个人基本信息；用户行为模型与用户的网络浏览行为相关，如用户的访问次数、系统留存数量的大小、用户的频繁点击模式及用户行为模式后的深层含义等；用户兴趣模型可以通过多维兴趣空间来进行描述，不同维度所代表的含义可根据模型应用领域的不同而变化，既可以从用户的收藏行为、交易行为、分享行为等中抽取，也可从文本信息中抽取。

目前电子商务企业亦开始关注用户的个性化需求，主要从以下角度进行个性化推荐，如表 4-1 所示，存在的不足是：推荐的对象主要是产品，较多集中于用户聚类。由于用户的需求并不是一成不变的，它们是随着用户本身的兴趣度迁移而变化的，除此之外，用户所处的环境及社交圈子都会对其兴趣偏好产生重要的影响。因此，目前的个性化推荐距离满足用户的个性化需求还有一定距离。个性化推荐或精准营销的成功基础就是用户的差异性，以下三个途径：建立用户基本信息模型、建立用户行为模型和构建用户兴趣模型，可以明确用户的差异性。

表 4-1 电子商务企业推荐方法

编 号	网 站	推 荐 方 法
1	京东商城	步骤 1：相关商品分类（relevant） 步骤 2：同类品牌（similarities） 步骤 3：浏览过该商品的用户最终所购买的商品 步骤 4：近期（周/月/季度/年）商品销售排行榜 步骤 5：用户最近浏览的商品 步骤 6：浏览过该商品的用户还浏览了的商品（relevant）
2	乐淘网	①浏览过此商品的用户还浏览了的商品（relevant） ②同类商品的其他款式（similarities） ③该种样式的其他品牌 ④浏览过该商品的用户最终所购买的商品
3	一号店	浏览过该商品的用户最终所购买的商品
4	Vancl（凡客）	①浏览过该商品的用户还浏览了的商品（relevant） ②同类最热销商品
5	好乐买	①购买过该商品的用户还买过的商品 ②用户最近浏览过的商品
6	麦包包	①浏览过该商品的麦友还浏览过的商品 ②麦友浏览过的商品
7	当当网	①购买该商品的用户还买过的商品 ②浏览该商品的用户还浏览过的商品 ③最佳拍档/最佳组合商品 ④浏览过该商品的用户最终购买的商品 ⑤用户浏览过的同类商品 ⑥商家近期热卖商品 ⑦其他相关推荐

续表

编号	网站	推荐方法
8	Amazon	①用户经常一起购买的商品（关联商品） ②购买过该商品的用户也同时购买的商品 ③浏览过该商品的用户最终所购买的商品 ④用户最近浏览过的商品 ⑤用户最近查询过的商品 ⑥用户查找过的其他相似商品 ⑦购买过该商品的用户同时购买的商品

4.2.2 个性化商品目录用户基本信息建模

用户的基本信息包括两大类：显式信息和隐式信息。所谓显式信息，即企业或商家能够从其服务器上直接获得的信息，如年龄、性别、所在城市、职位等用户个人的基本信息。隐式信息则是用户所在的群组、圈子或其好友的关注信息等，主要通过用户的空间分享、评论、收藏、参与度等来挖掘，用户行为和用户兴趣均属于用户隐式信息。

用户模型基本信息表设计如表 4-2 所示。

表 4-2 用户模型中基本信息设计

User_ID	Personal_data	Educational_data	Occupational_data	Personal_tags	Shipping_address
网站分配给用户的唯一的辨识编号	记录用户个人的基本情况信息	记录用户的受教育程度信息	记录用户的职业、工作情况	记录用户的个性化标签内容	记录用户或与用户相关的收货地址信息

个人资料：用户名、所在地、性别、年龄、联系邮箱、个人博客地址（为统计用户分享值做基础，社会化电子商务）、证件类型、证件号码、如表 4-3 所示。

表 4-3　用户基本信息-个人信息设计

User_ID	User_name	Address	Gender	Age	Email_address	Personal_blog	Certification
网站所分配给用户的唯一的辨识编号	用户在电子商务网站上登记的用户名	记录用户所登记的用户所在地	用户的性别	用户的年龄	记录用户的联系电子邮箱地址	记录用户的博客/论坛地址（便于捕捉用户的社会化分享信息）	用户个人身份的证明信息（包括证件类型和证件号码）

教育信息：学校类型、学校名称、院系、如表 4-4 所示。

表 4-4　用户基本信息-教育信息设计

User_ID	School_type	School_name	Major
网站所分配给用户的唯一的辨识编号	记录用户的受教育程度	记录用户的最终学历学校信息	记录用户所在院系/主修专业信息

职业信息：所在地、单位名称、工作时间、职位/部门、收入范围，如表 4-5 所示。

表 4-5　用户基本信息-职业信息设计

User_ID	Company_name	Department	Position	Entry_time	Wage_range
网站所分配给用户的唯一的辨识编号	记录用户所在的公司名称	记录用户所在的部门信息	记录用户的职位/级别	记录用户的入职时间	记录用户的工资范围

个人标签：如“音乐”、“电影”、“听歌”、“80 后”、“美食”、“旅游”、“90 后”、“旅行”、“时尚”、“宅”、“学生”、“自由”、“上网”、“摄影”、“动漫”、“唱歌”、“看书”、“篮球”、“小说”、“娱乐”、“交友”、“幽默”、“足球”、“网购”、“美剧”等标签，如表 4-6 所示。

表 4-6　用户基本信息-标签信息设计

User_ID	Tag_ID	Number
网站所分配给用户的唯一的辨识编号	记录属于用户的标签辨识编号	属于用户的标签数目

收货信息：收货人姓名，证件类型，证件号码，所在地，详细地址，邮政编码，联系电话，送货时间，如表 4-7 所示。

表 4-7　用户基本信息-收货信息设计

User_ID	Receiver_name	Receiver_Certification	Receiver_addr	Code	Contact_phone num	Best receive time
网站所分配给用户的唯一的辨识编号	收货人姓名	收货人证件（包含证件类型和证件号码）	收货人地址	邮政编码	联系电话	最佳收货时间

4.2.3　个性化商品目录用户行为模型

现阶段，研究学者们着重于通过分析学习用户的身份差异及背景差异以解决 Web 2.0 环境下的用户体验问题。本书试图通过构建一个高水平的三维用户兴趣模型以详尽地描述 Web 应用，统计分析用户的电子商务企业网站的各种行为，并进行用户的个人档案（User Profile）构建，以此为基础为用户提供最满足客户兴趣的内容或 Item。文中所研究的用户行为不只是用户的单次行为，而是将用户的历史整体行为作为分析研究的对象，以单次行为为最小的信息研究单元，且考虑用户行为模式的变更。因此，本文通过借助高水准的事物-条件-动作图来抓取用户实时的、动态的、随机的访问行为模式。

由于现如今的互联网用户所面对的是愈加复杂的 Web 2.0 的网络应用，随机、动态生成的信息内容及结构高度差异化的网络站点结构导致大量的用户不感兴趣的信息内容充斥用户访问页面，且存在搜索路径自动改变的情况，如此低效率的导航体系极有可能降低客户满意度。目前的关于解决低效率导航体系和不准确信息内容传送问题的几项研究技术有：个性化信息推送，通过对用户的角色预定义及用户个人档案（UP）的构建实现推送内容的预处理，以实现高效率和高准确度的信息内容推送；而内容感知和自适应 Web 应用主要通过提供个性化信息内容推送及其展现方式设计，考虑到网络购物环境对用户决策的影响，此项研究亦将用户的相互作用情境纳入研究范围；从业务流程角度进行垂直内容推送的基于工作流程驱动的 Web 应用，以时间为基点进行精准内容推送，此项的研究背景是业务流程清晰明确定义的商业领域；最后是通过效用研究和用户日志分析等事后研究方法以解决之前方法的缺陷和不足，检查预设导航目录的效用，挖掘潜在的用户偏好以优化目录导航。这里通过综合使用以上方法，首先构建用户行为模型以完成用户角色定义和用户档案（UP）构建。

用户行为模型是一个随时间变化自动转换状态的模型，它可以及时反馈用户在电子商务网站上的各种行为。用户行为模型不是服务于运行时的导航行为，而是在没有丰富的实际应用架构知识的情况下帮助描述导航模式。用户行为模型构建的主要目的是将呈现给用户的目录进行精简，而不是给每一位用户都呈现相同的全局目录。其实现方法是捕捉用户的兴趣，描述特定的目录导航和各自的“里程碑”，全局目录中仅有部分子集是用户相关的。

本文将用户行为主要分为以下几种。

（1）**搜索**（search）：用户 c 对电子商务购物网站上的某类商品 y 进行搜索，据此以实现自己的目标商品定位。对于 $c \subseteq U$， $y \subseteq P$ 有 $\{(y,c)|\text{searched}(y,c)\}$，则表示商品 y 被用户 c 搜索。

（2）**点击**（click）：用户 c 对电子商务网站某个元素（图片、关键词、商品页面链接）的点击行为，时间不超过 t（该时间为点击与浏览的临界时点）的用户行为。结合 Zona 研究公司 1999 年所进行的一项过去的，已经落伍却仍然有价值的研究表明：如果一个站点超过 8s 才能下载，则将有 30%的访问客户流失（User Perceived Latency，UPL，用户理解的延迟），本文对用户行为中的点击和浏览通过时间进行区分。对于 $c \subseteq U$， $y \subseteq P$， $t_{yc} \leqslant t$ 有 $\{(y,c)|\text{clicked}(y,c)\}$，则表示 y 商品被用户 c 点击过。

（3）**浏览**（browse）：用户 c 对电子商务网站某个页面（page）的浏览且时长超过 t 的用户行为。对于 $c \subseteq U$ ， $y \subseteq P$， $t_{yc} > t$（用户 c 对于商品 y 的浏览时长超过 t）有 $\{(y,c)|\text{browsed}(y,c)\}$，则表示 y 商品被用户 c 浏览过。

（4）**交易**（transact）：用户 c 对电子商务购物网站上的某个商品 y 完成购物结算行为，即卖家收到客户订单并安排发货，客户将购物金转入第三方账户。对于 $c \subseteq U$ ， $y \subseteq P$ 有 $\{(y,c)|\text{transacted}(y,c)\}$，则表示商品 y 被用户 c 购买。

（5）**收藏**（collect）：用户 c 将电子商务购物网站上的某个商品或某个店铺（在此将店铺也作为商品的种类之一）加入自己的收藏夹中的行为。对于 $c \subseteq U$ ， $y \subseteq P$ 有 $\{(y,c)|\text{collected}(y,c)\}$，则表示商品 y 被用户 c 收藏。

（6）**分享**（share）：用户 c 在其所在的社交群组中分享其对商品 y 的感知，可以是购买后的经验分享，也可以是对于商品 y 的个人观点。对于 $c \subseteq U$ ， $y \subseteq P$ 有 $\{(y,c)|\text{shared}(y,c)\}$，则表示商品 y 被用户 c 分享。还可以根据用户所分享的社交群组（如现有的分享圈子有淘空间、美丽说、蘑菇街、微博等，美丽说+淘宝网可以说是一个初级的社会化电子商务模式）不同而进行进一步的量化统计，因为不同的社交群组对于用户的影响程度也不相同（在此只是进行简单的词频和极性计算，并没有考虑词的位置等因素对用户经验分享极性的影响）。

（7）**评价**（evaluate）：用户 c 在完成对商品 y 的交易行为后（即完成商品交付），在用户确认要求第三方购物金打入卖家账户的步骤完成后进行的评价行为，既可以是用户数值评分也可以是用户文字评价。对于 $c \subseteq U$ ， $x \subseteq P$ 有 $\{(y,c)|\text{evaluated}(y,c)\}$，则表示商品 y 被用户 c 评价。评分模式：评分能动性（主动评分：评分高低；被动评分 1-模式化的评分；被动评分 2-deadline 系统自动评分）。

根据以上定义的用户行为模式的分类，结合用户在电子商务购物环境中的实际行为方式及所涉及的相关影响因素，如时间、用户量等因素。本书设计了用户行为统计量标准，如表 4-8 所示。

表 4-8　用户行为统计量

统计名称	符号	描　述	公　式	备　注
点击频次	cf	商品 y 在某个时段内被单位用户点击的次数（时段需要根据情境进行具体定义，周/月/季）	$\mathrm{cf}(y)=\dfrac{\sum_{i=1}^{n}\mathrm{clicked}(y,c_i)}{\sum_{i=1}^{n}c_i\cdot t}$	t 代表根据具体情况定义的时段
浏览时长	bt	单位用户单次浏览商品 y 的总耗时	$\mathrm{bt}(y)=\dfrac{\sum_{i=1}^{n}\mathrm{time}(y,c_i)}{\sum_{i=1}^{n}c_i\cdot\sum_{i=1}^{n}\mathrm{browsed}(y,c_i)}$	$\mathrm{time}(y,c_i)$代表用户 c_i 浏览商品 y 的时长
浏览次数	bf	商品 y 在某个时段内被单位用户所浏览的次数（时段需要根据情境进行具体定义，周/月/季）	$\mathrm{bf}(y)=\dfrac{\sum_{i=1}^{n}\mathrm{browsed}(y,c_i)}{\sum_{i=1}^{n}c_i\cdot t}$	t 代表根据具体情况定义的时段
交易量	tq	商品 y 在某时段内被用户所购买的数量（单位时间根据具体情况定义）	$\mathrm{tq}(y)=\dfrac{\sum_{i=1}^{n}\mathrm{transacted}(y,c_i)}{t}$	$\mathrm{transacted}(y,c_i)$ 代表用户 c_i 购买商品 y 的数量
交易频次	tf	商品 y 在某个时段内参与交易的次数	$\mathrm{tf}(y)=\dfrac{\sum_{i=1}^{n}\mathrm{transacted}(y,c_i)}{\sum_{i=1}^{n}c_i\cdot t}$	t 代表根据具体情况定义的时段
收藏量	cq	商品 y 被单位用户收藏的次数	$\mathrm{cq}(y)=\dfrac{\sum_{i=1}^{n}\mathrm{collected}(y,c_i)}{\sum_{i=1}^{n}c_i}$	$\sum_{i=1}^{n}c_i$ 代表收藏该商品的用户总量
分享值	sv	商品 y 被用户在其社会化网络中分享的各种体验均值（体验值需要根据分享内容进行文本挖掘，极性计算，计算出商品的单位用户均分享值）	$\mathrm{sv}(y)=\dfrac{\sum_{i=1}^{n}\mathrm{value}(y,c_i)}{\sum_{i=1}^{n}c_i\cdot\sum_{i=1}^{n}\mathrm{shared}(y,c_i)}$	$\mathrm{value}(y,c_i)$ 代表用户 c_i 对该商品的体验值，根据文本挖掘，极性计算得出
评分值	mark	货物交付后，用户对于商品 y 的实物评价均值	$\mathrm{mark}(y)=\dfrac{\sum_{i=1}^{n}\mathrm{evaluated}(y,c_i)}{\sum_{i=1}^{n}c_i}$	$\mathrm{evaluated}(y,c_i)$ 代表用户 c_i 对该商品的评分值

4.2.4 个性化商品目录用户兴趣模型

在进行用户兴趣度建模时，设 U 代表用户集，c 代表某个用户；p 代表产品集，y 代表某个产品；I_{cy} 表示用户对商品感兴趣与否，$I_{cy}=\begin{cases}1,\text{用户}c\text{对商品}y\text{感兴趣}\\0,\text{其他}\end{cases}$；EC 代表商品目录集；$\partial$ 代表用户兴趣度的阈值，据此来判断用户兴趣度的高低，表 4-9 是本节所使用的主要符号参照表。

表 4-9 主要符号参照表

符 号	定 义
U	用户集
c	某个用户
p	商品集
y	某个商品
$I_{cy}=\begin{cases}1,\text{用户}c\text{对商品}y\text{感兴趣}\\0,\text{其他}\end{cases}$	用户对商品感兴趣与否
EC	商品目录
UID	用户兴趣度
AT	用户对商品的关注度
HOT	商品热度
P	商品活动力度
V	关注度放大系数
D	时间调整因子
C	收藏放大系数
γ	活动力度阈值
∂	用户兴趣度阈值，可据此来判断用户对商品感兴趣程度的高低

定义 4.1：用户兴趣度（User Interest Degree， UID）

用户兴趣度（UID）可以定义为一个三元组：UID=<AT,HOT,P>，其中 AT 代表用户对于某个商品的关注程度，即对用户点击、浏览时间及相关标记行为的量化标准；HOT 表示热点商品的热度，通过对产品感兴趣的用户数目和相关的用户评价指数进行衡量；P 表示活动商品的活动力度，主要包括活动有打折、免除邮费或给予相应的赠品或 coupon。

1．个性化商品目录用户商品关注度

用户关注度用权值进行表示，用权值高低展现用户对商品的关注、喜爱程度，用以判断该商品是否符合用户需求、可否添加或移除出商品目录，用以保证推荐资源的可靠性、准确性并符合客户需求。主要从用户对某类商品的点击次数、浏览次数、浏览时长、收藏与否来进行判断，以保证呈现给用户的结果是最理想的商品目录。

用户关注度设为 VI，根据以下公式进行计算：

$$\mathrm{VI}=\begin{cases}\mathrm{cf}(y)\cdot V=\dfrac{\sum\limits_{i=1}^{n}\mathrm{clicked}(y,c_i)}{\sum\limits_{i=1}^{n}c_i\cdot t}\cdot V,t_{yc}\leqslant t\\[2ex]\mathrm{bf}(y)\cdot V=\cdot\left[\dfrac{\sum\limits_{i=1}^{n}\mathrm{browsed}(y,c_i)}{\sum\limits_{i=1}^{n}c_i\cdot t}\right]\cdot V,t_{yc}>t\end{cases}\tag{4-2}$$

其中，clicked(y,c)为用户 c 对所记录的产品 y 的点击次数，V 为放大系数。访问时长设为 T，根据以下公式进行计算：

$$T=\mathrm{bt}(y)\cdot D=\frac{\sum\limits_{i=1}^{n}\mathrm{time}(y,c_i)}{\sum\limits_{i=1}^{n}c_i\cdot\sum\limits_{i=1}^{n}\mathrm{browsed}(y,c_i)}\cdot D\tag{4-3}$$

其中，bt(y)为用户 c 对所记录的产品 y 的实际浏览时间，D 为调整因子。

收藏情况设为 COL，根据以下公式进行计算：

$$\mathrm{COL}=\mathrm{e}^{x}\mathrm{cq}(y)\cdot C=\mathrm{e}^{x}\frac{\sum\limits_{i=1}^{n}\mathrm{collected}(y,c_i)}{\sum\limits_{i=1}^{n}c_i}\cdot C\tag{4-4}$$

其中，$x=\begin{cases}1,用户收藏该商品\\0,用户未收藏该商品\end{cases}$，$C$为放大系数。

设用户关注度为 AT，则用户 c 对产品 y 的关注度为

$$\mathrm{AT}_c(y)=\mathrm{VI}\cdot T\cdot \mathrm{COL} \tag{4-5}$$

2. 个性化商品目录热点商品

用户很难给出自己需求商品的直接定义，一般根据关键字进行相关搜索，其结果并不一定能够满足用户的需求。事实是用户易受周围环境和广告的影响，表现在社会化平台上就是用户易被自己的群组好友以及论坛中的潮流趋势所影响。这里所设定的是每个商品目录 EC_i 包含最初的卖家所设定的产品，然后产品将会不断被移出商品目录直到与用户所需求的商品目录 REC（Respected E-Catalog）一致，同时减少用户覆盖率。在当下被用户点击、搜索或评论（好评居多）较多的商品，在本节中将这种商品定义为热点商品。

热点商品涉及两个判定变量：第一个指标是统计量 st，即在卖家商品目录中对产品 y 感兴趣的用户 c 数目，用公式表达为：

$$\mathrm{st}(c)=\sum i\in P^{I_{cy}} \tag{4-6}$$

第二个指标是用户评分 sc，由每一个在商品目录 i 中所包含的产品 y 计算得来：

$$\mathrm{sc}(y)=\sum_{i=1}^{n}\frac{g_{U_{y_i}^{c}}}{\mathrm{st}(c)} \tag{4-7}$$

U_{yi}^{c} 代表用户 c 对现有的商品目录 i 中 y_i 个商品感兴趣，g 表示标准格式的产品分数，sc(y)用来辨别哪种产品应该被移出现在的商品目录，被移除的产品具有最低的 sc(y)，客户关注度最小或最接近客户兴趣度的最低阈值。

设热点商品的热度为 HOT，设定阈值 δ，大于或等于阈值 δ 的为热点商品，根据以下公式进行计算：

$$\mathrm{HOT}_c(y)=\mathrm{st}(c)\cdot\mathrm{sc}(y)\cdot H \tag{4-8}$$

其中，H 为热点放大系数。

3．个性化商品目录活动商品

用户线上购买商品的动机不仅仅是便捷性（convenience），还有购物成本（cost）的低廉，所以若是推荐商品目录 EC 中的活动商品 y 给用户，可能会提高交易的数量。在本节中将活动商品定义为现阶段属性中包含打折（discount）、免邮费（free ship）、赠品或赠券（coupon）的商品。$\mathrm{dis}_{\mathrm{EC}}(y)$ 表示商品目录 EC 中 y 商品的打折度；$\mathrm{cp}_{\mathrm{EC}}(y)$ 表示商品目录 EC 中 y 商品是带赠品的商品；$\mathrm{fs}_{\mathrm{EC}}(y)$表示商品目录 EC 中 y 商品的免邮率。

设商品的活动力度为 P，设定阈值 γ，P 大于阈值则表示该商品为活动商品，可以出现在最终呈现给用户的商品目录 EC 上，根据以下公式进行计算：

$$P_c(y)=\alpha\frac{1}{1+\mathrm{e}^{-\mathrm{dis}_{\mathrm{EC}}(y)}}+\beta\cdot\mathrm{cp}_{\mathrm{EC}}(y)+\varepsilon\cdot\mathrm{fs}_{\mathrm{EC}}(y) \tag{4-9}$$

其中，$\mathrm{cp}_{\mathrm{EC}}(y)=\begin{cases}1,\text{商品有赠品}\\0,\text{其他}\end{cases}$，$\alpha$，$\beta$，$\varepsilon$ 为各个属性的系数。

根据定义 4.1 以及本节中的所给出的相关概念的模型，对于用户兴趣度 UID，它的抽象某型可以定义为：

$$\mathrm{UID}_c(y)=<\mathrm{AT}_c(y),\mathrm{HOT}_c(y),P_c(y)> \tag{4-10}$$

当 UID > ∂ 时，表示用户对该商品具有强烈兴趣，是用户个性化商品目录上必须呈现的内容；反之，则不是用户的兴趣所在，可以适当删减。需要注意的是，用户的兴趣度会随着时间的推移不断发生变化，所以在进行计算时需要考虑随着时间的推移变迁用户的兴趣如何变化，区分出用户的长期偏好和短期兴趣。

第5章 个性化方法与优化

5.1 个性化商品目录动态生成方法

5.1.1 个性化商品目录（PEC）获取

在 4.2 节中已设计了用户个性化信息计算方法，为个性化目录的生成提供了量化标准。在本章中，设计了三种基于客户兴趣偏好的个性化商品目录初始化的方法，分别是：原始目录增删获取，分配用户权限进行目录自助选择；收藏夹获取，通过用户的收藏情况进行初始个性化目录生成；综合前两种方法。构建商品目录的方法采用本体 protégé 的形式来进行产品结构的搭建，此方法不仅能够清晰准确地描述产品概念间的关系，更能够完成推理工作。

1. 个性化商品目录企业 E-Catalog 获取

原始目录 PEC 增删获取方法（给用户权限，对目录进行选取，个性化信息不明显）的基础是电子商务企业的通用商品目录 E-Catalog，分配给用户相应的权限，以实现其自主目录选择。用户根据自己的个性化偏好对通用商品目录 E-Catalog 进行删除节点或分支的操作，对自己感兴趣的节点和操作进行打标（tag）处理（该步骤可以作为计算用户兴趣信息的基础）。经过上述的操作，形成基于用户兴趣偏好的个性化商品目录（Personalized E-Catalog，PEC）。

定义 5.1：初始目录

根据用户模型中所记录的用户信息进行生成，简单删除用户不感兴趣或与用户不相关的目录信息。

定义 5.2：初始用户

初始用户是未曾在该电子商务网站上进行过注册操作、交易操作、收藏操作等带有用户个人信息的相关操作的用户，是初次浏览该网站或初次想要进行注册、交易的用户。

该方法的使用对象既可以是初始用户也可以是非初始用户。对初始用户，根据所赋予的用户权限进行初始目录生成选择，企业方则对热点商品和活动商品进行推荐（取决权在用户）；对非初始用户则可以将用户的历史偏好数据纳入到考虑范围。

基本步骤如下。

步骤 1：如果用户 c_i 对原始目录 EC 中的某些产品概念（类）或整条分支不感兴趣，即感兴趣程度低于所设定阈值 ∂，则对相关概念节点进行相应的删除操作，将相应的概念节点从目录 EC 移除，这些被删除的节点将不会在呈现给用户的初始个性化商品目录中出现。如图 5-1 所示，用户 c_i 对企业目录中节点 1.1.1，节点 2 及其所有子节点，节点 4 及其中一个分支节点的感兴趣程度均低于兴趣度阈值 ∂，故将这些节点进行删除处理，并将节点 4.2 提升为一级节点。

步骤 2：如果用户 c_i 对原始目录 EC 中的某些产品概念感兴趣，即用户 c_i 对这些概念的感兴趣度大于阈值 ∂，则对这些产品概念进行相应的处理，打标，即将这些产品概念纳入用户的感兴趣数据库；并进行感兴趣度阈值排序，用户的感兴趣程度可分为感兴趣、比较感兴趣、很感兴趣和非常感兴趣。可以对用户感兴趣的产品概念进行商务智能分析和数据挖掘处理，将处理结果做为初步的个性化推荐依据。

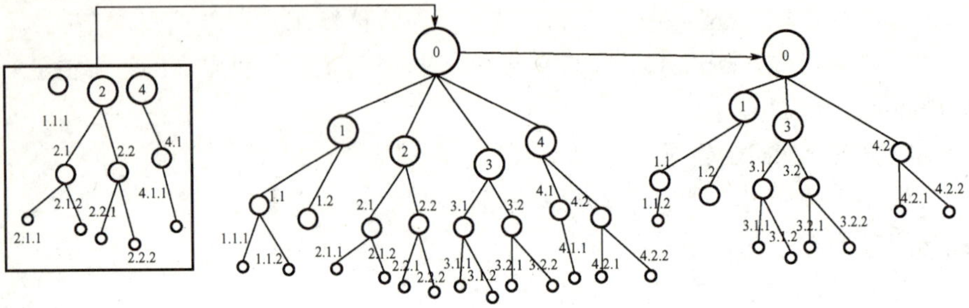

图 5-1　步骤 1

1）初始目录设置

$\mathrm{PEC}_i = p \forall \mathrm{EC} \in K$，初始个性化目录 PEC_i 中包含原始目录 EC 中的所有产品概念、实例、属性及关系，即由原始目录直接继承而来 $\mathrm{Counter}(k) = \sum i \in p^{I_{cy}}$，$\forall k \in p$。

$p^c = \mathrm{EC}$，用户所感兴趣的产品集为商品目录中所包含的所有产品概念集。

2）对于每一个目录 $\mathrm{EC} \in K$，均有如下操作

p_j^c 代表用户 c 对当前目录 j 中所感兴趣的产品集合。

如果 $I_{cy_j} = 0$，即用户 c 对目录中产品概念 y_j 不感兴趣，则将其从目录中删除。该删除操作分为三种基本情况：产品概念 y_j 为目录树形结构的叶节点（没有子概念），则删除该节点即可；产品概念 y_j 为目录树形结构的非叶节点（后续有子节点），则删除属于节点 y_j 的所有子节点；产品概念 y_j 为目录树形结构的非叶节点（后续有子节点），但用户 c 对概念节点 y_j 下的某个子节点感兴趣，则直接将该被 tagging 过的节点提升为概念 y_j 父节点的直接子节点，并删去概念 y_j 及其他下属子节点。

如果 $I_{cy_j} = 1$，即用户 c 对目录中产品概念 y_j 感兴趣，则将其在目录中做出标注 tagging。tagging 操作亦分为两种基本情况：产品概念 y_j 为目录树形结构中的叶子节点，则只 tagging 该节点即可；产品概念 y_j 为目录树形结构中的非叶子节点，则需要 tag 该节点本身及其所有子节点，产品概

念 y_j 为目录树形结构中的非叶子节点，但用户已对该节点兴趣度低于阈值 ∂，则无须进行 tagging 操作。

直到目录 EC 所有的所属概念节点均完成上述操作，则用户 c 的初始 $PEC_c \in K$ 生成，该目录大小为 s。

但是，现实情况更为复杂，用户 c 难以清晰准确地描述自己的兴趣和偏好，或者存在描述不准确的现象，如难以确定自己对概念节点是否存在偏好；难以描述自己潜意识里的兴趣所在；不会区分自己的长期偏好（Long-term Preference）、短期偏好（Short-term Preference）和即时兴趣（Immediate Preference）。由于存在这样的事实，由用户自行根据企业商品目录产生的 $PEC_c \in K$ 不一定能够准确推荐出用户所感兴趣的商品，而且难以对用户的潜在需求进行预测，可能会导致较差的客户体验，无法满足客户需求。因此还需要电子商务企业根据用户的各种浏览、交易等记录进行不断的完善，以满足用户需求。

2．个性化商品目录收藏夹（Favorite）抽取

电子商务网站在设计初始会分配给用户一个单独的空间——收藏夹（Favorite），以记录或收藏用户所感兴趣的商品或者店铺。对于用户而言，这仅仅是一个用来存放自己的长期兴趣、短期兴趣或即时兴趣的一个仓库，用户可以在下次购买时再去查看自己的收藏夹内有没有本次的消费 target。而对商家而言，或许可以利用商务智能进行深层次的数据挖掘，以推理出用户潜在的兴趣偏好所在。但现实情况是，国内并没有很好的推荐案例，即有效地发挥用户数据的效用；另一方面，用户在购买时再去查询收藏夹的举动不仅消耗客户的时间，降低客户体验值，而且无法实现客户的真实目的：实现个人收藏夹内的 target 搜索，即范围约束条件下的搜索，甚至会导致客户流失。大部分电子商务企业在实现用户搜索时所设定的搜索范围都是整个电子商务企业目录，并没有很好地利用用户收藏夹。

个性化商品目录的设计宗旨是充分发掘用户数据的价值，在 5.1.1 节描述的情况下较难有效地体现用户的个性化（该方法需要用户积极主动参与，明确的兴趣偏好分类等，实际情况是用户对自身的分类描述可能是模糊的），因而将收藏夹引入个性化商品目录的设计中，利用真实可靠的用户数据，使用户被动地参与到个性化商品目录的设计过程中。该方法的基本原理是：基于用户收藏夹（Favorite），将用户收藏夹中的内容进行溯源处理，然后将溯源结果与 E-Catalog 进行匹配，并将未匹配上的概念节点进行删除操作，最后将匹配删除结果进行展示，其实现基础仍然是电子商务企业目录 E-Catalog。

在此假设电子商务企业有一个统一通用的已经定义好的商品目录，可以根据目录定义将抽取的概念进行“溯源”操作，进行目录生成。根据收藏量来进行初始目录兴趣度分配（简单方法），相同实例（不同商家）的收藏量(对该实例感兴趣)，或同类店铺的收藏量(对该类店铺的商品感兴趣)。初始目录(非初始用户)：直接对收藏夹进行归类整理，从中抽取目录概念，并对概念进行“溯源”操作（根据概念节点的上下位关系进行目录生成），以实现初始目录的生成。

该方法的基本步骤如下。

步骤 1： 对用户所收藏的商品进行溯源处理。商品在商品目录本体结构中又被称为 instance，即实例商品，该步骤可以根据 F. Giunchiglia 等所提到的轻量级本体获取方法来实现，根据电子商务企业的导航结构进行父类的追溯，即可逐步实现该实例在商品目录中的本体结构重现。以 Amazon 为例：用户 u 的收藏夹中存在商品[Corsair Enthusiast Series 650-Watt 80 Plus Bronze Certified Power Supply Compatible with Intel Core i3, i5, i7 and AMD platforms - CMPSU-650TXV2]，根据 Amazon 的导航结构系统能够自动导出该商品的父类节点，依次是 Power Supplies，Computer Parts & Components，Computer，Electronic & Computers，最后是 Amazon 商品目录的根节点，如图 5-2 所示。本体结构如图 5-3 所示。

步骤 2： 对用户所收藏的店铺进行处理。店铺本身在个性化商品目录中是作为商品提供者的实例存在的。类似于商品实例的溯源处理，首先根据店铺的性质分类，分类方法存在两种基本情况：第一种情况，根据店铺自身的标签来进行性质划分，如服装类、鞋靴类、包类等，若存在一家店铺销售多种类型的商品，则按照相对比重进行类别划分（即 $\varphi_i = \frac{n_i}{n}$，其中 n_i 为某类商品的数量，n 为店铺销售商品数量总额，φ_i 为最大的类别，即该店铺所属类别）；另外一种情况相对简单，即根据用户收藏时给该店铺所打的标（tag）来进行归类处理，能够很好地体现客户对该店铺的商品偏好。完成上一步处理后所得到的店铺分类即是店铺实例的上层父节点，然后按照个性化商品目录本体中提供商的本体结构进行溯源处理。

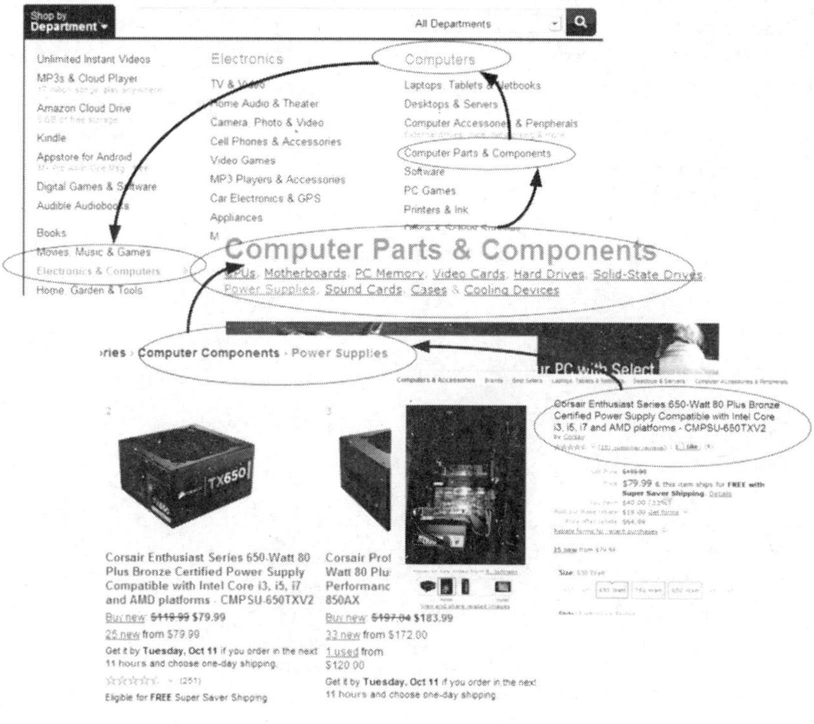

图 5-2　Amazon 溯源处理

以第二种情况为例，基于 taobao 的电子商务网站，用户 u 收藏店铺[★偶偶の衣橱★ 日韩原单精品店 任意 2 件包快递（7 天无理由退换）]，并且用户对该店铺的标签是[久川保玲]，[久川保玲]是日本的品牌，按风格分类为[日系]。由于该店铺中所销售的与[久川保玲]相关的商品均为服装，即可以排除[鞋类]，且该店铺中[久川保玲]服装均为女装。据此即可获得该店铺在本体中的基本结构，如图 5-4 所示。

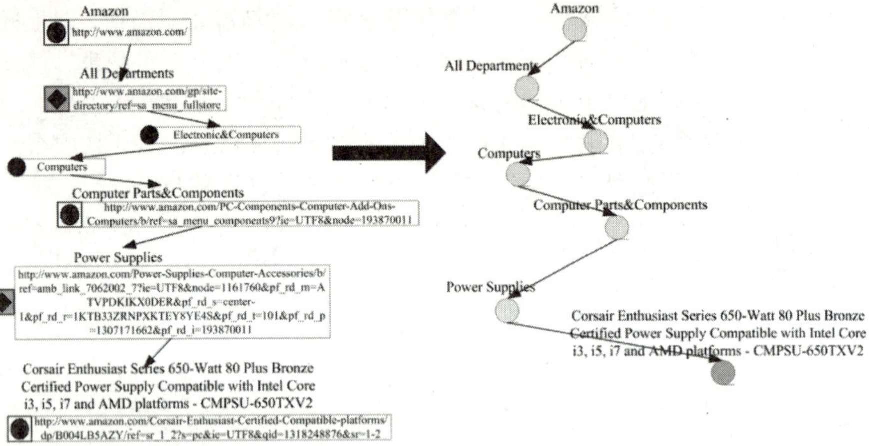

图 5-3　Amazon 溯源本体

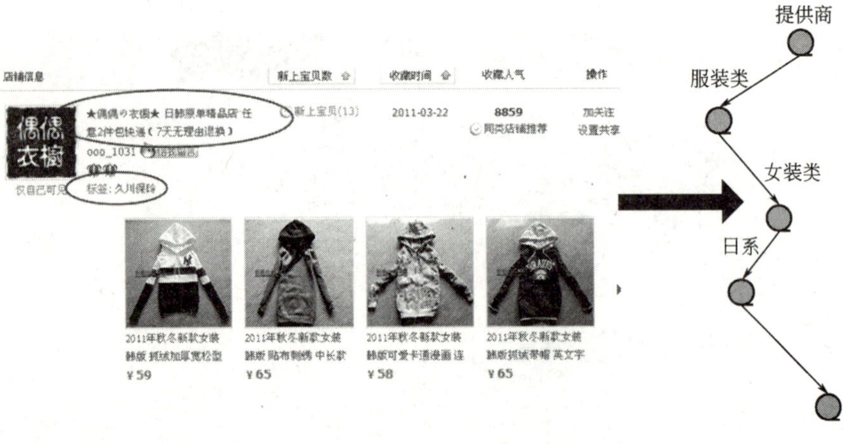

图 5-4　taoBao 店铺溯源处理

3. 个性化商品目录混合获取

前面所提出的两种方法能够解决个性化商品目录初始化的部分问题，但仍然存在需要解决的问题：第一种方法需要客户的积极参与，并且要求客户对自身的偏好有清晰明确的认识和描述，这种情形并不能得到很好的客户体验，反而会让客户在难以抉择的情况下放弃消费行为；第二种方法相对而言是一种潜在的、不明显的行为，但该方法只针对非初始用户的初始目录生成，即该类用户已经在电子商务网站上进行过收藏行为（并不要求有交易行为发生），当新用户使用时，则面临冷启动的问题。为解决以上问题，这里将两种方法进行综合，提出混合初始化方法。

混合初始化方法分为两种。

方法一：商品目录本体合并法

该方法的主要思想是结合用户模型从原始目录生成及从收藏夹抽取生成的目录进行商品目录消重操作，如图 5-5 所示。将从企业 E-Catalog 中获取的初始目录作为基础目录 EC_{basic}，从收藏夹（Favorite）中抽取的目录作为被添加目录 EC_{add}，从根节点（root）一一进行匹配消重操作。匹配消重分为两种基本操作：概念匹配消重和实例匹配消重。由于本书的假设是已存在通用的、统一的电子商务企业目录本体，则概念匹配消重只存在概念相同与否的判别，本书统一采用相似度进行衡量，相似度为 1 则表示相同（存在关系是否保留的问题）。而对于实例并没有统一的描述规则要求，实例匹配消重操作需要进行的是语义相似度计算，相似度越高，实例越有可能是重复实例，可以定义相似度阈值 sim 以判定实例是否需要删除，相似度值为 1 则说明两个实例是相同实例。

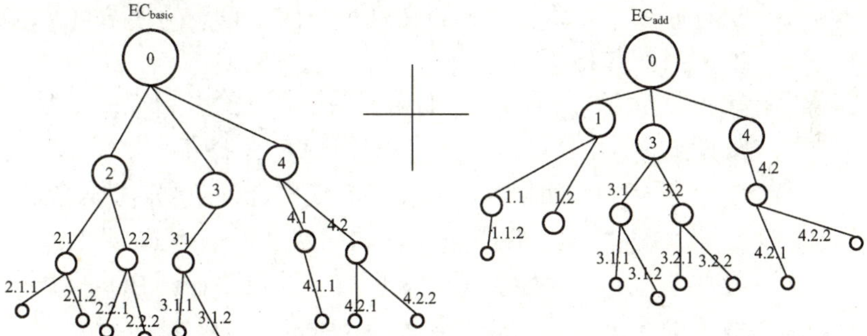

图 5-5　商品目录本体合并法

基本操作方法如下：逐层遍历，先进行概念匹配，再进行实例匹配。存在的问题是不完整的目录本体之间如何匹配，即在初始化过程中就有父类节点被删除的现象，若其子节点出现，如何进行匹配。本书中的研究要求两种方法所抽取的本体是完整的本体，即不经过提升节点优化处理的本体。

1）商品目录概念节点匹配消重

目录混合初始化方法对于目录概念（类）节点的添加与否采用概念的相似度来进行衡量：对于目录中的两个概念如果相似度为 1，则合并为一个概念；基于 Wordnet，可以有效解决概念间的异构特征和不规范表述，对于目录中两个概念如果相似度小于 1，则这两个概念是不同的概念节点，需要将其添加到初始个性化目录中去。

本文采用 Wu-Palmer 的基于概念长度定义的语义相似度算法（用于概念关系为 is-a 层级关系），对 EC_{basic} 和 EC_{add} 中的概念（类）节点进行语义相似度计算，相似度计算方法如下：

$$\mathrm{sim}=\frac{2\times \mathrm{depth}\left(\mathrm{lso}(c_{add},c_{basic})\right)}{\mathrm{len}(c_{add},\mathrm{lso}(c_{add},c_{basic}))+\mathrm{len}(c_{basic},\mathrm{lso}(c_{add},c_{basic}))+2\mathrm{depth}(\mathrm{lso}(c_{add},c_{basic}))} \tag{5-1}$$

步骤 1：根节点（root）匹配。计算 EC_{basic} 的根节点 $root_{basic}$ 和 EC_{add} 的根节点 $root_{add}$ 间的语义相似度。如果相似度为 1，则进行下一节点的匹配；如果不相同，则将 $root_{add}$ 与 $root_{basic}$ 的下层节点进行匹配。在本书的假设条件下，两个目录的根节点是相同的，因而其相似度为 1。

步骤 2：比较目录 EC_{basic} 和 EC_{add} 的第一层概念（类）节点的相似度，如图 5-6 所示，计算节点 1_{add} 和目录 EC_{basic} 的第一层节点 2_{basic}，3_{basic} 和 4_{basic} 的相似度，从左向右依次进行匹配。匹配结果是 1_{add} 与 2_{basic}，3_{basic} 以及 4_{basic} 间的相似度无一为 1，即 EC_{basic} 不存在节点 1_{add}，故将 1_{add} 及其所有子节点添加到 EC_{basic} 中，生成新的目录 EC_{basic1} 结果如图 5-6 所示。

步骤 3：继续比较目录 EC_{basic} 和 EC_{add} 的第一层概念（类）节点的相似度，如图 5-7 所示，计算节点 3_{add} 和目录 EC_{basic} 的第一层节点 2_{basic}，3_{basic} 和 4_{basic} 的相似度，从左向右依次进行匹配。匹配结果是节点 3_{add} 与节点 3_{basic} 间的相似度为 1，即节点 3_{add} 与节点 3_{basic} 是相同节点，故继续比较它们的下层节点 3.1_{add} 与

3.1_{basic} 的相似性，相同则继续比较其下层节点；不同则添加。直到节点无下层子节点，即其本身为叶节点（leaf node），匹配结果 EC_{basic2} 如图 5-7 所示。

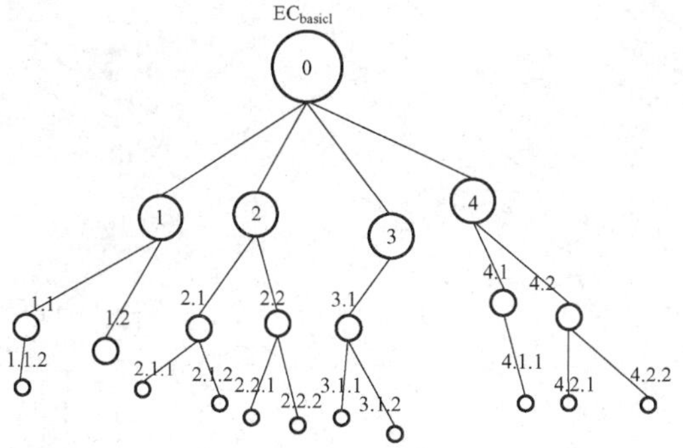

图 5-6　步骤 2 结果

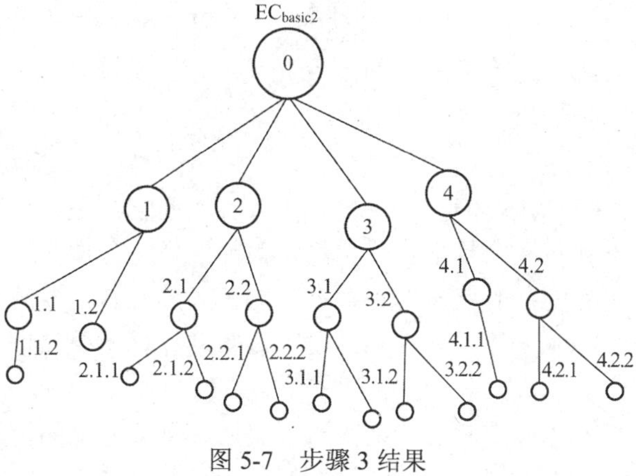

图 5-7　步骤 3 结果

步骤 4： 继续比较目录 EC_{basic} 和 EC_{add} 的第一层概念（类）节点的相似度，如图 5-8 所示，计算节点 4_{add} 和目录 EC_{basic} 的第一层节点 2_{basic}，4_{basic} 的相似度，从左向右依次进行匹配。匹配结果是节点 4_{add} 与节点 4_{basic} 间的相似度为 1，即节点 4_{add} 与节点 4_{basic} 是相同节点，故继续比较它们的下层节点 4.2_{add} 与 4.1_{basic}，4.2_{basic} 的相似性，从左向右依次匹配，相同则继续比较其下层节点；不同则添加。直到节点无下层子节点，即其本身为叶节点（leaf node），匹配结果 EC_{basic3} 如图 5-8 所示。

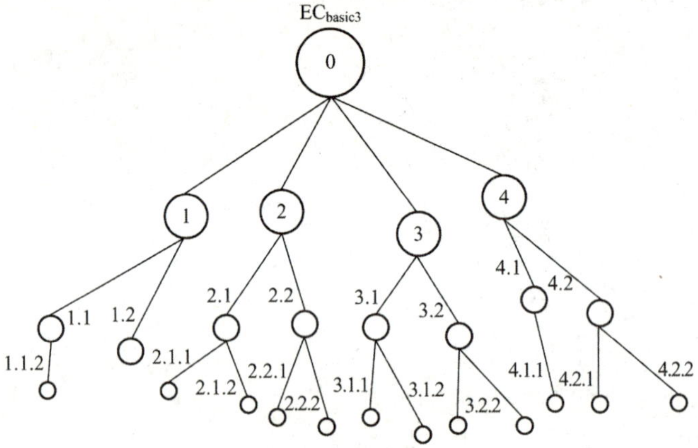

图 5-8　步骤 4 匹配结果

步骤 5：目录 EC_{add} 中所有的节点匹配完毕，生成最终初始个性化商品目录 PEC_{ini}。

2）商品目录本体实例匹配消重

除了对节点进行匹配消重，还需要完成实例匹配消重，尽可能使得个性化商品目录不存在冗余且更加轻量级。商品目录本体中实例的表述相对概念而言具有更为复杂的特性，且存在不规范表述及异构性等问题，因而使得传统的语义相似度计算并不能准确、有效地计算出商品目录本体实例间的相似度。

针对商品目录本体实例的特征，本书采用多维度匹配的衡量方法进行商品目录本体实例间的语义相似度计算。其基本思想是将根据企业 E-Catalog 生成的商品目录本体和从收藏夹（Favorite）中抽取的商品目录本体中的所有实例抽取出来，分别形成实例集（Instance Set）。收藏夹（Favorite）中的实例集作为被添加实例集 I_{add}，企业 E-Catalog 中的实例集作为基础实例集 I_{basic}，将两者中的实例进行语义相似度计算，设定相似度阈值 σ，相似度高于阈值则说明两实例是相似的，可以合并消重；否则，将实例添加到 I_{basic} 中去。匹配流程如图 5-9 所示。

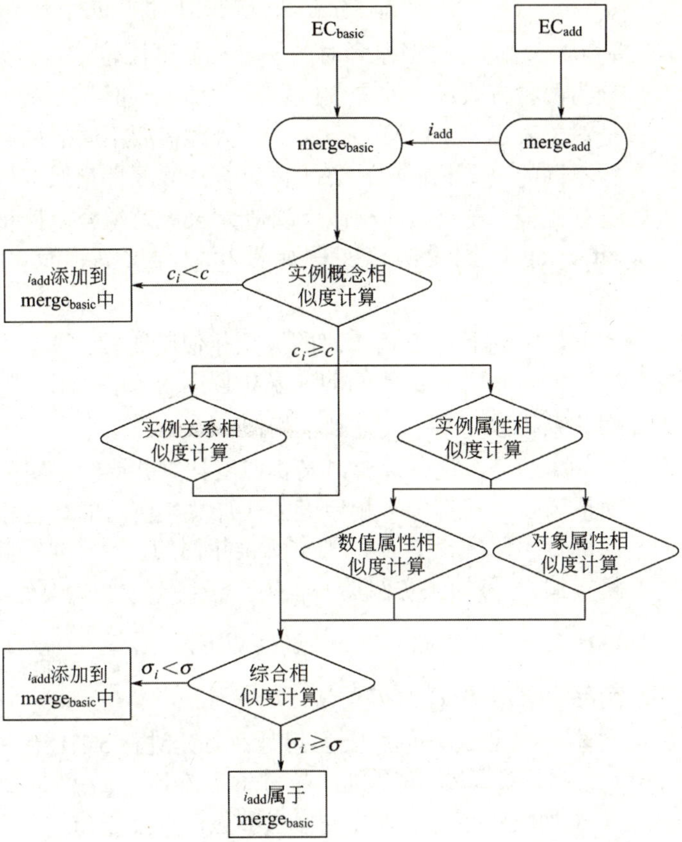

图 5-9　个性化商品目录实例语义相似度计算流程图

基本过程如下。

步骤 1：分别抽取目录 EC_{basic} 和 EC_{add} 中的所有商品目录本体实例，形成实例集合 merge(I_{basic}) 和 merge(I_{add})。

步骤 2：将 merge(I_{add}) 中的实例概念与 merge(I_{basic}) 进行匹配。设概念相似度阈值为 c，如果实例概念 i_{add} 与实例集 merge(I_{basic}) 中的某个实例相似度 $c_i < c$，则该实例概念匹配过程亦结束，将该实例添加到 merge(I_{basic}) 中去；反之进行下一步匹配。

步骤 3：如果实例概念 i_{add} 与实例集 merge(I_{basic}) 中的某个实例相似度为

$c \leqslant c_i < 1$，实例概念对存在较高的相似性，进行下一步匹配。

步骤 4：接步骤 3，进行实例概念对的属性相似度比较。由于实例属性分为两种方式：一种是数值表示，如 weight=1kg 等；另一种是对象表示，如 color 为 red 等，因此需要不同的属性描述进行不同的语义相似度计算，再综合计算属性相似度值，最后进行比较。设定属性相似度阈值为 att，若综合属性相似度值 $\mathrm{att}_i \geqslant \mathrm{att}$，则说明该实例属性相似程度高；反之，则不相似。

步骤 5：接步骤 3，进行实例概念对的关系相似度比较。设定关系相似度阈值为 rel，若实例间的关系相似度为 $\mathrm{rel}_i \geqslant \mathrm{rel}$，则说明实例关系相似度高；反之则不相似。

步骤 6：接步骤 4，5，进行综合语义相似度计算并比较。实例相似度阈值为 σ，根据综合相似度公式计算实例对的综合相似度，如综合相似度 $\sigma_i \geqslant \sigma$，则实例是相似的；反之是不相似的，将实例 i_{add} 添加到实例集 I_{basic} 中，最终形成初始实例集 I_{ini}。

$$\sigma_i = \alpha \cdot c_i + \beta \cdot \mathrm{att}_i + \gamma \cdot \mathrm{rel}_i, \alpha + \beta + \gamma = 1, i = 1, \ldots, n \qquad (5\text{-}2)$$

方法二：商品目录本体-概念匹配法

商品目录本体-分支匹配法的主要思想是：首先进行 5.1.1 节中的（1）操作，得到基于企业 E-Catalog 的基础商品目录本体 $\mathrm{EC}_{\mathrm{basic}}$，然后根据从收藏夹（Favorite）中抽取商品目录本体的概念节点，直接与 $\mathrm{EC}_{\mathrm{basic}}$ 进行匹配消重（若不存在相同概念节点，则进行溯源处理，找到父节点就进行匹配消重处理），直到从收藏夹中抽取出的概念节点全都完成匹配流程，该流程结束，如图 5-10 所示。需要注意的是，该方法与方法一的区别在于，流程中并没有被添加商品目录本体的生成 $\mathrm{EC}_{\mathrm{add}}$，且必须先生成基础商品目录本体 $\mathrm{EC}_{\mathrm{basic}}$，才能进行匹配消重。

商品目录本体-概念匹配消重方法中对概念和实例的匹配算法与商品目录本体合并法的匹配算法基本一致，仅存在概念匹配消重流程的不同，该方法的概念匹配流程是：将从收藏夹中抽取的概念节点集 $\mathrm{merge}(C_{\mathrm{add}})$ 与基础商品目录本体 $\mathrm{EC}_{\mathrm{basic}}$ 中的概念节点进行匹配，匹配顺序采用类似二叉树中序遍历的顺序，从左向右依次与根节点的左子树节点进行语义相似度计算。若概念节点集 merge(C_{add}) 中的概念节点 c_{add} 与 EC_{basic} 所有概念节点的相似度均不等于 1，则对 c_{add} 进行溯源处理，在溯源过程中对所找到的概念节点 c_{add} 的父类节点也进行与基础商品目录本体 EC_{basic} 中的概念节点匹配的操作，直到所找到的父类节点与 EC_{basic} 中的某个节点相似度为 1，则溯源过程结束。

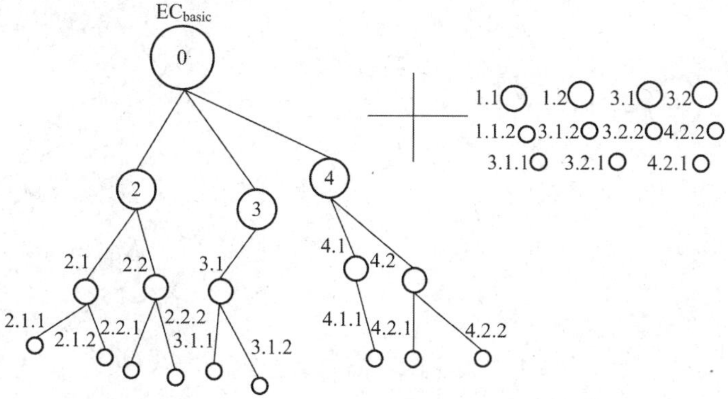

图 5-10　商品目录本体-概念匹配法

基本流程如下。

步骤 1：如图 5-10 所示，从待匹配节点集 merge(C_{add}) 中选取节点 $c_{1.1}$ 与 EC_{basic} 进行语义相似度匹配。

步骤 2：将节点 $c_{1.1}$ 与 EC_{basic} 中根节点的左子树依次进行语义相似度计算，依次是 $c_{2.1.1}$，$c_{2.1.1}$，$c_{2.1}$，$c_{2.2.1}$，$c_{2.2.2}$，$c_{2.2}$，c_2，$c_{3.1.1}$，$c_{3.1.2}$，$c_{3.1}$，c_3，$c_{4.1.1}$，$c_{4.1}$，$c_{4.2.1}$，$c_{4.2.2}$，$c_{4.2}$，c_4，c_0，例中的匹配结果是 EC_{basic} 没有与节点 $c_{1.1}$ 相同的节点，故进行下一步操作。

步骤 3：对节点 $c_{1.1}$ 进行溯源处理，$c_{1.1}$ 的直接父类节点是 c_1，将节点 c_1 与 EC_{basic} 中根节点的左子树依次进行语义相似度计算，例中的匹配结果是 EC_{basic} 没有与节点 c_1 相同的节点，故进行下一步操作。

步骤 4：对节点 c_1 进行溯源处理，c_1 的直接父类是 c_0，将节点 c_0 与

EC_{basic} 中根节点的左子树依次进行语义相似度计算，例中的匹配结果是 c_0 与 EC_{basic} 中的节点 c_0 语义相似度为 1，至此节点 $c_{1.1}$ 的匹配过程结束，将过程中生成的本体分支[$c_{1.1}$ ， c_1]直接添加到基础商品目录 EC_{basic} 的根节点 c_0 下，生成新的基础商品目录 EC_{basic} ，如图 5-11 所示。

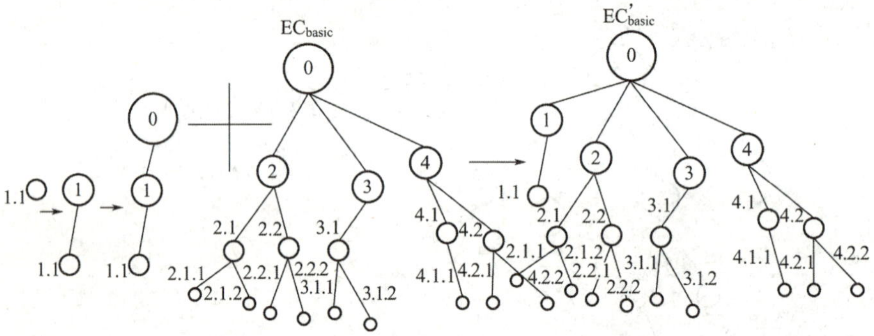

图 5-11　商品目录本体-概念匹配流程

步骤 5： merge(C_{add}) 中的所有节点均进行相同的匹配操作，直到其中的所有概念节点均完成语义匹配，则该流程结束，生成初始个性化商品目录 PEC_{ini} ，如图 5-12 所示。

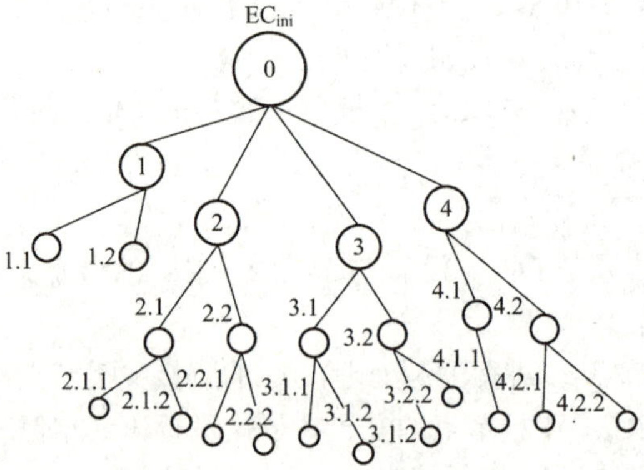

图 5-12　初始个性化商品目录

5.1.2 个性化商品目录本体动态优化管理

随着时间的推移，用户的浏览行为在不断地增加，其兴趣偏好也会随着时间而动态变化。在这样的情况下，初始个性化商品目录不仅难以准确表现用户已变化的偏好，也无法满足用户的新需求，因此需要对初始商品目录进行优化以满足用户需求。在本节中，本体操作将依据用户的兴趣度进行呈现，它们是比贝叶斯方法更为复杂的计算。将对商品目录节点的优化过程分为两种操作：减少目录层级的删除节点操作和丰富目录的增加节点操作，它们可以看成一对相反的操作。我们将考虑商品目录本体中的概念节点 C 作为实现操作的关键概念。

增加节点操作是因为用户模型中的用户偏好发生变化而产生的结果，该情形产生的基本原因有两种：用户浏览或点击等行为造成，用户收藏行为造成。删除节点操作也是由于用户模型中用户偏好发生变化导致的结果，该情形产生的基本原因有两种：用户浏览或点击等行为造成，用户收藏行为造成，删除出收藏夹，该结果直接影响个性化目录。个性化商品目录动态优化管理原理如图 5-13 所示。

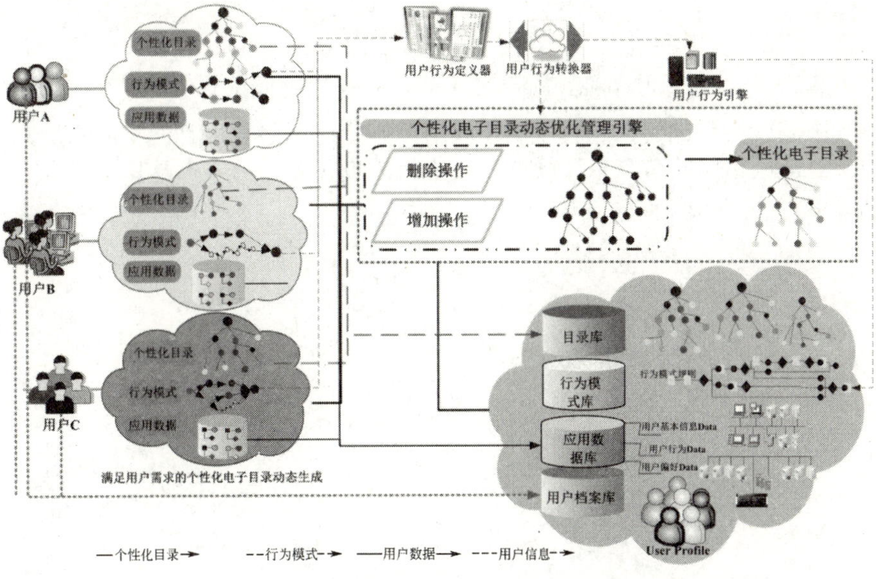

图 5-13 个性化商品目录动态优化管理

1. 个性化商品目录节点删除操作

个性化商品目录中节点删除与否，其判别标准来自于用户兴趣度计算方法，根据所得到的用户对于某商品节点的兴趣度，来执行相应的操作。若用户对个性化商品目录中某节点的兴趣度小于所设定的阈值，则执行删除操作；反之，则不执行删除操作。

删除节点操作主要针对属于同一概念 C 下的一组概念 C_n，该概念删除标准主要适用于商品目录节点删除标准。节点的删除存在几种基本情况。

（1）节点 c_i 为叶节点，用户对该节点的兴趣度低于阈值，且用户对节点 c_i 的所有实例的感兴趣程度均低于阈值，则删除节点 c_i 及其所有实例，如图 5-14 所示。

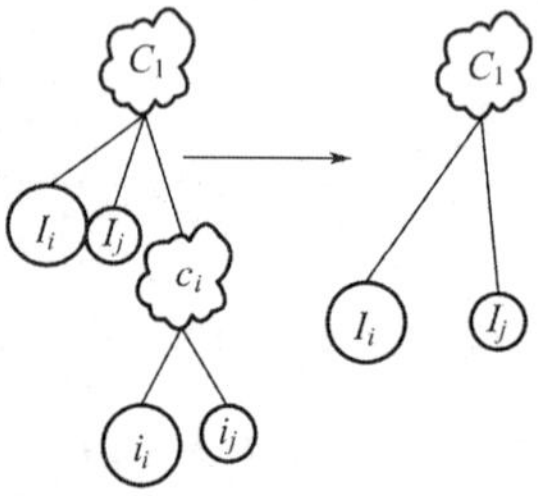

图 5-14　删除情况一

（2）节点 c_i 为叶节点，用户对该节点的兴趣度低于阈值，但存在用户对其中某些实例的感兴趣程度高于阈值，则将感兴趣程度高的实例添加到与节点 c_i 最相似的节点中（候选节点集为节点 c_i 的兄弟节点及其父节点），删除节点 c_i，如图 5-15 所示。

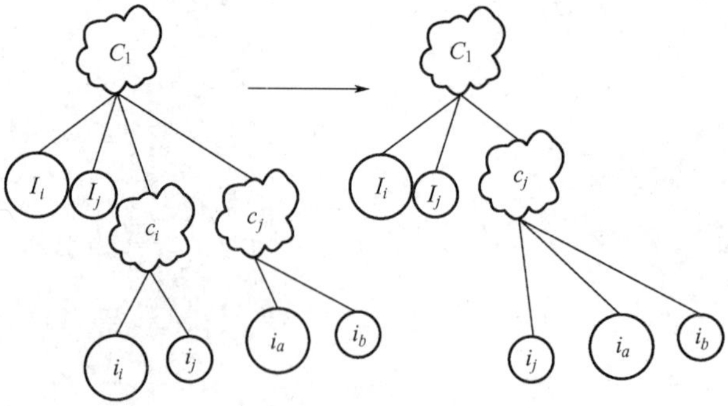

图 5-15　删除情况二

（3）节点 c_i 不是叶节点，用户对该节点的兴趣度低于阈值，且用户对节点 c_i 的所有子节点和实例的感兴趣程度低于阈值，则删除节点 c_i 及其所有子节点和实例，如图 5-16 所示。

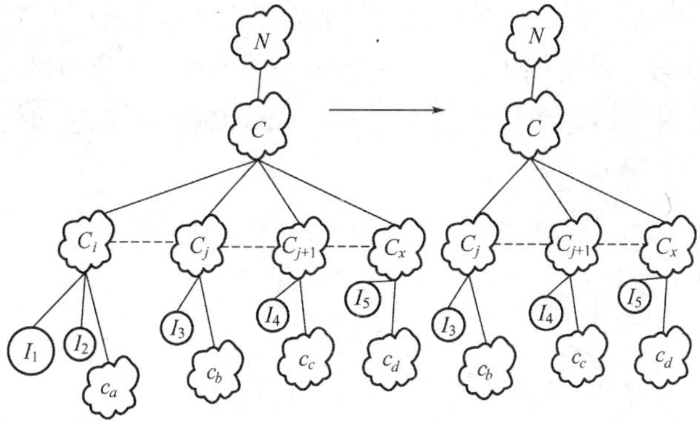

图 5-16 删除情况三

（4）节点 c_i 不是叶节点，用户对该节点的兴趣度低于阈值，但存在用户对其中某些节点和实例的感兴趣程度高于阈值，则将感兴趣程度高的节点和实例保持原本体结构添加到与节点 c_i 最相似的节点中（候选节点集为节点 c_i 的兄弟节点和父节点），删除节点 c_i，如图 5-17 所示。

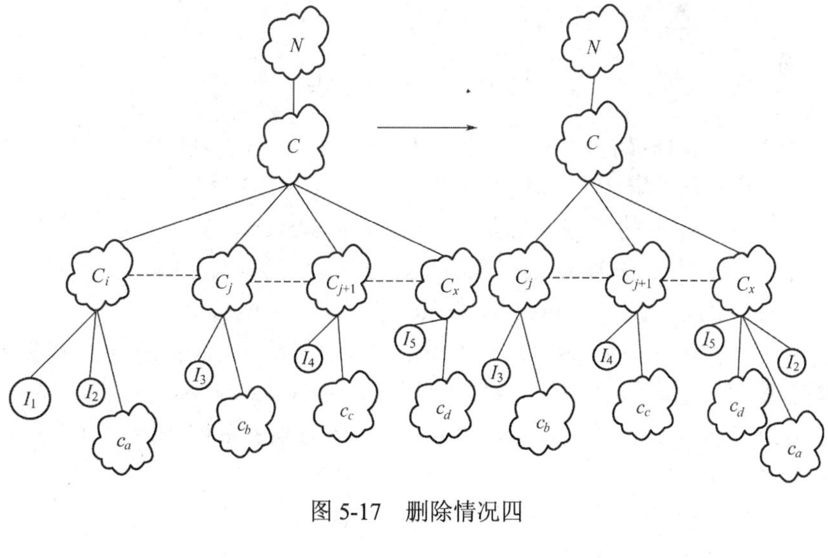

图 5-17 删除情况四

（5）执行删除操作后，节点C只剩下一个下层子节点c_i，这种情况下需要进行层级提升操作，如图 5-18 所示。比较用户对节点C和其子节点c_i的兴趣度，若兴趣度$C > c_i$，则将节点c_i的所有子节点和实例添加到节点C中，并删除节点c_i；反之，则将节点C的实例添加到节点c_i，并删除节点C（这里选择以第二种情况为示例）。在图 5-18 中，概念N所有的子概念C_1～C_j， 或者是其子概念的一部分C_1～C_i，能够逐渐被删除，或直接提升为概念合并为一个概念C_x。

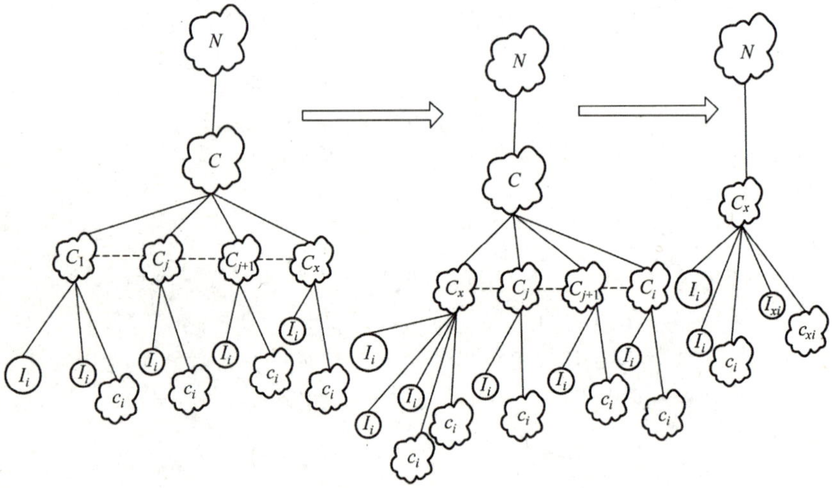

图 5-18　删除节点操作

以 Amazon 商品目录的局部本体为例。图 5-18 中实线表示本体中“is kind of”的关系，虚线表示本体中“instance of”的关系。

在示例本体中的关键概念是 Desktops & Servers，第一步删除之后的新本体中，关键概念 Desktops & Servers 保留着被合并的概念 Hardware 和 Software 的子概念 Business & Office 及实例 Mouse，如图 5-19 所示。需要特别注意的是，在删除提升的过程中尽可能多地保留被合并概念的子概念和实例信息，第二步的删除则是 Desktops & Servers 节点下只有一个子节点 Hardware，所以由该节点直接替代原来的关键节点，合并过程较复杂。

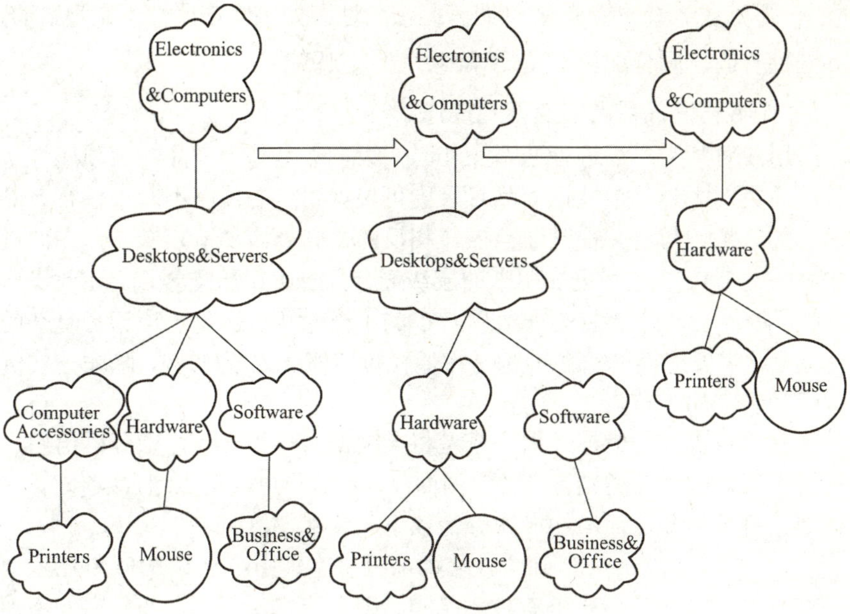

图 5-19　删除节点例子

其操作过程本体用描述逻辑 DL 表示，将下层概念 C_j 合并到关键概念 C 的操作规则即表示为：

（1）将商品目录领域公理集合 T-BOX 中的公理 $D \subseteq C_j$ 替换成公理 $D \subseteq C$；

（2）将商品目录领域关于个体实例的断言集合 A-BOX 中的公理 $a{:}C_j$ 替换成 $a{:}C$；

（3）如果对于所有的 C_j 在领域公理集合 T-BOX 中都满足 $C_j \subseteq F$，那么用公理 $C \subseteq F$ 替换。并且用公理 $C_j^1 \subseteq F$ 替代现存的公理 $C_j \subseteq F$，C_j^1 是 C_j 的概念；

（4）删除所有包含 C_j 概念的公理。

第三点是描述逻辑通过公理这种形式保留概念 C_j 所共有的属性。例如，对于概念 $C_j \subseteq \exists$HasBrand.HP 表示 C_j 是 HP 的，如果所有的 C_j 都是

HP 的，那就意味着关键概念 C 拥有此项属性。如果此项属性不是概念 C_j 所共同拥有的，则分配给 C_j 的子概念，相反则删除。

2. 个性化商品目录节点增加操作

当用户对某类产品进行选择操作时，大多数是基于产品的某项属性值进行产品类别区分，个性化商品目录则可根据用户的偏好不同来进行产品类概念的分裂。与合并提升节点操作相反的是分裂增加节点操作，在此操作中将关键节点 C 进行更加明晰的层级划分，增加其子概念 C_j。在此操作中，对于如何管理分配关键概念节点 C 的子概念和实例是一项相当复杂的工作。在此需要遵循的一条准则是按原样保留概念 C_j 的实例，除非该实例被分配到新增加子节点上。

随着用户操作的增加，用户模型将会根据用户的行为记录分析出用户新增的感兴趣的产品类别（或者实例商品，本节只讨论节点增加操作），个性化商品目录中节点的增加操作分为以下几种基本情况。

（1）新增节点 c_a 为基础个性化商品目录本体中节点 C_i 的叶节点，即其父节点 C_i 在初始目录中不存在子节点，则直接将新增节点及其实例添加到其父节点 C_i 中，并判断父节点 C_i 的实例是否需要被分配到新增子节点 c_a 上，如图 5-20 所示。

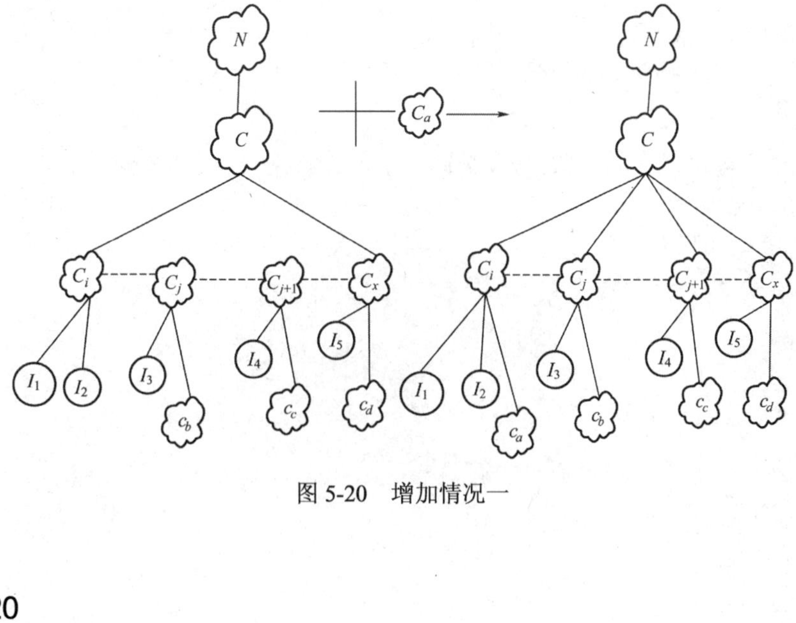

图 5-20　增加情况一

（2）新增节点c_a为基础个性化商品目录本体中节点C_i的非叶节点，即其父节点C_i在初始目录中拥有子节点，则需要对新增节点c_a与其父节点C_i拥有的子节点进行相关关系判断，判断其是兄弟节点关系还是父子节点关系。若是兄弟节点关系则直接将节点c_a添加到节点C_i；若存在与其中某些节点c_x和c_y是父子节点关系，则需要将这些节点进行降层处理，将其作为子节点添加到新增节点c_a中，如图5-21所示。除此之外，还须判断父节点C_i的实例是否需要被分配到新增子节点c_a上。

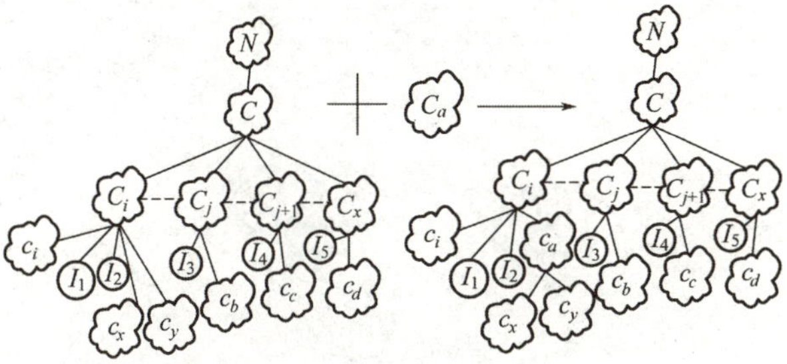

图5-21 增加情况二

以 Amazon 的商品目录为例，图 5-22 中关键概念节点 Desktops & Servers 进行了相关的细化分割操作，实例出现两种情况，一种是 Mouse 作为关键概念的直接实例，另一种是 Mouse 被划分到新增加的概念节点 Hardware 的实例中。而关于子概念也会出现不同的情况，其一是关键概念C的子概念依旧保持原来的状态，另一种就是关键概念C的子概念被当做新增加的概念节点的子概念，层级下降。最理想的结果是，遵循分割准则进行自动的弹性的节点分割操作方式，产生准确的分割结果，在必要时引入专家意见。

分割操作最简单的情况是，在分割操作之前，关键节点概念既没有子概念也没有实例，在这种情况下的操作方法如下。

（1）如果概念节点C_j是关键节点C的子概念，那么增加新节点$C_j \subseteq C$。

（2）一般需要将关键节点C的属性重新分配到新增的子概念节点上，

这就意味在需要在 A-BOX 中删除 $a_j:C$ 并增加 $a_j:C_j$。

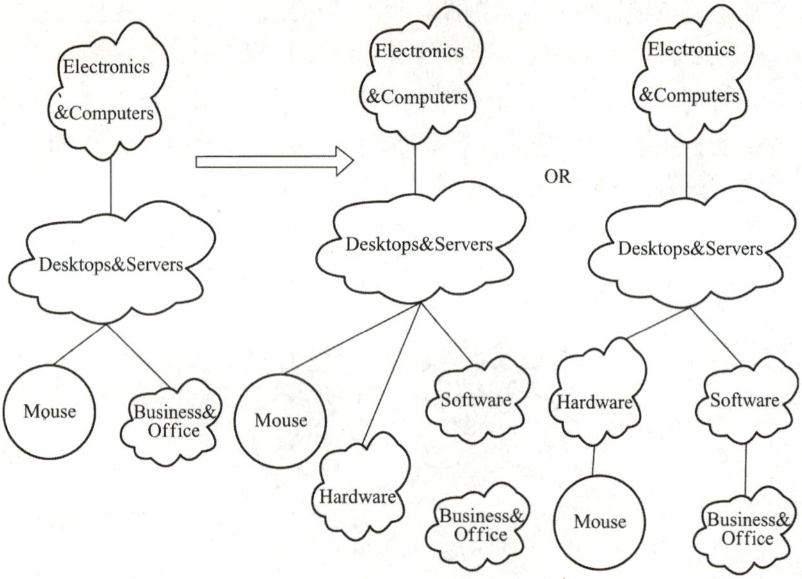

图 5-22　增加节点例子

除了步骤 1，在需要的情况下还需要对原属于关键概念节点 C 的直接子节点 C_x 进行处理，在满足公理 $C_x \subseteq C_j$ 时，需要在 T-BOX 中添加这一公理。

5.2　个性化商品目录生成实证研究

在语义网中，本体是一个至关重要的工具，它为领域知识提供一种形式化的表示方法， Protégé 是一个本体建模和知识获取的平台，是斯坦福医学资讯中心所开发的开放资源的本体编辑工具，它本身具有领域独立性的特点，适用于多种应用领域，如语义网。同时，它具有可扩展性和推理功能。一个 Protégé 本体模型包含类、属性、约束、关系和实例。

在本章中，通过使用 Protégé 工具构建 Amazon 的“e-catalog ontology”。Amazon.com 不仅是世界范围内 Business to Consumer 的典型代表，还因其采用客户体验式的营销策略，将客户的个性化需求作为营销重点，具有领先的个性化推荐理念。Amazon.com 网站的商品一级目录包括：[Unlimited Instant Videos]；[MP3 & Cloud Player]；[Amazon Cloud Drive]；[Kindle]；[Appstore for Android]；[Digital Games & Software]；[Audible Audiobook]；[Books]；[Movies, Music & Games]；[Electronics & Computers]；[Home, Garden & Tools]；[Grocery, Health & Beauty]；[Toys, Kids & Baby]；[Clothing, Shoes & Jewelry]；[Sports & Outdoors]；[Automotive & Industrial]。

5.2.1 用户个性化商品目录本体获取

1. Amazon E-Catalog 获取

首先通过参考 Amazon 网站的商品目录，即企业 E-Catalog 抽取初始的个性化商品目录 EC_{ini1}，然后根据用户的收藏夹抽取初始的个性化商品目录 EC_{ini2}；第二步按照个性化商品目录混合获取方法一一进行商品目录匹配、消重和合并生成初始的个性化商品目录 EC_{ini}；第三步根据用户的历史行为记录和用户模型分析用户的偏好，对 EC_{ini} 进行动态优化管理，删除随时间推移用户不再感兴趣的节点，添加用户新增的感兴趣商品类别。主要操作过程均按照 5.1 节所提出的方法进行，且 5.1 节中所提出的方法不受领域局限，适用于任何本体，这里并未引入领域专家意见。

从 Amazon.com 的 E-Catalog 中获取初始的个性化商品目录 EC_{ini1}。用户 c_i 根据电子商务网站所赋予的权限进行感兴趣商品标签选择，在一级目录中只选择[Electronics & Computers]；并选择其二级目录[Computer Accessories & Peripherals]和[Computer Parts & Components]；[Computer Accessories & Peripherals] 的下层目录中选取 [Keyboards] 和 [Internet Communications]，[Computer Parts & Components] 的下层目录中选取 [Memory] 和 [Hard Drives]；[Keyboards] 的下层目录中选取 [Gaming Keyboards]和[Keyboard & Mouse Combos]，[Internet Communications] 的下

层目录中选取[Modems]和[Network Cameras]，[Memory] 的下层目录中选取[Desktop Memory]和[USB Flash Drives]，[Hard Drives] 的下层目录中选取[Internet Desktop Drives]和[Solid State Drives]，并选取相关实例，其本体结构如图 5-23 所示。

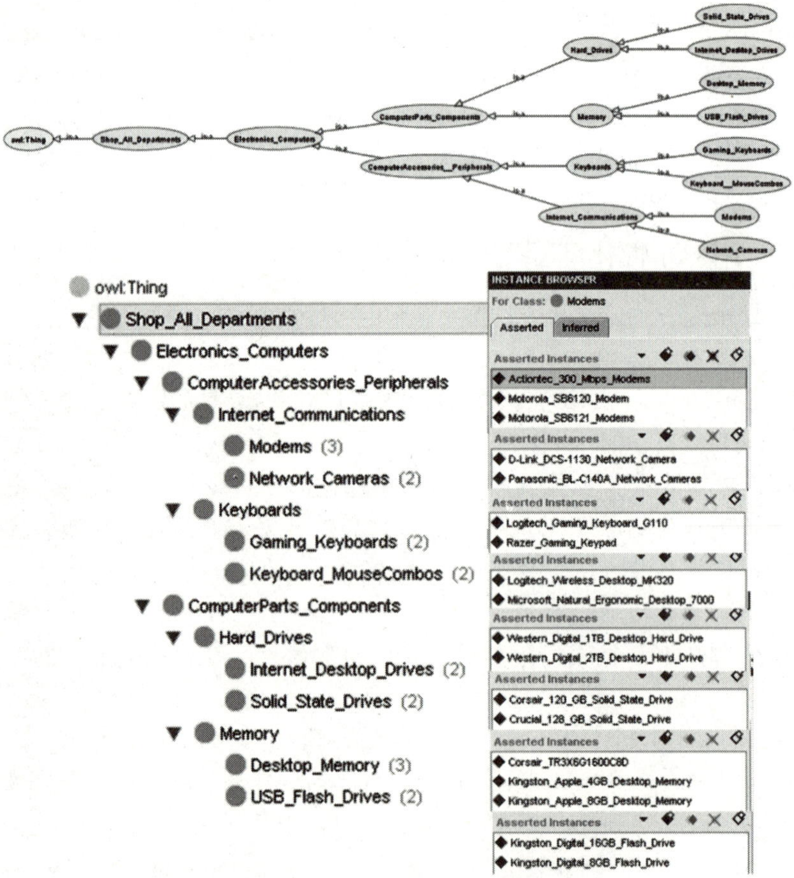

图 5-23　用户 c_i 的初始个性化商品目录 EC_{ini1}

Modem 实例：[Motorola SB6120 SURFboard DOCSIS 3.0 eXtreme Broadband Cable Modem]，[Motorola SB6121 SURFboard DOCSIS 3.0 Cable Modem]，[Actiontec 300 Mbps Wireless-N DSL Modem Router (GT784WN)]

Network Camera 实例：[D-Link DCS-1130 mydlink enabled Wireless N Fixed IP Network Camera with Built-In Microphone]，[Panasonic BL-C140A Outdoor MPEG-4 Network Camera (Silver)]

Gaming Keyboards 实例：[Logitech Gaming Keyboard G110]，[Razer Nostromo Gaming Keypad (RZ07-00490100-R3)]

Keyboards&Mouse Combas：[Logitech Wireless Desktop MK320 with Keyboard and Mouse]，[Microsoft Natural Ergonomic Desktop 7000]

Internet Desktop Drives 实例：[Western Digital Caviar Black 1 TB SATA III 7200 RPM 64 MB Cache Internal Desktop Hard Drive Bulk/OEM - WD1002FAEX]，[Western Digital 2 TB Caviar Green SATA II Intellipower 64 MB Cache Bulk/OEM Desktop Hard Drive - WD20EARS]

Solid State Drives 实例：[Corsair Force Series GT 120 GB SATA 2.5-Inch SATA III Solid State Drive (CSSD-F120GBGT-BK)]，[Crucial 128 GB m4 2.5-Inch Solid State Drive SATA 6Gb/s CT128M4SSD2]

Desktop Memory 实例：[Corsair TR3X6G1600C8D Dominator 6 GB 3 x 2 GB PC3-12800 1600MHz 240-Pin DDR3 Core i7 Memory Kit]，[Kingston Apple 4GB Kit (2x2GB Modules) 1066MHz DDR3 SODIMM iMac and Macbook Memory (KTA-MB1066K2/4GR)]，[Kingston Apple 8GB Kit (2x4GB Modules) 1066MHz DDR3 SODIMM iMac and Macbook Memory (KTA-MB1066K2/8G)]

USB Flash Drives 实例：[Kingston Digital 16 GB USB 2.0 Hi-speed Datatraveler Flash Drive DT101G2/16GBZ, Black]，[Kingston Digital 8 GB USB 2.0 Hi-speed Datatraveler Flash Drive DT101G2/8GBZ, Red]

用户 c_i 的初始个性化商品目录 EC_{ini1} 中的类-实例结构图如图 5-24 所示：

2．用户收藏夹抽取

从用户的收藏夹中抽取初始的个性化商品目录 EC_{ini2}。根据用户 c_i 的收藏夹历史记录信息进行 EC_{ini2} 抽取，一级目录有[Electronics & Computers]；二级目录中有[Software]和[Computer Parts & Components]；[Software] 的下层目录中收藏有[Business & Office]、

[Operating Systems] 和 [Security & Utilities]，[Computer Parts & Components]的下层目录中收藏有[Memory]和[Hard Drives]；[Business & Office]的下层目录中收藏有[Document & Management]，[Operating Systems] 的下层目录中收藏有[Windows]，[Security & Utilities] 的下层目录中收藏有[Computer Security]；[Memory] 的下层目录中收藏有[Desktop Memory]和[Memory Cards & Readers]，[Hard Drives] 的下层目录中收藏有[Internet Desktop Drives]和[Network Drives]，其目录本体结构如图 5-25 所示。

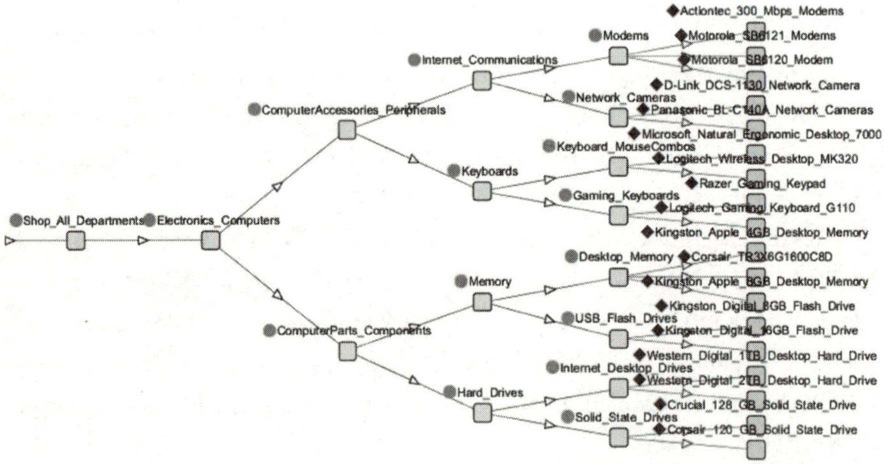

图 5-24　EC_{ini1} 类-实例结构图

Desktop Memory 实例：[Kingston Apple 2GB 1066MHz DDR3 SODIMM iMac and Macbook Memory (KTA-MB1066/2GR)]和[Kingston Apple 4GB Kit (2x2GB Modules) 1066MHz DDR3 SODIMM iMac and Macbook Memory (KTA-MB1066K2/4GR)]

Memory Cards & Readers 实例：[Transcend 16 GB Class 10 SDHC Flash Memory Card TS16GSDHC10E]，[SanDisk 16 GB Class 2 SDHC Flash Memory Card SDSDB-016G-A11]和[Transcend 32 GB Class 10 SDHC Flash Memory Card TS32GSDHC10E]

Internet Desktop Drives 实例：[Western Digital Caviar Black 1 TB SATA III 7200 RPM 64 MB Cache Internal Desktop Hard Drive Bulk/OEM - WD1002FAEX]和[Seagate Barracuda Green 2TB SATA 6Gb/s 64MB Cache 3.5-Inch Internal Bare Drive ST2000DL003]

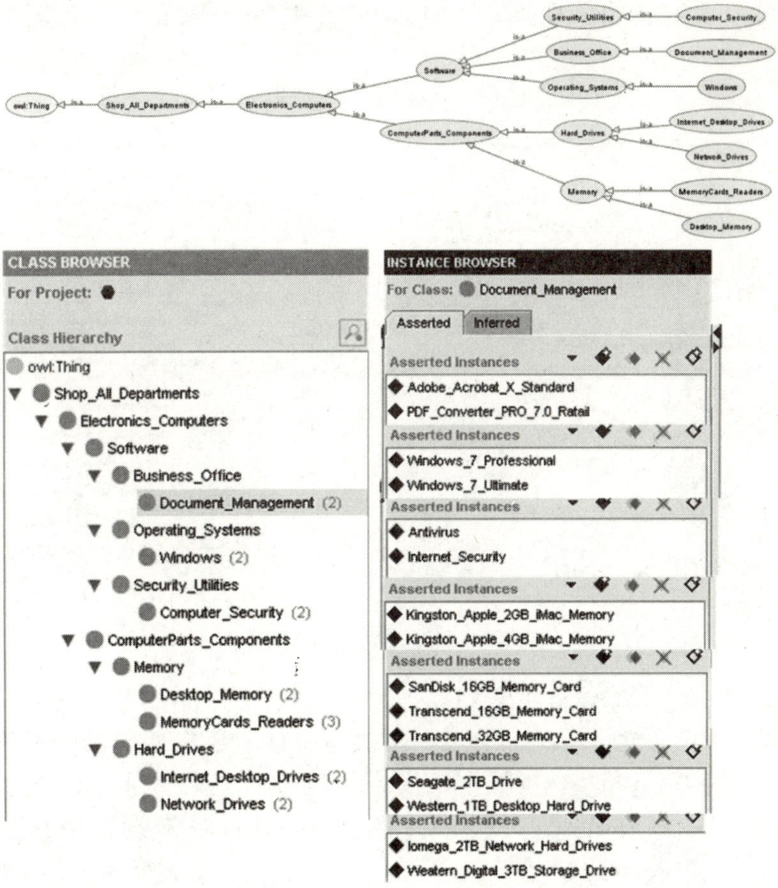

图 5-25　用户 c_i 的初始个性化商品目录 EC_{ini2}

Network Drives 实例：[Western Digital My Book Live 3 TB Personal Cloud Storage Drive]和[Iomega 2 TB Home Media Network Hard Drive Cloud Edition 34766]

Documentd Management 实例：[Adobe Acrobat X Standard - Windows 7 / Vista / XP]和[PDF Converter PRO 7.0 Retail - Windows 2000 / 7 / Vista / XP]

Windows 实例：[Windows7 Professional]和[Windows7 Ultimate]

Computer Security 实例：[Antivirus]和[Internet Security]

用户 c_i 的初始个性化商品目录 EC_{ini2} 中的类-实例结构如图 5-26 所示。

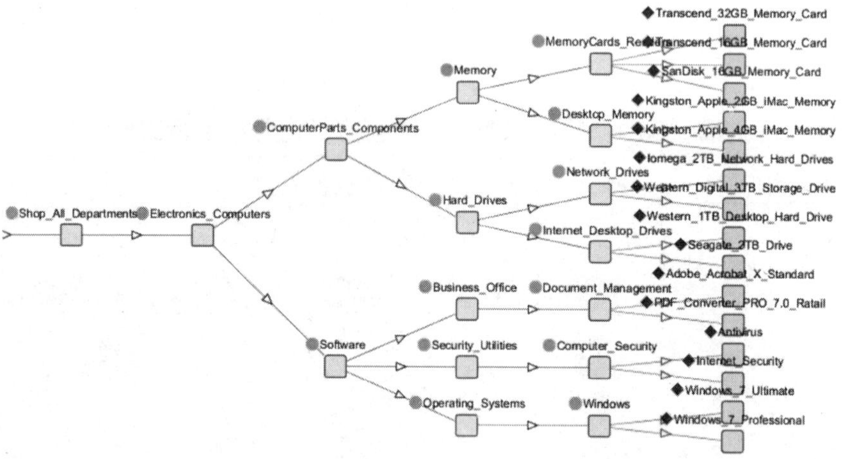

图 5-26　EC_{ini2} 类-实例结构图

3．商品目录本体合并操作

目录 EC_{ini1} 和目录 EC_{ini2} 合并。遵循商品目录合并的方法进行操作，并进行概念节点和实例的匹配消重。以 EC_{ini1} 为基础目录，将 EC_{ini2} 中的概念与之进行匹配，结果是 EC_{ini1} 的二级目录中没有概念节点[Software]；[Memory]节点下没有概念[Memory Cards & Readers]；[Hard Drives]节点下没有概念[Network Drives]，概念合并后的结果如图 5-27 所示。

匹配补充实例如下。

Desktop Memory 实例：[Kingston Apple 2GB 1066MHz DDR3 SODIMM iMac and Macbook Memory (KTA-MB1066/2GR)]

Internet Desktop Drives 实例：[Seagate Barracuda Green 2TB SATA 6Gb/s 64MB Cache 3.5-Inch Internal Bare Drive ST2000DL003]

Memory Cards & Readers 实例：[Transcend 16 GB Class 10 SDHC Flash Memory Card TS16GSDHC10E]，[SanDisk 16 GB Class 2 SDHC Flash Memory Card SDSDB-016G-A11]和[Transcend 32 GB Class 10 SDHC Flash Memory Card TS32GSDHC10E]

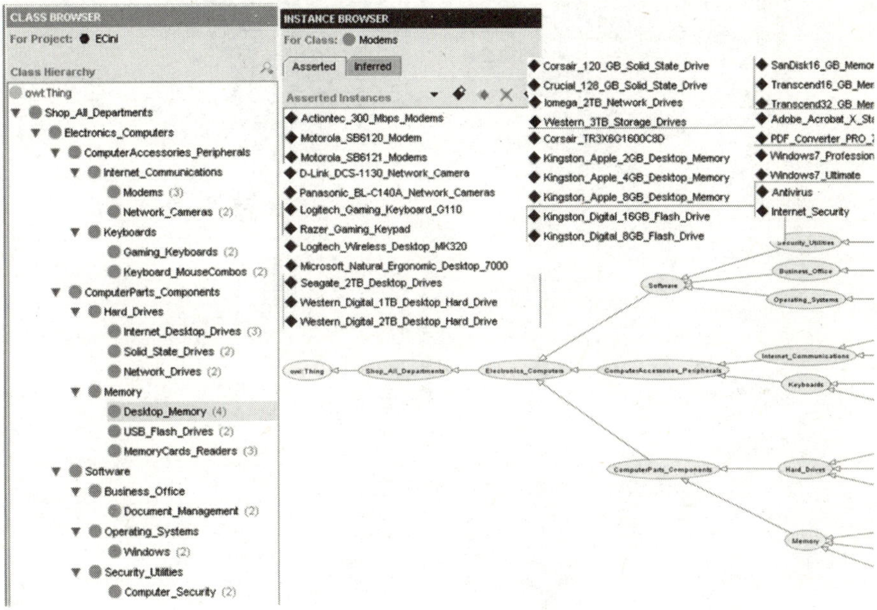

图 5-27　EC_{ini} 目录本体结构

Network Drives 实例：[Western Digital My Book Live 3 TB Personal Cloud Storage Drive]和[Iomega 2 TB Home Media Network Hard Drive Cloud Edition 34766]

Documentd Management 实例：[Adobe Acrobat X Standard - Windows 7 / Vista / XP]和[PDF Converter PRO 7.0 Retail - Windows 2000 / 7 / Vista / XP]

Windows 实例：[Windows7 Professional]和[Windows7 Ultimate]

Computer Security 实例：[Antivirus]和[Internet Security]

合并后的用户 c_i 个性化商品目录本体类与实例关系如图 5-28 所示。

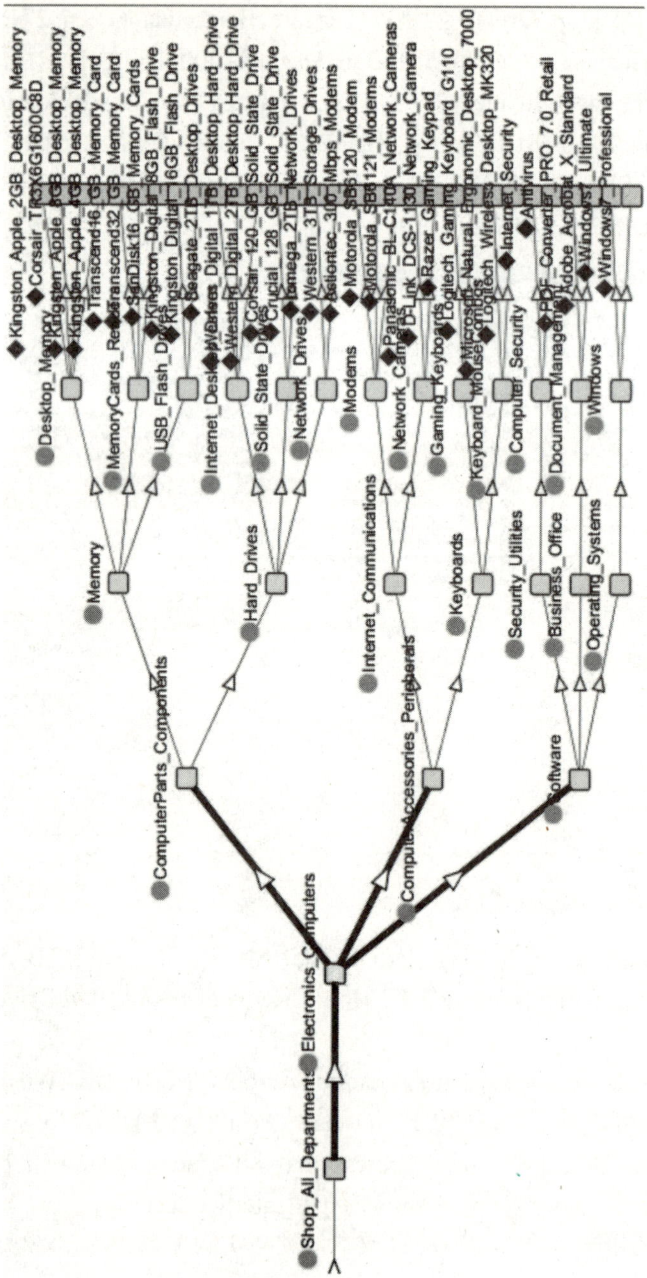

图5-28 EC_{ini}类-实例结构图

5.2.2　用户个性化商品目录本体动态优化管理

在 5.1.1 节的基础上，用户 c_i 的偏好随着时间的推移而有所变化。通过记录用户 c_i 在电子商务网站上的各种行为，统计分析用户的行为模式，并根据 4.2 节中提出的量化方法进行行为转换，转换成可以进行用户偏好分析的数据，以此为基础进行相关节点或概念的增删操作处理。在本例中，从用户 c_i 收藏夹中新增实例商品为[Kindle Touch 3G]，且用户模型数据表明实例 i_{kindle} 的用户兴趣度大于所设定阈值 ∂_i，根据溯源处理，用户 c_i 的个性化商品目录中将会呈现新增目录分支[Kindle]-[Kindle Touch 3G]；除此之外，用户模型同时给出的分支[Car Electronics & GPS]-[Antitheft]-[Alarm Systems]是用户近期的常用搜索行为模式，结合该种产品的热点商品和电子商务网站的活动商品进行相关度高的实例商品推荐：[Pyle PL63BL 6.5-Inch 360-Watt 3-Way Speakers (Pair)]，[Boss CH6520 Chaos Series 6.5" 2-way Speakers (Pair)]，[Viper 5902 / 5902V / 5902V 2-Way Security System with Color LCD Display]，[Universal Car Central Locking Power 4 Door Lock System]。需要注意的是第二条分支并不会影响到用户收藏夹。其个性化商品目录本体分支结构如图 5-29 所示。

如图 5-29 所示新增分支[Car Electronics & GPS]-[Antitheft]-[Alarm Systems]中，节点[Antitheft]只有唯一的子节点[Alarm Systems]，且无实例，故对该节点进行优化管理，提升子节点[Alarm Systems]并删除节点[Antitheft]，优化结果如图 5-30 所示。

用户 c_i 删除其所收藏的关于[Hard Drives]的所有实例，包括[Seagate Barracuda Green 2TB SATA 6Gb/s 64MB Cache 3.5-Inch Internal Bare Drive ST2000DL003]，[Western Digital Caviar Black 1 TB SATA III 7200 RPM 64 MB Cache Internal Desktop Hard Drive Bulk/OEM - WD1002FAEX]，[Western Digital 2 TB Caviar Green SATA II Intellipower 64 MB Cache Bulk/OEM Desktop Hard Drive - WD20EARS]，[Western Digital My Book Live 3 TB Personal Cloud Storage Drive]和[Iomega 2 TB Home Media Network Hard Drive Cloud Edition 34766]，[Corsair Force Series GT 120 GB

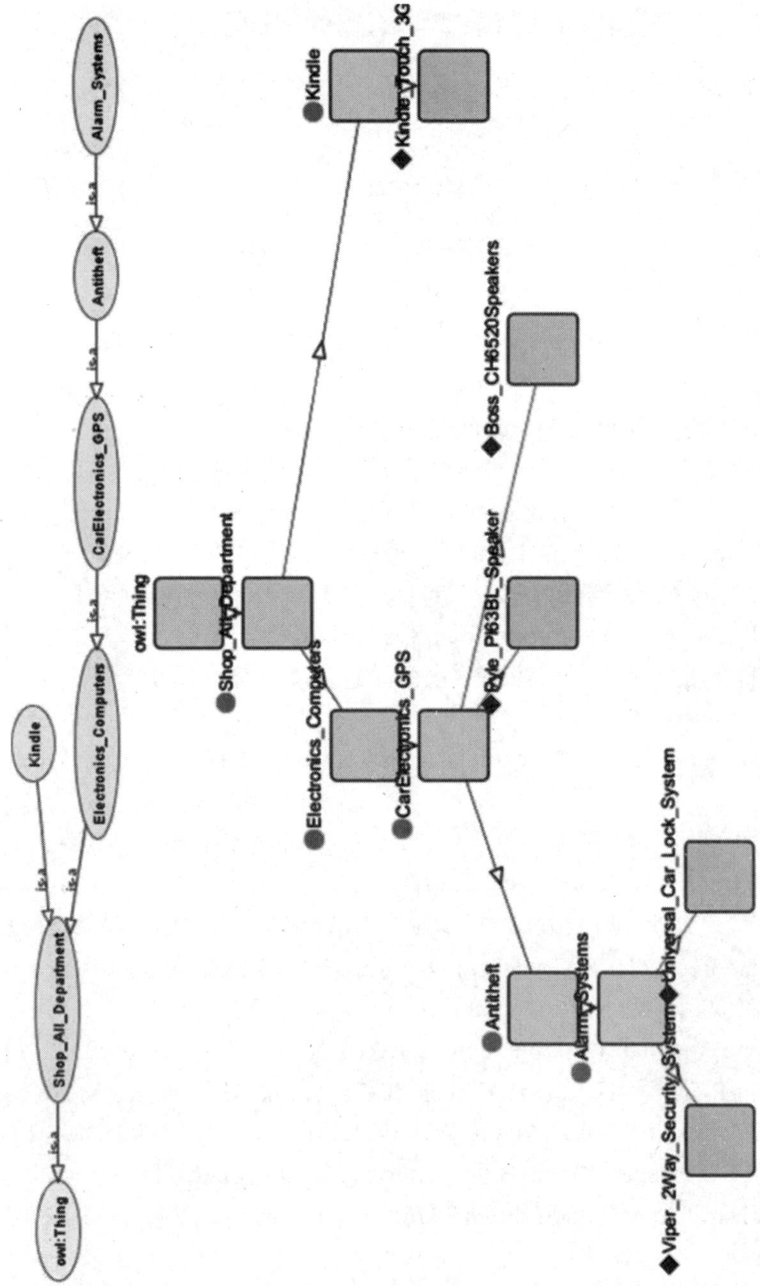
owl:Thing
Shop_All_Department
Kindle
Electronics_Computers
CarElectronics_GPS
Antitheft
Alarm_Systems
is-a
owl:Thing
Shop_All_Department
Electronics_Computers
CarElectronics_GPS
Kindle
Kindle_Touch_3G
Boss_CH6520Speakers
Pyle_PI63BL_Speaker
Antitheft
Alarm_Systems
Universal_Car_Lock_System
Viper_2Way_Security_System

图5-29　新增本体分支

SATA 2.5-Inch SATA III Solid State Drive (CSSD-F120GBGT-BK)]，[Crucial 128 GB m4 2.5-Inch Solid State Drive SATA 6Gb/s CT128M4SSD2]，目录执行删除操作，节点[Hard Drives]及其所有子节点被删除，结果如图 5-31 所示。

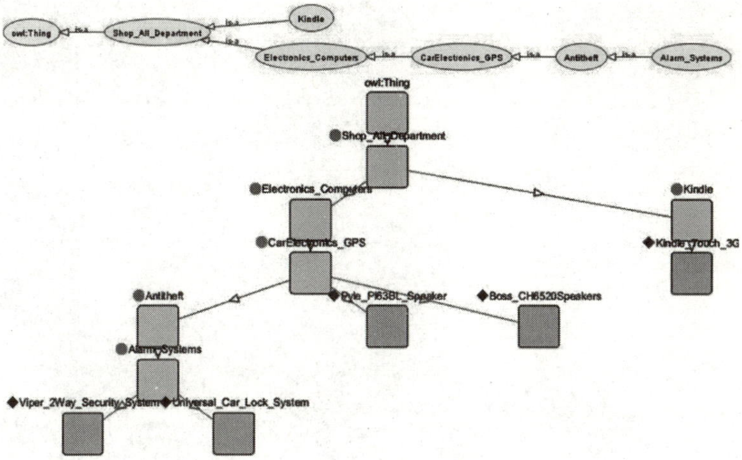

图 5-30　优化结果

节点[ComputeParts & Components]有且仅有唯一的直接子节点，因此可以对该节点进行优化，提升其子节点[Memory]并删除节点[ComputeParts & Components]；同样，节点[Car Electronics & GPS]也只有一个唯一直接子节点，但须注意的是节点[ComputeParts & Components]有两个实例，按照第 5.1 节中所提出的方法是计算节点[ComputeParts & Components]和其子节点[Alarm System]的用户感兴趣程度，再进行节点提升操作，在本节中直接提升子节点[Alarm System]，并保留父节点的两个实例；节点[Business & Office]、节点[Operating & System]和节点[Security & Utilities]都只有一个唯一直接子节点，均须优化。优化结果如图 5-32 所示。

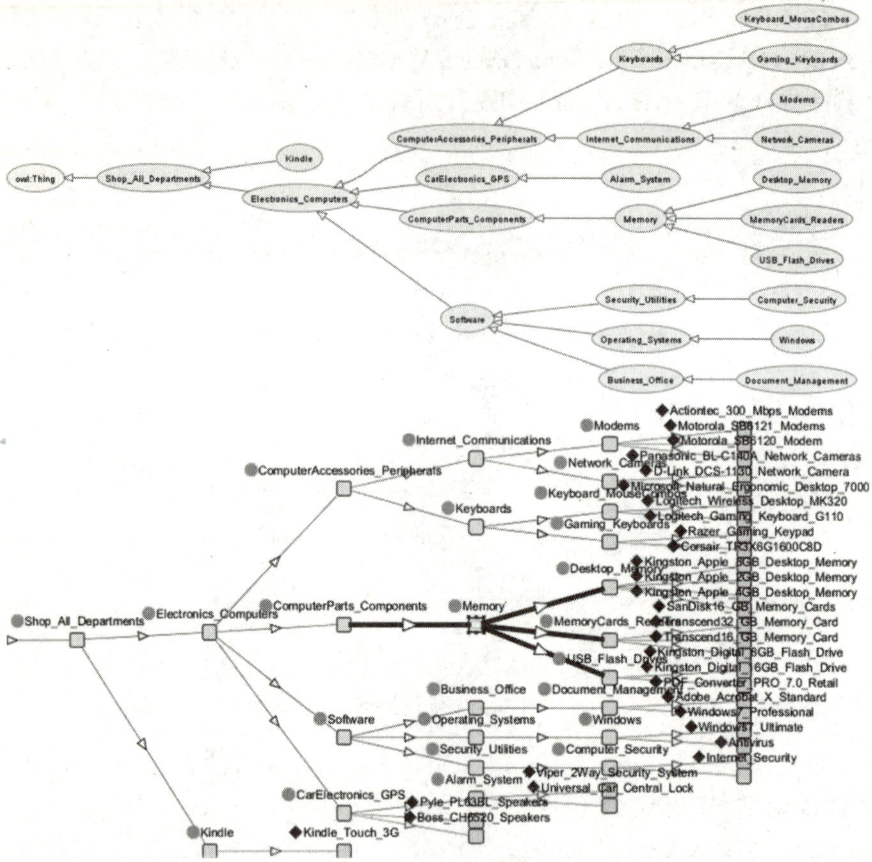

图 5-31　删除节点

从图 5-32 可知，经过个性化和优化管理后所呈现给用户的商品目录相对于企业 E-Catalog 而言是一个更加精简、更加精确的商品目录，但个性化商品目录的生成并不是一个阶段就能完成的工作，它是一个随用户行为变化而不断动态改进的持续性工作，而且还会不断从用户反馈中获取相关数据以优化扩展个性化商品目录，提供给客户符合其需求偏好的个性化商品目录。

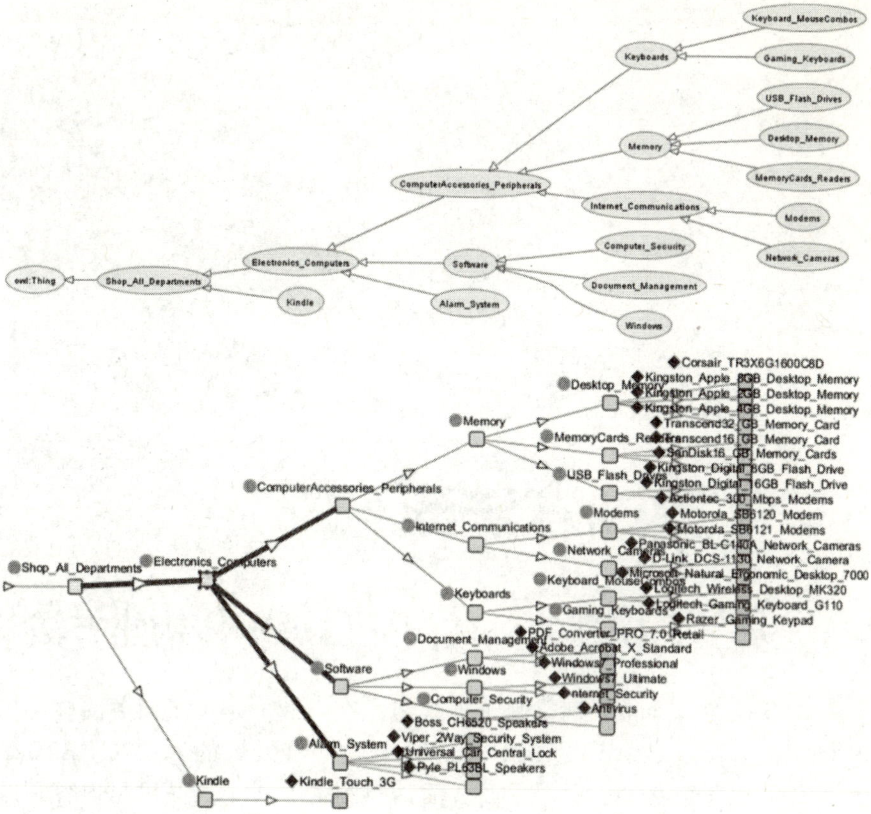
Keyboard_MouseCombos
Keyboards
Gaming_Keyboards
USB_Flash_Drives
Memory
Desktop_Memory
MemoryCards_Readers
ComputerAccessories_Peripherals
Internet_Communications
Modems
Network_Cameras
Computer_Security
owl:Thing
Shop_All_Departments
Electronics_Computers
Software
Document_Management
Kindle
Alarm_System
Windows
Corsair_TR3X6G1600C8D
Shop_All_Departments
ComputerAccessories_Peripherals
Internet_Communications
Keyboards
Software
Kindle
Kindle_Touch_3G
Viper_2Way_Security_System
Universal_Car_Central_Lock
Motorola_SB6121_Modems
D-Link_DCS-1130_Network_Camera
Razer_Gaming_Keypad
Adobe_Acrobat_X_Standard
Windows7_Ultimate
Antivirus

图 5-32　节点优化管理

第6章 集成方法研究

6.1 基于元模型的领域商品目录本体构建方法

产品信息（通常以商品目录形式组织在一起）是电子商务的核心信息资源，不管是 B2B 还是 B2C、C2C，还是正在发展的 B2B2C、B2B2B 等最新的电子商务模式，电子商务活动都围绕着对于产品信息内容和结构的管理展开。电子商务环境下消费者需要进行关键词搜索或通过页面上的产品导航来查找自己感兴趣的产品，企业合作伙伴间的协同商务过程需要进行大量的产品信息共享和交换，这样一来明确且清晰的产品信息定义变得尤为重要。本体作为概念化的明确的规范说明应用到产品信息描述中可以将领域内关于产品的共享知识从业务知识中分离出来，提供领域内对于产品概念及其概念关系共同的理解。构建产品本体可以同时为人和机器提供一致的领域知识模型，提升诸如产品搜索、信息浏览、语义互操作与信息集成等电子商务环节的效率。

产品信息内涵丰富，针对本文在线获取和集成产品信息的目的，需要构建一个领域内通用的产品目录主干本体模型，目前对于产品本体（后文中将使用商品目录本体指代）构建方法的研究很多，主要分为以产品分级标准为核心和以产品和服务概念和属性为核心两种构建方法，前者以国际上主流商品目录标准（ecl@ss、UNSPSC、eOTD）为基础专注于产品分级标准并在其上添加概念间关系及属性生成商品目录本体，后者以产品和服务的概念，概念间关系、属性及属性间关系为核心构建商品目录本体，并完成商品目录本体到国际分类标准的映射。这两种方法各有优缺点：以商品目录国际标准为基础生成的本体虽然能够在产品和服务分级方面做到国际标准化，但其包含的语义有限，而且随着国际标准的更新，实用性也会受到影响；后者从产品本体建模的需求出发定义商品目录本体的内涵和外延，权衡结果本体语义丰富程度和领域知识表达能力与本体描述和处理复杂度，并在本体内置支持功能和领域适用性之间取得平衡，保证结果本体的实用性，并在一定程度上完成与国际标准的映射，这种方法在建立本体的过程中就考虑其应用环节的处理，比较贴近应用领域需求，同时也限制了其扩展性。

本文在现有本体构建方法及商品目录国际标准的基础上，结合课题组在商品目录本体方面的研究成果，通过对实际应用领域的分析，提出以元模型为基础的领域商品目录本体构建方法。

6.1.1 商品目录本体构建原理

采用元模型进行本体建模时，首先必须明确元模型建模过程中的层次结构。所谓“元层次”表示的是“描述的”与“被描述的”对象间关系的层次。

根据元数据建模技术的四层元层次结构，如图 6-1 所示，元本体层是构成本体模型建模体系结构的基础，主要是定义描述元模型的语言，它的抽象级别比模型高，其主要内容包括元类、元属性以及元关系等，因而采用它可以对元模型层中的所有对象进行定义；本体层是元模型的实例，它主要是定义描述模型的语言，模型除继承元模型外，它比元模型更加精细，如类、属性和关系等。商品目录本体可以通过本体学习和本体设计的方法获取；实例层是元建模技术的第 3 层，它描述的是模型的实例，也就是具体的商品目录，它以本体层的概念、关系和属性定义为模板，通过文本挖掘等技术从最低的数据层提取实例。最低层为数据层，主要包括企业产品和服务数据库、电子商务网站，是产品和服务目录本体实例的数据源。商品目录本体元模型的定义和使用分别是自底向上和自顶向下互逆的过程。其中，元本体层是本体构建和自学习的基础，其在本体模型基础上进一步地抽象出本体的元类、元属性以及元关系等。

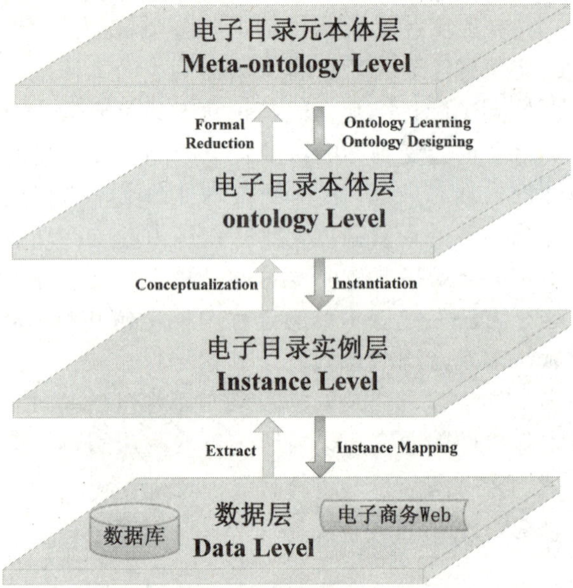

图 6-1　商品目录四层本体模型架构

6.1.2　商品目录本体元模型设计

基于 6.1.1 节对于商品目录本体构建层次的分析，确定在本文中商品目录元模型主要关注的领域概念包括产品、类别、属性和度量单位。其中产品概念是核心概念，用来描述产品和服务，类别及属性用来进行产品的分类规则和产品特征的描述，度量单位概念则完成对产品属性的进一步描述和完善。通俗地讲，元模型即模型的模型，在进行具体领域的商品目录本体模型设计之前，建立本体元模型结构，确定商品目录本体的内涵与外延，指导具体领域的半自动或自动的商品目录本体构建，具有领域通用性。按照这个思路本文在商品目录元本体层次定义了产品本体的元模型。

如图 6-2 所示为产品本体的元模型组成和结构，包括上述商品目录本体建模过程中需要考虑的元概念和元关系。

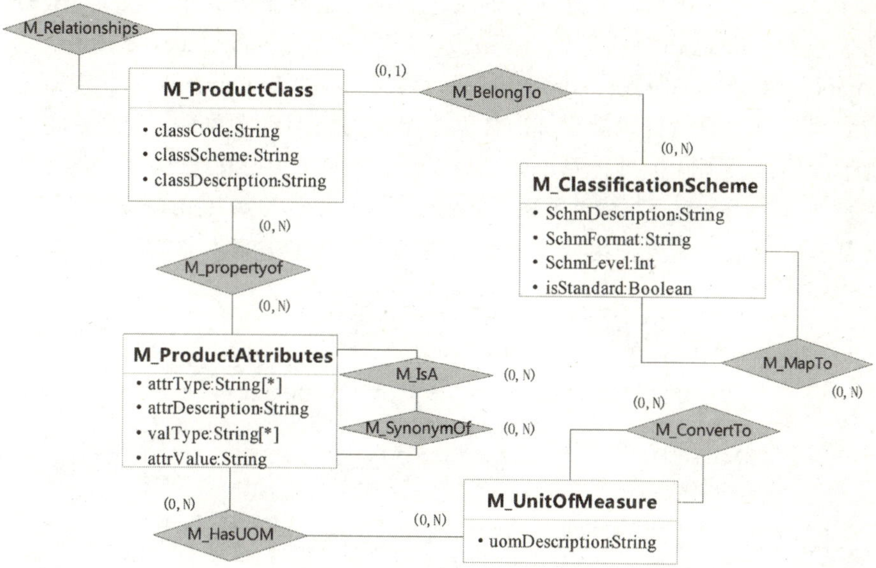

图 6-2　商品目录本体元模型

（1）元概念。包括上述的产品、类别、属性和度量单位，并为各个元概念定义了一些固有的数据属性，如产品概念中的产品类别编码、类别描述、类型、值等完成概念自身基本内容的定义。元概念是对于具体建模领域的概念的抽象，实际建立商品目录本体过程中可以进一步扩展，其中产品属性元概念的扩展有三个方面：产品通用属性、产品商用属性和其他领域内通用属性。

（2）不同元概念之间的元关系。如产品和产品属性间的 M_propertyof 关系描述产品和特定属性间的联系，产品与分类概念间的从属（M_BelongTo）关系表示任何产品都可以将其归入一个或多个类别等。

（3）同一元概念内部的元关系。如图 6-2 所示度量单位概念之间的转换关系（M_ConvertTo），产品概念间的关系（M_Relationships），属性概念的同义和蕴涵关系（M_IsA、M_SynonymOf）等。

在根据产品本体元模型进行具体领域的产品本体构建过程中，为了使产品本体包含的语义足够丰富，需要对元模型中的元关系特别是产品概念间的元关系进行大量的语义扩展。

如图 6-3 所示概念间元关系的层次结构，包含三种类型：领域一般语义关系，主要是指层次关系（IS-A）、蕴涵关系（Substance、Member、Component）、属性关系（Propertyof）、同义关系（Synonym）等比较常见的通用关系；商品目录国际标准体系中定义的标准语义关系，主要是指来源于商品目录国际标准体系，如 ecl@ss、UNSPSC 中的概念关系，如互补关系（Complement）、替代关系（Substitute）、映射关系（Mapped To）等；在某些特定领域需要使用用户定义的关系来进一步丰富本体的语义知识。

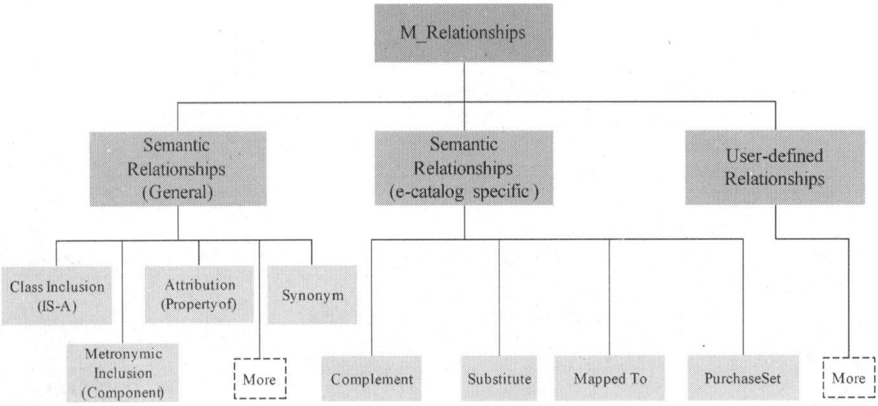

图 6-3　元关系层次结构

6.1.3 基于元模型的商品目录本体构建

在 6.1.2 节提出的产品本体元模型的基础上进行具体领域的商品目录本体构建时，核心的问题是如何在最大化本体的语义知识表达范围和精确度的同时控制结构本体在应用过程中的处理复杂度，以保证结果本体的实用性。

基于 6.1.1 节中对本体元模型的定义，采取以下步骤进行商品目录本体的构建。

1. 确定本体的领域和范围

在这个步骤中需要对本体的覆盖领域进行确定，这里研究的商品目录本体主要用来描述 Web 环境中企业及电子商务平台发布的产品和服务信息，并着重研究产品信息的获取和在线产品目录的集成，所以确定本体应该覆盖的领域知识及其界定如下。

（1）网络资源。指可检索的包含商业实体信息的 Web 信息资源，如 HTML 页面中包含的供应商的产品供应信息、产品型号等。一般情况下，一个网络信息资源往往同时包含多个概念实体的信息，如产品详细信息页面同时包含供应商的简介及联系方式等企业信息。在商品目录本体中，我们认为网络资源是概念 Resource 的一个实例，其概念定义的 OWL 表示为 <owl:Class rdf:about="Resource">，并用属性<owl:ObjectProperty rdf:about="seeAlso">与其包含的具体概念实体关联起来。

（2）商业实体。供应某种产品和服务的经济个体，可以是法人组织和企业或者个体经营者，商业实体需要具备至少一个联系方式和地址。

（3）供应信息。指商业实体面向特定客户发布的单个或一类产品和服务的供应信息，并说明了其业务类型（销售、租赁等）和所供应产品和服务的类型、商业属性等。

（4）业务功能类型。是指商业实体针对某类产品和服务提供的商业活动的类型，UNSPSC 对商业活动业务类型进行了定义和分类，并应用到对产品和服务的语义描述中，其描述的业务类型主要有销售、出租、维护、修理、服务提供、处理和采购等。

- 产品和服务，包括实例、型号及其类别。
- 产品和服务的属性，指具体产品或服务的性能特征，包括质和量两方面的信息。
- 度量单位，产品和服务在技术及物理特性或者商业角度的定量单位。

（5）产品之间的关系。常见的产品之间的关系有消耗（isConsumableFor）、相似产品（isSimilarTo）、附件或零部件（isAccessoryOrSparePartFor）等。

2．考虑重用已经存在的本体

国内外关于商品目录本体构建方面的研究很多，如德国 Hepp、Martin 基于分类标准设计的商品目录本体和 GenTax 发布的 OWL 语言的 eC@lss 商品目录本体，这里以 UNSPSC 为基础进行了产品通用属性的语义扩展，设计商品目录本体模型，这些商品目录本体提供了定义产品分类层次及本体属性和关键词集（概念 labe）方面的参考，如 eCl@ss 建立了一个产品和服务的四层树形分层结构，还提供了一个同义关键词集及产品概念属性集。

3．列举本体中重要的术语

语料的来源主要来自《EC 语义词典》、《同义词词林》、《行业术语标准》等现有的术语词汇集，也可以直接利用现有的专业词汇抽取算法从标准文档中自动抽取专业领域词汇。

4．定义类和类之间的关联关系

类的定义以产品和服务概念为核心，类之间的关联关系分为层次关系和非层次关系，层次关系有时候是模棱两可的，概念 A 与概念 B 之间可以确定为层次关系（is-a）的同时也可以确定为成员关系（member-of），或者还可以是包含关系（a-part-of），这三种关系从语义上来讲都可以归纳为部分整体关系，那么应该确定怎么样的原则来应对这种情况。下面通过两个简单的例子来说明，例 1：HDD 和 CPU 都属于计算机的一部分；例 2：炖牛肉中有牛肉、大蒜和洋葱。比较这两个例子可以很容易地判断出它们包含的不同语义关系，例 1 中的部分整体关系表达的是计算机拥有一个 HDD 和一个 CPU 作为它的组成部件（components），例 2 则表述的是炖牛肉中有牛肉、大蒜和洋葱这三种物质内容（substances），很显然两个例子中的部分整体关系是有区别的且都不能归为层次关系（is-a）或者成员关系（member-of）。针对这种情况，本章从三个方面考虑这三种概念的区分原则：

（1）功能依赖，部分的功能是否依赖于整体；

（2）物理可分离，部分是否可以从整体中物理分离出来；

（3）同质性，部分与整体及各部分之间是否具有相同的性质。根据这三个条件进行分析，可以很容易地区分这几种关系，如表 6-1 所示。

对于非层次关系则比较容易处理，与层次关系一样，非层次关系也是一种有向关系，可能是单向的，也可能是双向的，根据语义为非层次关系进行命名，并确定其关联的两个或者两组概念及关系的方向，即概念关系的定义域（domain）和值域（range），如定义产品和供应商之间的关系“productedBy”，其定义域和值域分别为产品和供应商。

表 6-1 三种 part-whole 关系的语义区分

语义类型	领域实例	区分标准		
		功能依赖	可分离	同质
component	HDD-computer	Yes	Yes	No
substance	Beef-beef stew	No	No	No
member	Umbrella-clothing accessory	No	Yes	No

5．定义类的属性

主要对产品的属性进行分类和定义，分为三类：通用属性、商业属性和个体属性，其中通用属性指在某一类别或者目录的产品中都具有的属性，如产品功能、产地、供应商、材质、颜色、质保等；商业属性指与具体的商业活动业务类型相关的属性，如价格、支付方式、物流等信息；个体属性主要是区别于通用属性可以将产品从与其处于同一分类层次的其他产品中区分出来的特性，如“裤型”属性将裤子从服装中区分出来。

在进行产品属性的定义时，有时候一个属性可以定义为产品的属性或者定义与该产品概念关联的另一个产品概念。如计算机的属性 CPU，简单的方法是为计算机添加一个取值为“CPU”的字符串数据属性，但这样一来就舍弃了部分语义信息，从而无法支持基于 CPU 具体参数的计算机产品查询需求，这时可以增加一个 CPU 产品概念并建立其与计算机的组件（component）关系，然后进一步为“CPU”这个产品概念定义一些特殊的属性，这种处理方式使得本体包含更多的语义信息，有利于提高本体的语义查询处理性能。

6．定义属性约束

本文采用本体建模工具 Protégé，其采用 OWL 作为本体描述语言，OWL 语言只支持二元关系的表示，所以将属性定义为数据属性和对象属性，其中数据属性指可以用文本进行描述的概念属性，对象属性主要用来描述概念的关系。定义属性约束则主要包括数据属性的取值类型和对象属性的取值范围，属性之间的关系及一些语义约束。

7. 创建实例

对于实例的创建，通过手工的方式去完成是工作量巨大且容易出错的，通过上述步骤建立商品目录本体概念模型后，采取在线实例自动提取的方式进行本体实例的填充是目前本体半自动构建研究领域的重点之一。

6.1.4 领域商品目录本体实例建模

这里以服装产品目录为例，以商品目录本体元模型为基础，按照定义产品概念、产品属性、概念及属性间关系的顺序构建服装行业商品目录本体，并扩充了一些产品以外的概念，如企业、品牌、人等概念以丰富目录本体的语义。采用本体构建工具 Protégé 进行领域商品目录本体模型的构建，作为后续目录实例在线获取和集成的核心本体。

1. 领域商品目录本体概念定义

服装产品没有统一的分类标准，且中文环境下对于同一类型产品的字面描述极其多样化，在进行目录本体中概念定义时首先参考两个国际商品目录标准 UNSPSC 和 eCl@ss 中对服装领域产品的分类层次。

UNSPSC 编码是在 1998 年，由联合国的 UNCCS （Common Coding System）和邓白氏公司的 SPSC （Standard Products and Services Classification） 合并而成的，共设置了 55 个大类，351 个中类，2015 个小类，19 000 多个细类产品，并使用四层八位编码对产品和服务进行四个层次的分类，分别是区分（Segment）、系别（Family）、门类（Class）及商品（Commodity），主要按照产品的“用途”进行分类，可以将其作为商品目录产品概念层次关系定义的基础，如图 6-4 所示为外套和夹克在 UNSPSC 的产品分类层次中的情况。但 UNSPSC 标准也有明显的不足，如图 6-4 所示 UNSPSC 将服装分为 17 个门类，但其门类下的商品只是依据消费者的性别及年龄来进行分类，垂直产品分类不够具体，且不包含产品属性及层次关系以外的其他产品概念关系。

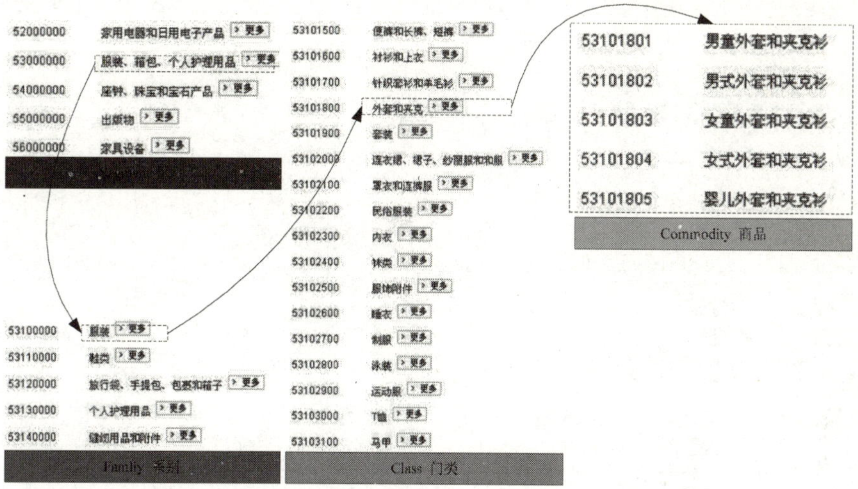

图 6-4　UNSPSC 分类层次示例

eCl@ss 是用于电子采购环境下对产品和服务进行分类与描述的国际标准，主要是为了解决电子采购企业间数据交换中产品和服务的统一描述标准问题，目前覆盖了 25 个专业范围，由 4 层组成，包含了近 75 000 个可用于搜索的主题词，30 000 个可用概念和 5000 个属性。eCl@ss 的特点是包含用于对产品和服务进行描述的属性集，但由于其主要用于企业间的电子数据交换，其属性集没有考虑商业属性，如使用状态（new/used/refurbish）、税收（tax）、运输（Delivery/Shipping Method）、支付方式（Pay Method）、发票（Invoice）、质保（Warranty）、折扣（off）/优惠券（Coupon）和销售有效期（Valid）等。如图 6-5 所示为 eCl@ss 涉及服装产品的分类及属性示例。

在综合考虑上述两大标准优缺点的基础上，在服装行业商品目录本体中定义了 7 个顶级概念，分别为人、企业、产品、品牌、材质、行业资讯、信息资源。其中对于产品的分类层次，在参考 UNSPSC 的分类层次基础上进行具体产品概念的扩展，考虑到应用环境主要为中文环境，构建过程中参考了服装术语国家标准（见图 6-6）及淘宝、阿里巴巴、慧聪等电子商务平台的服装产品分类情况，并将分类概念分别针对 UNSPSC 和 eCl@ss

标准做了映射，体现在各个产品分类概念的数据属性 UNSPSCCode 和 eCl@ssCode 中，如图 6-7 所示。

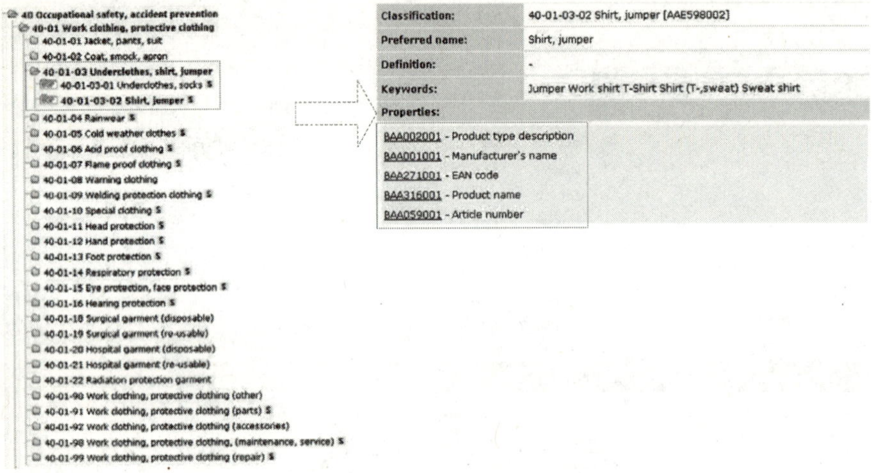

图 6-5　eCl@ss 示例

2. 领域商品目录本体概念属性定义

在上一节的概念定义中主要考虑了本体应该覆盖到的应用领域概念及概念的层次关系。对于概念属性的定义主要在 eCl@ss 的产品属性定义基础上扩展了商用属性和表示概念间非层次关系的属性，在 OWL 语言中非层次关系定义为概念的对象属性（ObjectTypeProperty），定义域为某一概念，值域为非层次关系指向的另一个或者几个概念，区别于对象属性，数据属性（DataTypeProperty）是指可以用文本或数字描述其值的另一类属性。如图 6-8 所示，为服装领域产品概念的属性定义。

3. 领域概念术语词汇库

由于这里所使用的商品目录本体参考了多种商品目录标准及现网产品目录层次中的产品概念和属性，且应用于中文环境，概念及属性的描述都是动态变化的，需要建立一个词汇库来描述这些术语间的语义关系，主要是词汇间的同义关系。在本体模型中可以通过本体中概念的标签描述概念同义词，或者在概念间建立同义属性关系，但这样会增加本体操作的复杂

GB/T 15557-2008

服 装 术 语

1 范围

本标准规定了服装及服饰工业常用的术语、定义或说明。
本标准适用于服装和服饰设计、生产、技术、教学、贸易及其相关的领域。

2 综合

2.1

服饰 apparel and acces90ries
衣着
装饰和保护人体的物品总称，包括服装、帽子、围巾、领带、手套、袜子等。

2.2

服装 apparel:garubei8:elothes
衣装
穿了人体部保护和装饰作用的制品，又称为衣服。

2.3

时装 fashion
在一定时间、地域内，为一大部分人所接受的新款流行服装。

2.4

成衣 ready-to-uear
按照规定的尺寸，以批量生产方式制作的服装。

2.5

定制服饰 callor matle
根据个人量体尺寸、剪裁、制作的服装。

2.6

中式服饰 Chincse coslume
中国传统样式的服装，如旗袍、长衫等。

2.7

西装服饰 Weslern costume
西方样式的服饰。

2.8

民族服装 elhnic coslume
具有民族特色的服装。

2.9

上装 tops
穿着于人体上身的服装。

2.10

下装 boltoms
穿着于人体下身的服装。

图 6-6 GBT 15557 服装术语

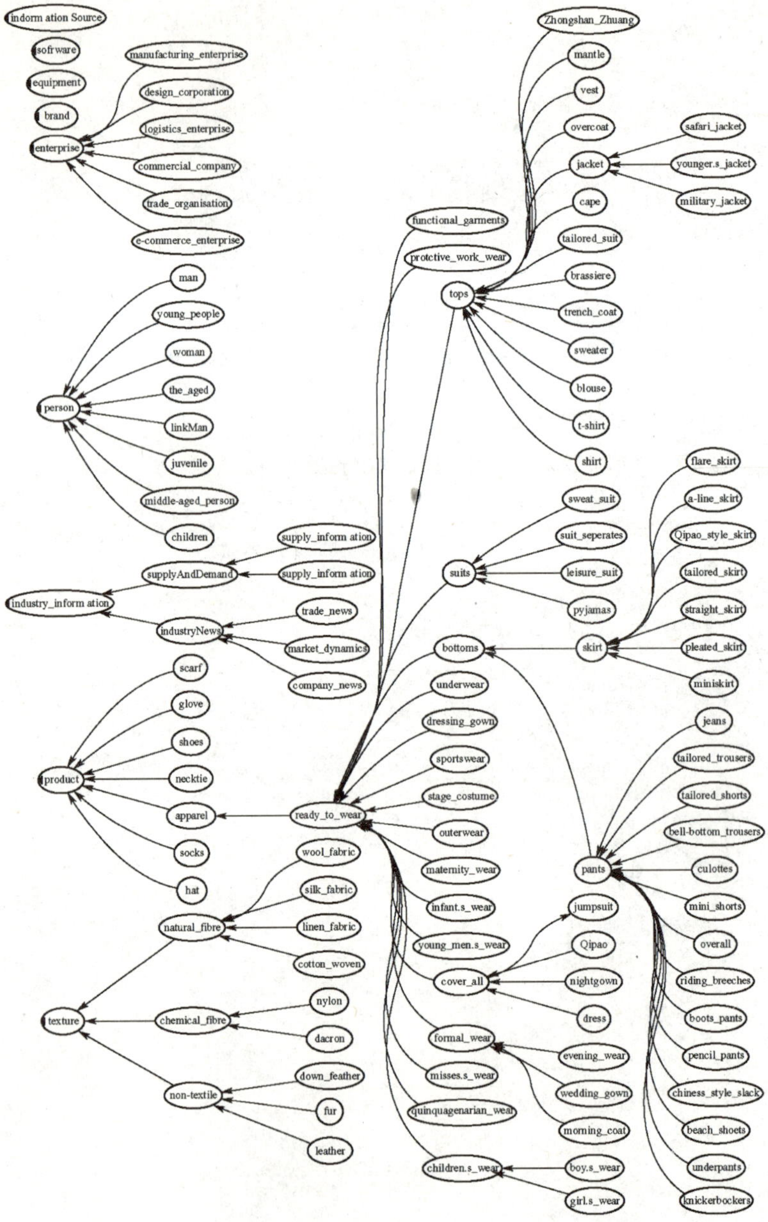

图 6-7 服装行业商品目录本体概念层次图

度，且本体虽然可以包含丰富的语义，但也有明显的缺点，即当本体中包含的信息过多时查询过程会变得非常缓慢，所以我们通过维护一个同义词集作为后续概念相似度计算以及概念匹配等过程中的术语间语义关系参考。因为是针对特定领域的应用，所以本文的同义词库没有采用文本词典的形式存放，而是建立一张数据库表来存储领域术语间的同义关系，并进行同义词的中英文对照部分，主要参考语义词典 Wordnet。

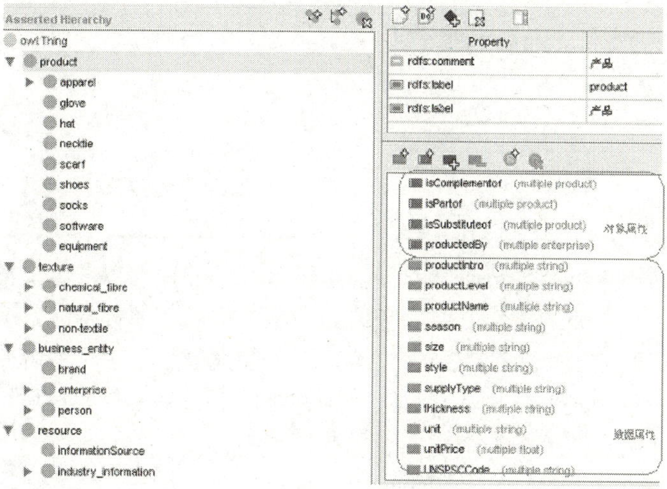

图 6-8 服装产品概念属性定义

如表 6-2 所示，将术语词汇分为概念术语（class terms）和属性术语（property terms）两种类型，每个词汇都有中英文的描述和一个直接同义词。为了在一张表里解决多对多的同义关系，将术语进行一个简单的层次划分，处于第一层的是根据 UNSPSC、eCl@ss 及中国标准研究院发布的中文术语标准中筛选出来的领域内术语，这些术语之间可以有同义关系存在；第二层的是从 Web 环境中获得的属性概念术语，假设这些概念术语中每一个术语都与第一层次中的某一个术语有直接同义关系，同处在这一层次中的术语间的同义关系通过它们的顶层同义词之间的关系体现，比如术语 A 和术语 B 的顶层同义词都是 C，或者分别是具有同义关系的两个顶层同义词 D 和 E，则 A 和 B 之间也是同义关系。

表 6-2　同义词表结构

Field name	Datatype	length	Primary key	Not null
termId	int		yes	yes
termType	varchar	10		yes
text_in_chinese	varchar	20		yes
text_in_english	varchar	20		no
termLevel	tinyint			yes
top_level_synonyms_id	int			no
UNSPSCCode	char			no
eCl@ssCode	char			no
source	varchar	20		yes

本体的构建不是一蹴而就的，确定了本体中的概念后，定义概念的属性是一个比较重要的工作，但电子商务环境下产品的属性描述是多种多样的，且服装产品没有标准的分类方法，不可能完全通过手工的方式完成，本文以产品本体元模型为基础定义初始领域商品目录本体，然后以在线实例作为本体学习数据源，不断地扩充和完善本体。

6.2　基于 Web 的商品目录智能析取与集成方法

第 5 章介绍了商品目录本体的元模型及基于元模型的商品目录本体构建方法，并以服装行业为例建立了服装商品目录本体模型，接下来将以该本体为信息获取模型，进行在线商品目录的在线析取与集成，即从 Web 页面上抽取商品目录本体实例，生成商品目录局部本体并进行语义集成。

6.2.1　基于 Web 的商品目录在线实例析取

根据本文对商品目录本体的定义，要获取并填充商品目录的本体实例，首先需要从 Web 页面抽取领域相关信息，包括产品的特征属性描述、目录分类信息以及供应商企业相关信息等。电子商务环境下这些信息广泛分布在在线商店以及企业的网站上，Web 搜索中垂直搜索技术是搜索引擎领域的行业化细分，较通用的搜索引擎能够提供更加专业、具体和深入的信息搜索服务，垂直搜索以结构化数据为最小单位，其主要特点是针对抓取的网页进行了结构化信息抽取和处理，而普通的网页搜索是以网页或网页块为最小单位的，因此结构化的信息抽取技术成为垂直搜索的关键技术之一。Google、百度等通用搜索引擎一般基于关键词返回一个按与用户查询关键词相关度高低排序的页面链接列表，而垂直搜索引擎能基于其获得的页面结构化数据进行分析和查询返回与用户查询直接相关的信息，而不需要用户进一步点击浏览的网页地址。基于垂直搜索的这一特点，本文在 Web 搜索引擎 Nutch 的基础上集成主题控制、网页分类、结构化数据抽取等功能实现基于 Web 搜索技术的产品信息获取。

1．商品目录 Web 页面抓取原理

这里使用 Web 搜索引擎技术进行商品目录实例页面的抓取和下载，接下来详细介绍开源 Web 搜索引擎 Nutch 的相关原理。Nutch 是一个建立在 Lucene 核心之上的 Web 搜索实现，它是一个完整的应用程序，用户从其项目页面下载后经过简单的配置，再配合一个 Java Servlet 容器（如 Tomcat），就可以进行指定网站页面的抓取并在建立的索引库基础上进行网页搜索，不过 Nutch 的爬虫是在 Linux 系统下设计的，所以其他操作系统的用户还需要安装一个 Linux 模拟环境。在介绍 Nutch 的原理前先简单介绍下作为 Nutch 底层实现基础的 Lucene。Lucene 和 Nutch 一样属于 Apache 旗下 Jakarta 项目组的开放源代码子项目，它是一个基于 Java 的高性能全文搜索工具包，并不是一个完整意义上的搜索应用程序，而是通过提供 API 函数的方式为应用程序提供索引和检索文档的功能，如图 6-9 所示，程序员可以基于 Lucene 构建具体的全文检索应用，还可以方便地将其集成到各种应用软件及 Web 应用中。

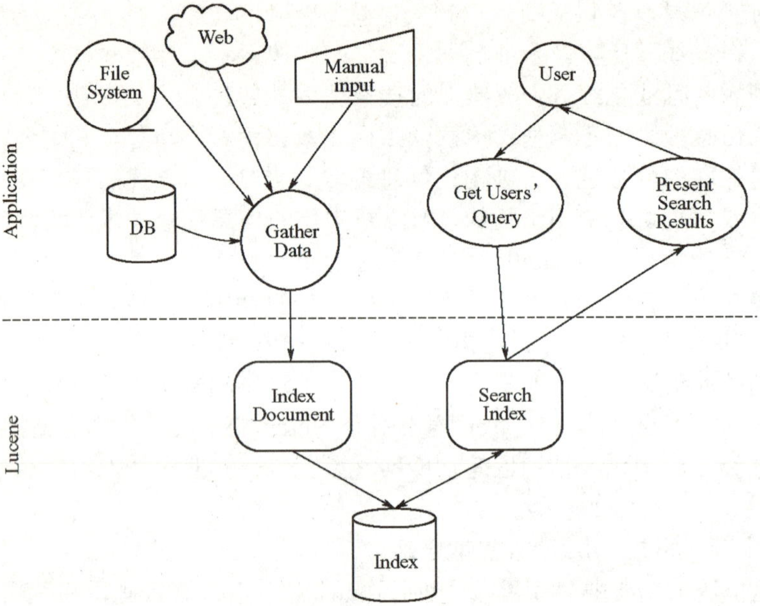

图 6-9　Lucene 基本原理

Lucene 的高性能取决于：

（1）独立于应用平台的以 8 位字节为基础的索引文件格式，并提供灵活的索引存储方式；

（2）在倒排索引的基础上实现分块合并的索引方式加速索引过程；

（3）面向对象的系统设计模式；

（4）索引器以 Token 流为数据输入，独立于语言和文件格式的文本分析接口便于扩展；

（5）默认实现了一套强大的查询引擎，支持布尔查询、模糊查询、范围查询、词组查询等多种查询操作。

Nutch 在包装 Lucene 底层 API 作为内部索引和检索模块实现的基础上，加入了网络爬虫、Web 文档解析、网页评分、查询分析器等模块，并定义了一个灵活的插件机制，组成一个完整的 Web 搜索实现。其架构组成如图 6-10 所示。

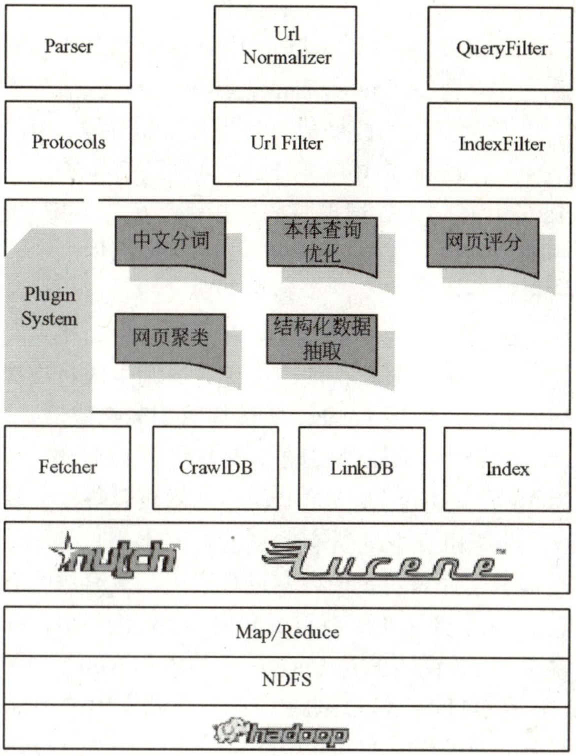

图 6-10　Nutch 架构

通过对 Nutch 相应扩展点的扩展，可以方便地将中文分词、网页分类聚类、结构化信息抽取等功能集成到 Nutch 中去，实现基于 Nutch 的垂直搜索引擎。另外，Nutch 是支持分布式部署的，对于抓取的数据和索引采用分布式存储，在爬虫和建立索引的许多环节都采用了 Map/Reduce 算法进行分布式计算，底层基于 Hadoop 分布式文件系统（HDFS）及其 Map/Reduce 实现，Hadoop 是一个分布式系统基础架构，用户可以在其上开发分布式程序而不需要了解分布式底层细节，限于篇幅，这里不做详细介绍。接下来主要分析 Nutch 爬虫的工作原理，Nutch 爬虫的设计，包括三个方面：文件存储、爬虫工作流程及其插件系统。

1）Nutch 的存储主要使用三类数据文件

（1）Web Database。也叫 crawldb，用于存储爬虫抓取的网页之间的链接关系，包括两类信息：Page 和 Link。其中 Page 包括一个网页内容的 MD5 哈希签名，以及网页内的链接数目、网页抓取时间、网页评分等网页描述信息（metadata）；Link 描述的是 Page 之间的链接关系。通过这两类信息的存储，crawldb 描述了抓取网页的链接结构图，其中 Page 是图的节点，Link 是图中的有向边，crawldb 只在爬虫程序中使用。

（2）Segment。一次爬行会产生很多个段（segment），段存储的是爬虫在一次抓取过程中抓取到的网页及这些网页的索引。爬虫爬行时首先根据 crawldb 中的链接关系按照默认的广度优先原则生成每次抓取循环所需的抓取列表（fetch list），然后 Fetcher 类根据该列表抓取这些网页并索引，最后将这些内容存入段中，存储时段是以生成时间命名的，Nutch 中段的有效时间默认为 30 天，超过 30 天这些段中的网页会被重新抓取。

（3）Index。即爬虫抓取的所有网页的反向索引，通过合并 segment 中的索引得到，索引文件只对页面内容进行索引，没有进行存储，因此查询时要去访问 segments 目录才能获得页面内容。Nutch 利用 Lucene 的反向索引机制进行索引，需要说明的是 Lucene 中的段和 Nutch 中的段是完全不同的两个概念，如图 6-11 所示，Lucene 中的段是其索引的一部分，但 Nutch 中的段和索引是各自独立的，Nutch 中的索引集是根据 crawled、linkdb 和 Segment 中的网页内容和索引创建的。

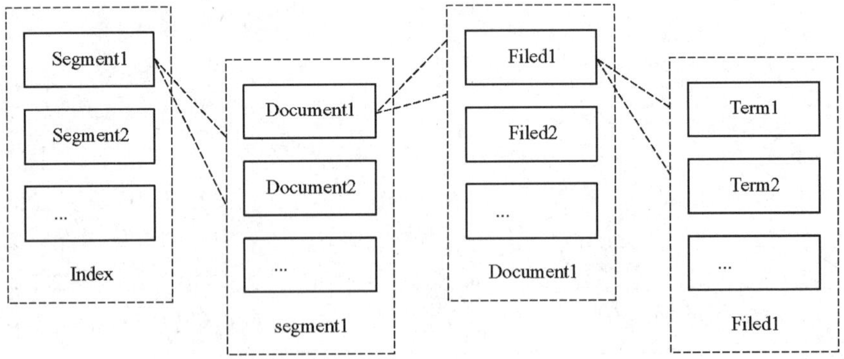

图 6-11　Lucene 文件存储层次

2）Nutch 爬虫工作流程分析

Nutch 的网页抓取及索引过程是通过实现一系列的子操作来完成的，Nutch 为这些子操作定义了子命令，用户可以分步调用子命令执行相应的步骤，方便对抓取过程进行人工干预，扩展其功能。如图 6-12 所示，其工作流程分为抓取和索引两个部分。

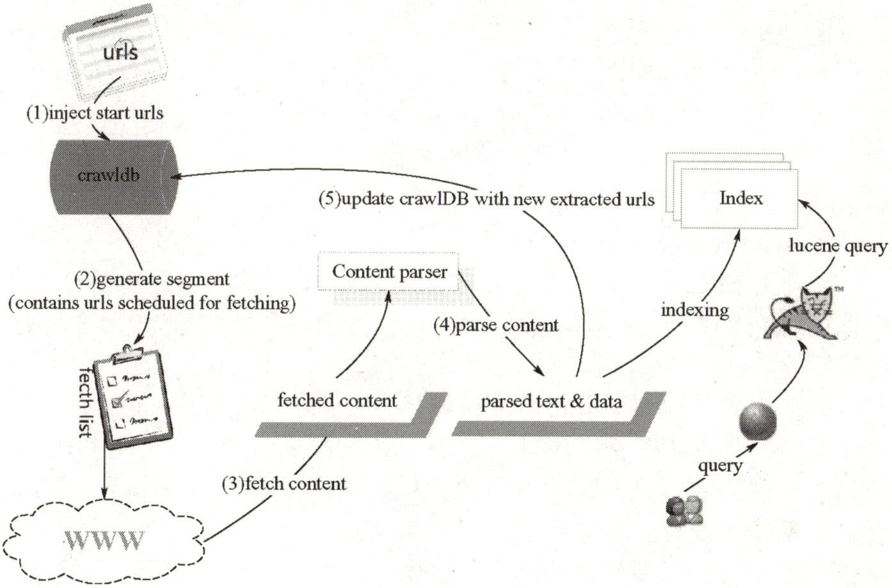

图 6-12 Nutch 工作流程

抓取过程：

（1）inject start urls，创建一个 CrawlED，并将种子 urls 写入，Nutch 命令为"admin db -create"和"inject"。

（2）generate segement，根据 crawled 生成预抓取列表并写入 segment，对应命令为"generate"。

（3）fetch content，抓取预抓取列表中的 url 指向的网页，命令为" fetch "。

（4）parse content，对抓取的页面进行解析，命令为"parse"。

（5）根据上一步解析得到的已抓取网页内的 url 更新 crawled，确定下一轮抓取循环的预抓取列表，命令为"updatedb"。

（6）根据抓取任务设置的抓取深度循环进行第（2）~（5）步，直至抓取任务结束。

索引过程：

（1）根据 crawldb 中的网页评分和链接更新 segments，命令为 "updatesegs"。

（2）根据 segments 的内容更新 linkdb，linkdb 主要存储页面的反向链接信息，命令为“invertlinks”。

（3）创建索引集 indexes，命令为“index”。

（4）删除索引库中重复的网页，命令为“dedup”。

（5）将索引过程第③步中生成的 indexes 进行合并作为检索时使用的索引库，命令为“merge”。

3） Nutch 插件系统分析

这里在 Nutch 的基础上做了很多的二次设计和开发，都是基于 Nutch 插件系统的优秀扩展性，所以本节就 Nutch 的插件系统原理和使用方法进行简要的介绍。

Nutch 插件体系架构相关术语解释：扩展点（ExtensionPoint）是系统中可以被再次扩展的类或者接口，通过扩展点的定义，使得用户可以在系统的执行过程加入自己的扩展程序；扩展（Extension）是插件内部的一个属性，一个扩展是针对某个扩展点的一个实现，每个扩展都可以有自己的额外属性，用于在同一个扩展点实现之间进行区分，扩展必须在插件内部进行定义；插件（Plugin）实际就是一个虚拟的容器，包含了多个扩展 Extension、依赖插件 （RequirePlugins）和自身发布的库。

如图 6-13 所示，Nutch 预留了很多扩展点（ExtenstionPoint），同时提供了这些扩展点的基本实现 Extension，Plugin 用来组织这些扩展，并都通过配置文件进行控制，主要的配置文件包括了多个定义扩展点和插件的配置文件（plugin.xml），一个控制插件加载的配置文件（Nutch-site.xml）。

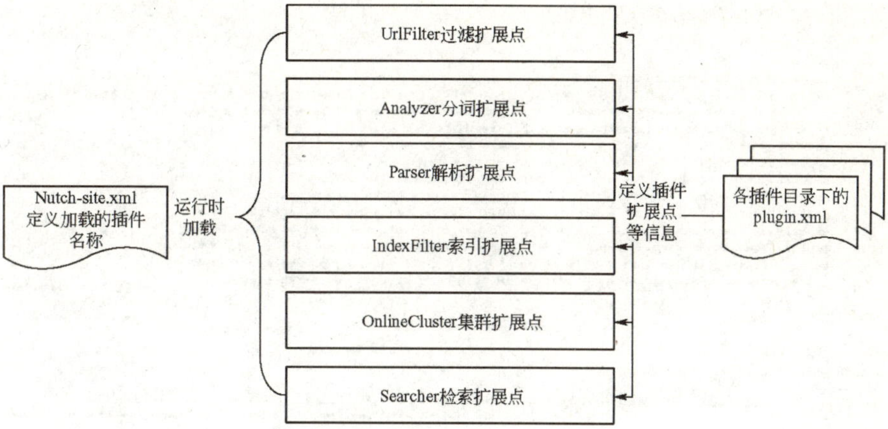

图 6-13 Nutch 插件体系结构图

Nutch 插件的内部结构比较清晰，定义了一个简便的插件开发和集成框架，如图 6-14 所示为插件内部结构，其中 runtime 属性描述了其需要的 Jar 包和发布的 Jar 包，requires 属性描述了依赖的插件，extension-point 声明了本插件扩展的扩展点，extension 属性则说明了扩展点的实现，包括具体实现类及参数等。

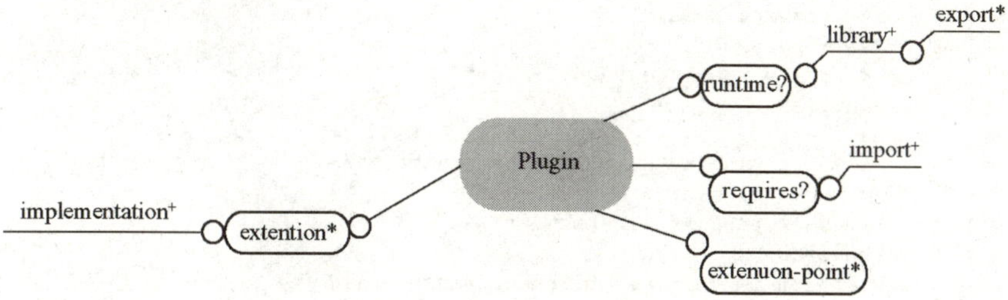

图 6-14 Nutch 插件内部结构

在 Nutch 默认实现和加载的众多插件基础上，本研究集成了中文分词插件和网页分类插件，以完成中文网页解析过程中的中文分词和基于本体的网页类别标注工作，如图 6-15 所示。另外这里还改动了多个 Nutch 的自带插件实现细节以满足本研究中设计的系统功能需求，如图 6-16 中 parse-html 插件的配置文件内容，这里对 Nutch 自带的 HTML 文档解析插件做了改进，使用 Nekohtml 进行文档解析并加入基于 Web-Harvest 开发的结构化数据抽取功能。

```
<property>
  <name>plugin.includes</name>
  <value>protocol-http|urlfilter-regex|parse-(text|html|js|tika)|index-(basic|anchor)|query-(basic|site|url)
         |response-(json|xml)|summary-basic|scoring-opic|urlnormalizer-(pass|regex|basic)</value>
  <description>Regular expression naming plugin directory names to
  include.  Any plugin not matching this expression is excluded.
  In any case you need at least include the nutch-extensionpoints plugin. By
  default Nutch includes crawling just HTML and plain text via HTTP,
  and basic indexing and search plugins. In order to use HTTPS please enable
  protocol-httpclient, but be aware of possible intermittent problems with the
  underlying commons-httpclient library. Nutch now also includes integration with Tika
  to leverage Tika's parsing capabilities for multiple content types. The existing Nutch
  parser implementations will likely be phased out in the next release or so, as such, it is
  a good idea to begin migrating away from anything not provided by parse-tika.
  </description>
</property>
```

Nutch默认加载插件，已实现基本插件

```
<property>
  <name>plugin.includes</name>
  <value>analysis-(zh)|category
         |clustering-carrot2|protocol-http|urlfilter-regex|parse-(text|html|js|tika)|index-(basic|anchor|more)
         |query-(basic|site|url)|response-(json|xml)|summary-basic|scoring-opic|urlnormalizer-(pass|regex|basic)</value>
    <description></description>
</property>
<property>
```

扩展了中文分词和网页分类插件

图 6-15　Nutch 插件加载配置

```
<plugin
   id="parse-html"
   name="Html Parse Plug-in"
   version="1.0.0"
   provider-name="nutch.org">
   <runtime>
      <library name="parse-html.jar">
         <export name="*"/>
      </library>
      <library name="tagsoup-1.2.jar"/>
   </runtime>
   <requires>
      <import plugin="nutch-extensionpoints"/>
      <import plugin="lib-nekohtml"/>
      <import plugin="lib-harvest"/>
   </requires>
   <extension id="org.apache.nutch.parse.html"
              name="HtmlParse"
              point="org.apache.nutch.parse.Parser">
      <implementation id="org.apache.nutch.parse.html.HtmlParser"
                      class="org.apache.nutch.parse.html.HtmlParser">
        <parameter name="contentType" value="text/html"/>
        <parameter name="pathSuffix" value=""/>
      </implementation>
   </extension>
</plugin>
```

图 6-16　parse-html 插件配置

2．基于主题控制的目录页面过滤

上一节对 Nutch 的原理及工作流程进行了分析，Nutch 爬虫通过简单配置即可以运行，它以输入的种子 URL 集为起点，根据种子页面上的对外链接和一些内置的规则决定访问和抓取哪些页面，抓取的页面往往存在较大的主题差异性，要实现特定领域信息的获取，必须扩展 Nutch 爬虫的功能，加入主题控制策略，在抓取过程中过滤掉与主题无关的链接，以确保抓取网页中的内容都是与主题高度相关的，提高结构化信息抽取程序的处理效率。

通用爬虫程序抓取并索引大量的网页而不考虑这些网页的主题，主题爬虫在抓取网页时，综合考虑网页内容及其链接结构与给定主题的相关性，优先抓取与给定主题相关度高的网页，相对于通用爬虫程序，主题爬虫需要解决三个关键问题：对抓取目标的描述或定义、对网页或数据的分析与过滤和对 URL 的搜索策略，针对这三个问题的侧重和不同的处理方式，目前对于主题爬虫的研究可以分为三种类型。

（1）经典主题爬虫。以用户的查询输入作为主题描述，确定一个种子 URL 集作为爬虫抓取页面的起点，设计一定的规则按与用户查询主题相关度高低为预抓取列表分配优先级。爬虫抓取程序先下载那些优先级高的链接，然后遍历并下载这些页面中包含的链接指向的页面。下载优先级的确定基于链接锚文本与主题之间的相似度或者包含该链接的页面文本与主题之间的相似度。文本相似度计算使用信息相似计算模型，如布尔模型和向量空间模型（VSM）。

（2）语义主题爬虫。根据语义假设：如果一个页面和主题包含概念相似的术语，则可以认为这个页面是与该主题相关的，语义主题爬虫计算页面和主题的语义相关度，根据预先设置的相关度阈值确定抓取优先级，一般使用本体定义术语的概念相似度，是经典主题爬虫的一种发展。

（3）自学习主题爬虫。预先给定网页分类目录和与分类目录对应的种子样本，通过页面样本集训练让爬虫学习主题相关页面之间或链接主题相关页面的链接路径的内在模式，进而分配优先级指导爬虫优先访问主题相关度高的页面。训练样本集通常包含主题相关及主题不相关的页面集，训练过程中为从主题相关的页面集中包含的链接分配较高的访问优先级，基于隐马尔可夫模型和网络拓扑图的方法被用来对页面进行主题相关与否的分类识别、网络链接拓扑结构建模、推测主题不相关页面通过跳转链接到主题相关页面的可能性等方面。

综上所述，主题爬虫主要从网页内容和 URL 链接（包括链接锚文本和链接结构）两个方面来进行页面主题相关度的判断和过滤，本文针对前面所述主题爬虫需要解决的三个关键问题，综合上述经典主题爬虫和语义主题爬虫的方法，采用一种多策略的主题控制方法。在待抓取目标描述方面，给定初始抓取种子样本并创建应用领域本体；网页分析方面借助领域本体概念集计算网页文档向量与主题的语义相关度；URL 的搜索策略方面，采用最佳优先策略，根据网页链接分析对候选 URL 的主题相关度进行预测，基于链接提供的网页相关度在抓取过程中进行 URL 的正则匹配，过滤掉与主题不相关的 URL，对于符合规则的 URL，下载页面后抽取其主题概念与本体概念库进行语义相关度计算以去除基于链接的相关度噪声。

3. 基于 NekoHTML 的页面文档解析

对于爬虫抓取的页面，需要进行文档解析，获取页面的文本（text）和元数据（metadata），用于建立索引和更新 CrawlDB。文档解析主要包括两个方面：一是结构解析，主要是 URL 的提取，取出页面中的所有超链接，获得未被处理过的超链接以便更新 CrawlDB。二是内容解析，抽取页面特征，如 meta、title、hyperlink、anchor text 及正文文本等。由于本文采用 Nucth 作为网络爬虫，Nutch 对于文档的解析是由各种文档解析插件实现的，其本身只定义了文档解析的环境和一些接口，理论上通过扩展其解析模块的输入支持目前绝大多数的网络文档格式，如 html、pdf、msword、msexcel、js、text 等，不管什么格式的文档经过解析后都会生成 text 文本和一些 key/value 键值对（data）供后续组件使用。限于本书的研究范围，这里主要分析 HTML 文档的解析原理及其流程。

NekoHTML 是一个 Java 语言的 HTML 扫描器和标签补偿器（tag balancer），使得程序能解析 HTML 文档并用标准的 XML 接口来访问其中的信息。这个解析器能扫描 HTML 文件并“修正”许多作者（人或机器）在编写 HTML 文档过程中常犯的错误。NekoHTML 能增补缺失的父元素、自动用结束标签关闭相应的元素及不匹配的内嵌元素标签，NekoHTML 的开发使用了 Xerces Native Interface （XNI），后者是 Xerces2 的实现基础。解析的基本原理是首先将网页解析成 W3C（World Wide Web Consortium）

的文档对象模型（Document Object Model，DOM）树，DOM 树是位于内存中的一颗包含了 HTML 页面全部信息的对象树，其中文档节点 Document 对象表示整个 HTML 文档是文档操作的入口，元素节点 Element 对象和属性节点对象 Attr 分别表示 HTML 中的标签及其属性，它们都是文档中某一部分的映射，文本节点 Text 节点对象是 Element 和 Attr 对象的子节点，也是文档对象模型中的叶子节点，表达了元素或属性的文本内容。常用的 HTML DOM 对象如表 6-3 所示。

表 6-3　常用 HTML DOM 对象

对　象	描　述
Document	代表整个 HTML 文档，可被用来访问页面中的所有元素
Meta	代表 <meta> 元素
Anchor	代表 <a> 元素
Body	代表 <body> 元素
Link	代表 <link> 元素
Table	代表 <table> 元素
TableRow	代表 <tr> 元素
TableData	代表 <td> 元素
Image	代表 <img> 元素

HTML DOM 树中的所有节点都是从 Node 对象继承而来的。Node 对象定义了一些最基本的属性和方法，利用这些方法可以实现对树的遍历，同时，根据属性还可以得知节点的名称、取值并判断其类型，提取我们需要的信息。

4．商品目录实例结构化数据抽取

实现商品目录本体实例在线获取的前提是从大量 Web 页面中包含的非结构化数据中提取领域相关的目录及产品信息并进行结构化存储，然后在这些数据的基础上基于我们构建的商品目录主干本体进行商品目录本体的实例填充和相关学习任务。通过网络爬虫下载的 Web 页面中虽然包含了这些信息，但这些数据往往是与页面样式代码掺杂在一起的，进行人工数据挑选无疑是容易出错且乏味的，有时甚至是不可能的，目前在 Web 页面开发领域已经出现了很多致力于将页面内容和显示样式进行分离的编程框架和设计模式，但目前仍占大多数的还是基于 HTML/XML 格式的页面，所以研究从 Web 页面自动地抽取领域相关数据并进行结构化分析是很有必要的。

Web-Harvest 是一个 Java 开源 Web 数据抽取工具。它能够收集指定的 Web 页面并从这些页面中提取有用的数据。其实现原理是，根据预先定义的配置文件用 HttpClient 获取页面的全部内容，然后利用 XSLT、XQuery、正则表达式等技术来操作 text/xml，根据预先定义的页面模板进行数据的精确提取。任何网站上的页面都是使用某种特定的逻辑来组织的，基于这样一个事实，通过逆向思维过程找到网页内容组织的内在模式，并据此编写目标数据抽取模板，抽取时采用基于 HTML DOM 文档对象树的节点遍历方法。在 Web-Harvest 中抽取处理器是基于用户定义的 xml 模板配置文件的，每一个配置文件都描述了对应抽取处理器进程需要执行的一系列操作，这些操作以链式的形式执行，前一步骤的输出作为下一步骤的输入，依次执行，最终输出 xml 形式的数据文件。一般情况下 Web-Harvest 的数据抽取过程由三个步骤组成对应于模板配置文件的三个组成部分。

1）抽取模板匹配并获取页面内容

模板配置文件的开头描述了该模板对应的网页 URL 规则，一般是从一类页面组织形式相同或者相似的页面 urls 归纳得出的 URL 正则表达式，根据该 URL 匹配规则获取匹配网页的内容，进行网页去噪处理，并转换成标准的 XHTML 格式，方便后续的处理。

2）目标数据筛选

根据模板配置文件定义的数据过滤规则，使用 XPath 从上一步得到内容中筛选出合适的内容，这种筛选一般是基于 HTML 标签及其属性的。

3）抽取结果数据处理

在模板配置文件的最后使用 XQuery 语法定义从筛选出来的页面内容中抽取文本数据的规则，以及最终结果的输出形式，默认情况下会写入一个 XML 文件，也可以使用其 SetContextVar 方法把收集的数据放入一个集合变量中，供其他 Java 代码调用，比如持久化到关系数据库中。

如图 6-17 所示，本文使用 Web-Harvest 作为结构化数据抽取组件，以主题爬虫抓取的网页作为抽取程序的输入，进行模板匹配抽取结构化的企业和产品信息，并保存到关系型数据库，完成商品目录本体实例结构化数据的抽取任务。

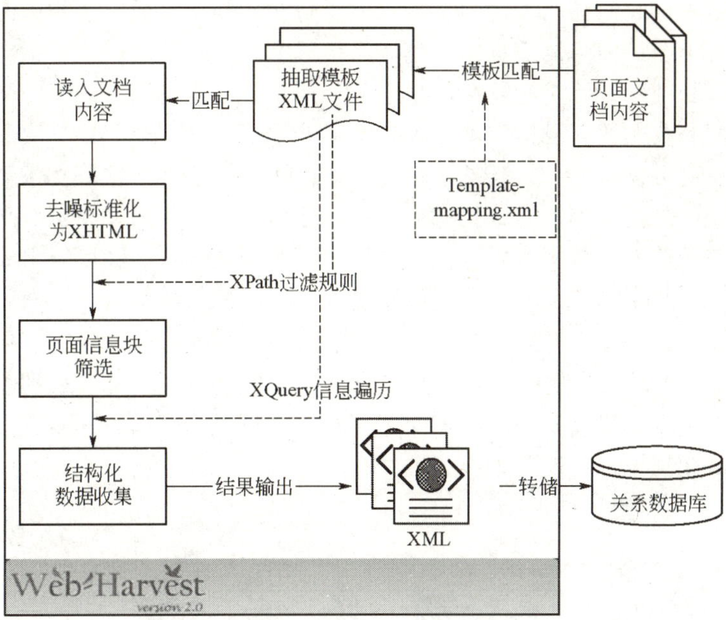

图 6-17　Web-Harvest 结构化数据收集流程

6.2.2　商品目录语义集成方法

1．基于多层次语义匹配的概念实例映射

从主题爬虫抓取的页面中抽取到产品结构化信息后，需要根据商品目录本体中的概念定义进行产品概念和实例的匹配。根据本文采用的结构化信息抽取方法，使用一种多策略的综合方法进行概念实例的匹配，从产品信息页面入链锚文本、链接路径、产品信息页面标题、产品属性值等方面进行概念和实例的匹配工作。

下面以服装行业产品在电子商务环境下的在线商品目录获取情况为例说明本文采用的概念实例匹配方法。

1）基于产品页面入链锚文本及链接路径的概念实例匹配

“入链”（incoming link），是相对于“出链”（outbound link）而言的，指的是指向某一网站或网页的超链接。入链和出链都是通常意义上的链接，即对于同一个链接，对链接所在的网页来说，它是出链，对指向的网页来说，它是入链。网页的入链锚文本一般都包含了与该页面主题相关的术语词汇，对于产品信息浏览页面而言，入链锚文本往往明确标示了指向的该页面的产品类别或者某种特性，如图 6-18 所示产品实例浏览图片中蓝色框中即为产品页面的入链锚文本“POLO VILLAE 保罗威特 2011 秋冬新款专柜正品商务休闲 男式 长袖衬衫 PFDCLADCF81340”，这段文本中包含了该页面产品的类别是男式长衬衫，并且还包含了具体的产品实例名称，我们只需要获得这段文本并进行分词后，匹配同义词集，即可得出该实例所对应的本体中的产品概念，完成概念的实例匹配。

如图 6-18 所示，产品实例页面的导航路径中也包含了一定的产品分类层次信息，在通过入链锚文本进行概念实例匹配的过程中可以起到修正的作用。对于入链锚文本和产品页面的链接路径可以从爬虫的抓取过程生成的 linkdb 中提取。

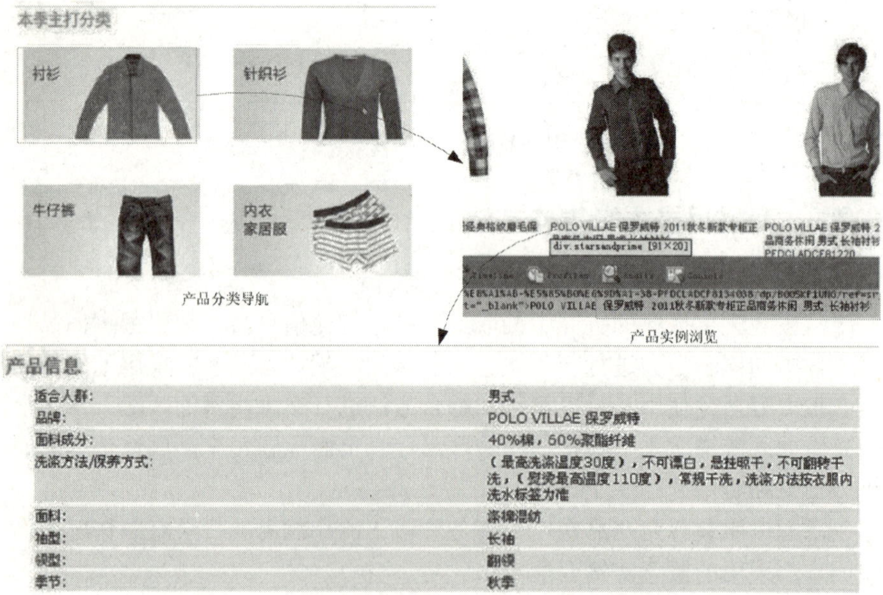

图 6-18　Amazon 服装产品页面链接路径

2）基于产品信息页面标题文本的产品实例概念匹配

爬虫抓取页面后通过 NekoHTML 插件进行页面的解析，可以很容易地获得页面的标题文本，有些网站直接将产品页面标题命名为该页面产品的名称，如 Amazon，有些则包含了该产品的分类信息，如阿里巴巴，从这些信息中可以比较容易地获取产品所属的产品分类，然后进行同义词集匹配，完成本体概念的匹配。

3）基于产品实例属性构成的概念实例匹配

如果通过上述两种方法都不能准确地将产品实例进行分类概念的匹配，还可以通过计算产品实例的属性构成与概念属性之间的语义相似度来进行语义上的匹配。首先将产品实例的属性进行标准化（这一过程将在下一节详细讨论），然后利用文档向量模型计算实例属性向量与本体概念属性向量之间的语义相似度，相似度值大于预先设定的阈值时则认为产品和概念之间存在实例关系，匹配过程从产品下的一级分类概念开始，逐级匹配，直至确定实例的最细分类概念或在某一层次中无法匹配任何概念为止，相似度阈值由经验给出，使用过程中进行自学习调整。

2. 目录实例属性标准化与扩展

从 Web 页面中抽取的产品结构化信息中，产品的属性名称往往是多样化的，当与我们本体中定义的概念属性描述之间存在冲突时就需要进行属性的标准化，但存在本体中未定义的属性时需要进行本体概念属性的扩展。

属性的标准化主要参考 eCl@ss 中定义的标准属性和语义词典 Wordnet 中的同义词集，建立一个属性 mapping 文件将页面获取的属性与 eCl@ss 中的属性进行映射，对于无法进行映射的属性则通过人工定义来进行属性的添加，作为扩展属性集。这里将产品概念属性区分为三个类型，即通用属性（General Property）、商业属性（Business Property）和个体属性（Individual Property），其中通用属性和商业属性在建立初始商品目录本体时已经人工进行了基于 eCl@ss 的标准化过程，所以剩下的工作就是中文环境下的通用属性和商业属性的中文词汇描述与 eCl@ss 中属性的英文词汇之间的映射及个体属性的扩展，个体属性的扩展是在通用属性和商业属性无法成功映射到本体中定义的标准属性时，通过比较该属性与该产品其他属性的产品相关度值，即对于某类产品的表征程度，若该属性的产品相关度值明显大于其他属性的产品相关度值，则认为该属性是该产品概念的个体属性并加入本体的个体属性集中，否则将该属性扩展到产品的通用属性集，完成属性的标准化和扩展后，将标准化结果或者扩展的属性加入mapping 文件中，如图 6-19 所示。

```
[tops]

sleeveLen::
上衣袖长
袖长
collarStyle::
领型
领口形状
clues::
[pants]
pantStyle::
裤款式
裤型
clues::
[shoes]
shoesCoverFabric::
鞋面质地
鞋面材质
clues::
[brassiere]
cupStyle::
```

图 6-19 property-mapping 文件片段

通用属性和标准属性的标准化过程分为两个环节，首先将属性名称与 property-mapping 中的属性映射对中的中文词汇逐个进行比对，若找到匹配的映射对，则以该映射对中的英文词汇作为标准化结果存入产品实例中，跳过属性标准化过程，若未能找到匹配则进入属性标准化过程。标准化过程分为两个步骤：同义词集获取和本体属性匹配，前一步骤通过中英文互译词典将属性名称翻译为英文词汇，然后通过 Wordnet 词典获得该词汇的同义词集，接着用这个同义词集去匹配本体中属性的英文定义，将待匹配属性标准化为与该同义词集匹配次数最多的属性，并在 property-mapping 文件中该属性的映射属性集中加入此次匹配到的中文属性名称，以备后续实例属性标准化过程中出现同样的属性描述时使用。

3. 基于 UNSPSC 的局部目录集成

良好的产品分类层次使得用户可以快捷地导航到自己感兴趣的产品目

录，要做到这一点，在定义产品分类目录时就必须从各种不同的潜在用户视角去考虑目录的易用性，另外为了适应不断变化的消费趋势及动态更新的产品信息，产品分类目录还需要具有高度的灵活性，便于修改和扩展。不同站点的产品分类结构基于不同的角度和标准制定，本文以产品元模型为基础定义领域商品目录主干本体，并以电子商务平台网站及企业站点上的商品目录为原始数据源进行商品目录概念和实例的提取，旨在为用户提供一个全局的领域商品目录视图，需要对不同的目录结构进行集成。

这里采用基于类别层次的目录合并方法，对不同站点的产品分类目录进行合并，以UNSPSC中的产品分类结构为基础分类层次，将在线商品目录中的类别集成到该分类层次中，即以不同的站点上商品目录为数据源生成局部商品目录本体后合并到全局商品目录主干本体。在此过程中关键问题是确定类别概念间的父子关系（parent-child）或同义关系（synonymous-with），如某一个分类概念无法成功地与全局商品目录主干本体中的概念进行关联，则需要将该概念作为扩展概念加入全局本体中，生成新的分类概念并确定其在整个分类层次中的位置。

第7章 集成系统设计与实现

7.1 商品目录智能析取与集成原型系统设计

7.1.1 商品目录智能析取与集成原型系统总体架构

1．原型系统基本原理

电子商务环境下快速的产品信息获取和对比可以加速客户的决策过程，现有的各大电子商务平台都定义了自己的商品目录结构，如Amazon、ebay等国外平台，淘宝、阿里巴巴、慧聪等国内平台。虽然他们在一定程度上都参考了一些国际商品目录分级标准，但是对于产品的分类层次还是有自己的理解和各不相同的组织形式。随着电子商务的发展，在线产品的数量激增、产品信息的快速获取和对比成为网络购物中影响用户体验和交易达成的重要环节。经过普遍的调研，我们发现在上述环节中至少存在以下问题：

(1)目前国内的电子商务平台的产品搜索一般都局限于站内的基于关键词的搜索，查询的智能化程度不高，用户可能需要在查询结果的基础上进行进一步浏览辨别来查找自己感兴趣的产品；

（2）产品查询返回结果数量多，产品信息显示凌乱、不够直观，不能为用户提供智能推荐服务；

（3）产品之间除了有简单的分类关系外，不包含其他语义关系；

（4）不同购物网站之间商品目录结构差异性较大，不利于产品数据的跨平台共享和交换；

（5）国内还没有跨网站的商品目录集成应用出现，用户如果需要比较不同网站上的产品信息，需要根据各自网站上不同的目录结构导航到产品信息页面然后进行浏览比较。

针对以上问题，本部分在参考商品目录国际标准体系的基础上对商品目录进行了本体建模，利用基于垂直搜索引擎的产品结构化信息抽取技术进行在线商品目录中产品信息的获取，并结合本体映射和集成理论进行商品目录本体的实例丰富和语义扩展，试图解决网络环境下多站点商品目录实例集成问题，为基于商品目录本体的智能目录服务提供数据和初步的语义支持。基于以上分析，这里设计的基于本体的商品目录在线获取与集成系统需要满足以下需求。

（1）产品结构化信息抽取，主要针对各大电子商务平台上产品详细页面中所包含的产品信息进行抽取，并初步识别产品属性名称及取值。

（2）网站目录层次结构获取，在Nutch爬虫抓取网页的过程中加入链接路径提取功能。

（3）产品实例映射，对于从网站页面提取的产品实例进行概念匹配和属性标准化等处理，使之准确地映射到本体的商品目录层次中。

（4）商品目录本体的语义扩展，对于手工建立的初始商品目录本体，其语义是无法达到完备的，在系统运行过程中，通过对网页中产品信息的抽取和分析，主要从属性扩展和目录结构集成两个方面对初始本体进行语义扩展，逐步完善商品目录本体模型。

（5）本体查询和编辑，为下一步商品目录智能服务研究提供本体查询和编辑的接口。

（6）具备广泛的领域扩展性，系统是以单一领域的应用设计的，但同时也需要考虑对于多领域应用的扩展性。

2．原型系统总体架构

图7-1给出了本文研究和设计的基于本体的商品目录在线获取和集成

系统的层次结构，系统分为四个层次，分别为信息来源、关键技术、系统功能及用户接口。

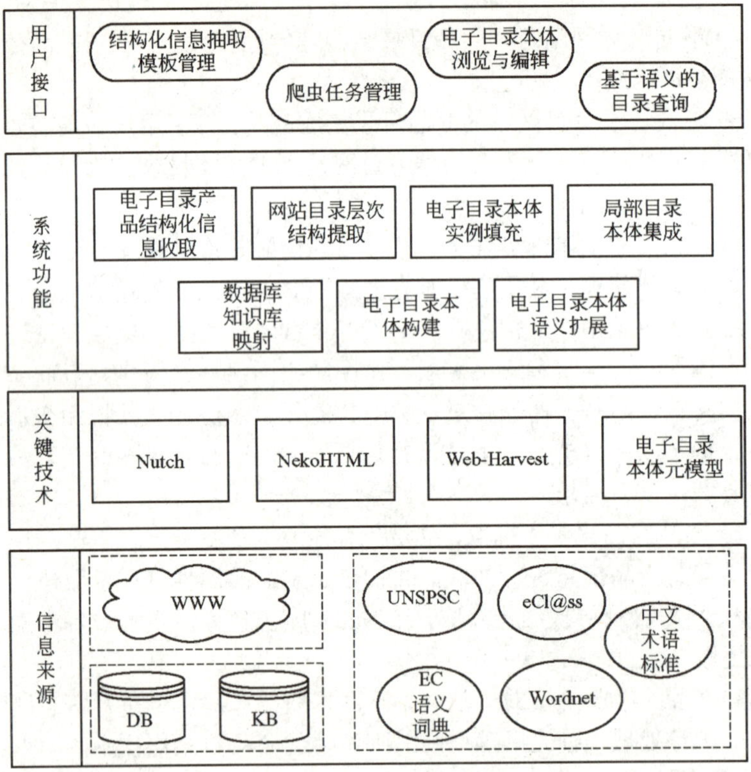

图 7-1　系统层次结构

如图 7-1 所示，系统的信息来源按照其不同用途分为三个部分，其中 Internet 中的 Web 网页是产品信息及系统中需要获取的其他商业实体的信息来源；商品目录国际标准 UNSPSC、eCl@ss、语义词典 EC 及 Wordnet 和中文术语标准为基于商品目录本体元模型构建领域商品目录本体时的重要参考；基于商品目录本体模型构建的数据库和基于商品目录本体 OWL 文件的知识库是进行目录本体集成和语义扩展步骤的数据基础；关键技术层包括第 3 章关键技术研究中提到的主要工具，有 Web 搜索引擎 Nutch、HTML 解析工具 NekoHTML、结构化数据抽取工具 Web-Harvest 及商品目录本体元模型；系统功能层包括从上一节系统需求分析出发设计的系统核心功能，最上层是本系统的用户接口，包括系统管理用户使用的信息抽取模板管理及爬虫任务管理模块，以及普通用户使用的商品目录本体浏览与编辑和基于语义的目录查询模块。整个系统以主题爬虫的执行过程为核心，在网页抓取后的 HTML 文档解析过程加入主题相关判断、结构化信息抽取及产品数据入库，局部目录本体生成功能，爬虫任务执行完成后即得到加入了网页分类标签的网页索引库、局部商品目录本体、产品信息数据库和更新后的同义词集。基于以上分析，本书设计的系统总体结构模型如图 7-2 所示。

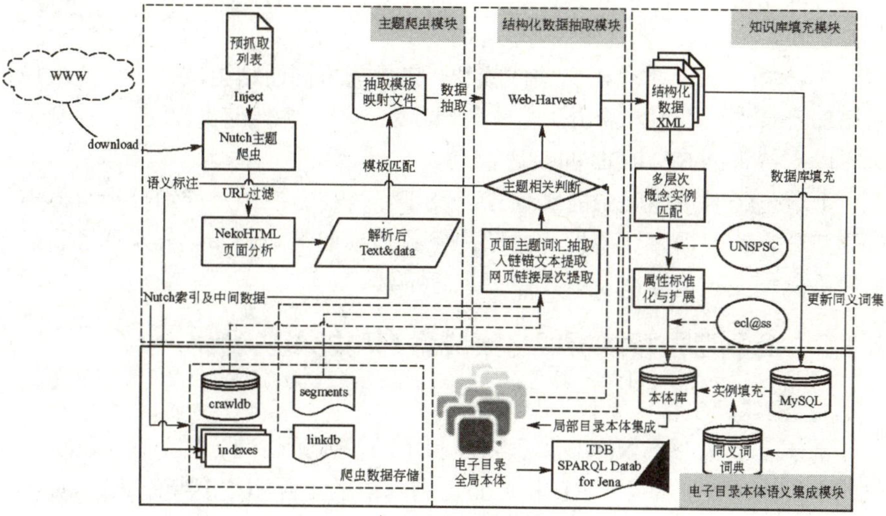

图 7-2　系统总体结构模型

系统总体上分为四个模块，按照任务的执行流程依次为：主题爬虫模块、结构化数据抽取模块、知识库填充模块和电子目录本体语义集成模块。系统的总体流程如下。

（1）主题爬虫模块，以预先定义的种子 URL 及设置的抓取深度为起点进行各大电子商务网站指定目录下产品页面的抓取下载，并进行初步的页面解析，生成网页文档页面库（Segments）、包含网站链接层次结构的链接库（Linkdb）及页面索引库（Indexes）。

（2）结构化数据抽取模块，对爬虫生成的页面库中的页面进行主题相关判断和 URL 正则过滤，确定页面的主题相关性和应使用的抽取模板后进行产品信息或者其他商业实体信息的结构化数据抽取，输出 XML 文件形式的结构化数据抽取结果。

（3）知识库填充模块，首先通过多层次概念实例匹配确定 XML 文件形式的结构化数据代表的对应本体中的哪一个概念，并根据同义词集和 eCl@ss 进行属性的标准化与扩展，然后进行对应数据库表的关系数据库入库，接着根据数据库中的数据进行本体实例的填充，虽然数据库模型设计是基于初始商品目录本体模型的，但属性的标准化过程可能会引入新的属性，所以在进行本体实例填充过程中需要对数据库的表字段和本体概念属性建立映射关系。

（4）电子目录本体语义集成模块，完成从不同网站上填充实例后生成的局部目录本体映射和合并，生成全局目录本体，并转储到 TDB 文件数据库，以支持 Jena SPARQL 的快速查询。

上节已经对主题爬虫的结构原理及工作流程方面做过详细分析，本章后续部分将就数据库模型设计，结构化数据抽取、知识库填充及商品目录本体语义集成模块详细设计及原理进行描述。

7.1.2　商品目录智能析取与集成系统功能模块设计

1. 主题爬虫模块设计

基于上节中对于 Nutch 爬虫原理和主题控制策略的分析，在 Nutch 爬虫的基础上增加了基于 URL 和页面主题术语的主题相关度判断策略，如图 7-3 所示为本书设计的主题爬虫结构。

如图 7-3 所示，在待抓取目标主题描述方面，通过分析目标页面的 URL 规律建立 URL 过滤规则，并根据领域商品目录本体模型建立主题相关概念术语分量，根据经验给出各术语分量的主题相关权重。主题控制的实现包括两个环节：爬虫 URL 搜索过程中主题相关 URL 模式匹配和页面解析后页面主题相关度的计算，后一环节是对前一环节的修正和补充。基本流程如图 7-3 所示：爬虫采取最佳优先策略，根据网页链接分析对候选 URL 的主题相关度进行预测，基于链接提供的网页相关度在抓取过程进行 URL 的正则匹配，过滤掉主题不相关的 URL，对于符合规则的 URL，下载页面后抽取其主题概念与本体概念库进行语义相关度计算，并过滤掉主题相关度低或非主题相关的页面，以去除基于链接的相关度噪声。

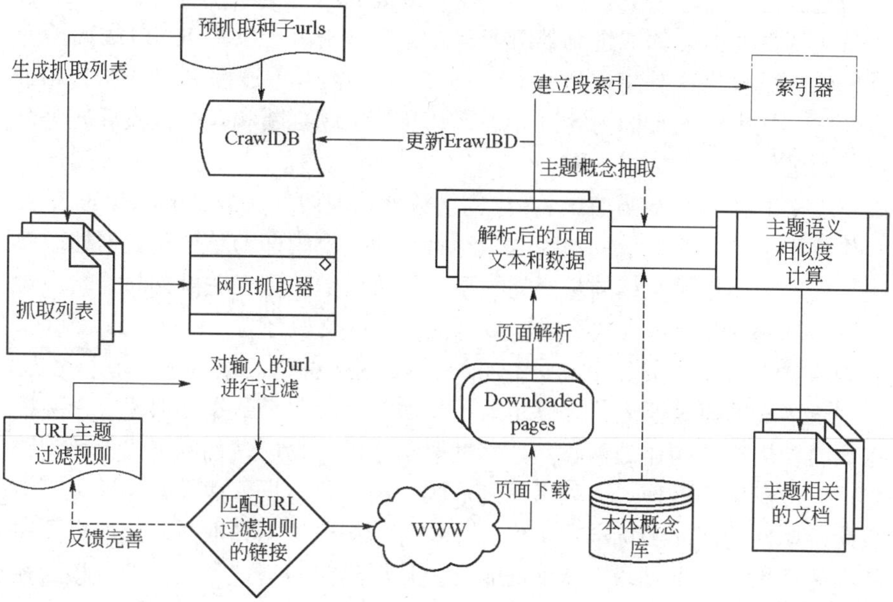

图 7-3　主题爬虫结构

2. 目录实例结构化信息抽取模块设计

本系统中结构化数据抽取功能是以开源工具 Web-Harvest 为基础，在扩展 Nutch 的 HTML 解析插件的基础上实现的，Web-Harvest 的基本原理已在前文中简要描述过，本节主要描述本系统设计中 Web-Harvest 组件的集成方式及模块工作流程。

结构化数据抽取模块的功能是从 Nutch 爬虫抓取的页面中提取结构化数据，主要是 Web 页面中的表格数据，收集数据前要对多页面内容进行下载，单独使用该组件时，直接根据页面 URL 通过 HttpClient 以二进制数组的形式获取页面内容，然后转换成 XHTML 格式后输入抽取执行程序。分析 Nutch 中文档解析（parse）流程，parse 操作调用类 org.apache.nutch.parse.ParseSegment 将 fetch 步骤抓取的页面解析为 text 和 data，存于 segments 目录下，这个过程中对不同的文档是调用不同的解析插件来实现的，对于 HTML 文档则调用 HtmlParser 插件来完成，分析其源代码发现 Nutch 定义了一个容器类 org.apache.nutch.protocol. Content 来存放对下载页面进行初步处理后的页面内容（RawContent），作为解析插件的输入，其中就包括页面内容的二进制数组表示，这样一来就可以将 Web-Harvest 的结构化数据收集任务集成到Nutch的HTML文档解析过程中，即HtmlParser插件中，从中获取页面内容，并进行必要的主题判断和匹配模板后，对合格页面进行结构化数据抽取。

图 7-4 显示了 Web-Harvest 结构化数据抽取组件集成到 Nutch 的 parse 工作流程中的方式，图中“Web-Harvest 组件”框中即为结构化数据抽取模块流程，首先使用文档向量空间模型进行页面的主题相关度判断，然后对网页进行基于主题的分类，根据页面主要信息类型分为企业、产品、新闻、求购信息等，并在页面元数据中加入 Category 标识。最后进行基于 URL 正则表达式的模板匹配，以确定对于页面应用哪一个数据抽取模板，并根据该模板进行结构化数据收集，将抽取结构以 XML 文件的形式保存到磁盘，以待后续的处理。另外考虑到后续的结构化数据入库及知识库填充中概念及属性的匹配和标准化工作，在进行结构化数据抽取时除提取页面中的实体结构化信息外，还从 Nutch 文档解析结果中提取了页面的链接路径及入链锚文本，写入了结果 xml 文件中。

Web-Harvest 能够实现精确的基于 HTML 标签的数据提取源于抽取模板的生成方式，是页面结构及所需的抽取粒度手工编写的，这样也使得抽取工具的扩展性受到限制，抽取的目标页面改变时需要编写和应用新的模板，这里为了尽量提高该工具的适用性，将模板文件和 URL 匹配规则存储到关系数据库，并实现了一个简单的可视化在线模板编辑工具，便于多人并发的模板编写和统一管理。

3. 局部目录本体库实例填充模块设计

知识库填充模块主要是完成结构化数据抽取模块提取的产品、企业等实体的结构化数据作为本体中的概念实例添加到商品目录本体模型中，如图 7-5 所示，知识库填充流程分为两个部分。

1）数据库表填充

如图 7-5 中虚线框 1 所示，Web 页面和结构化数据抽取结果 XML 文件是一一对应的，XML 文件中的信息包括该页面使用的信息抽取模板 ID、

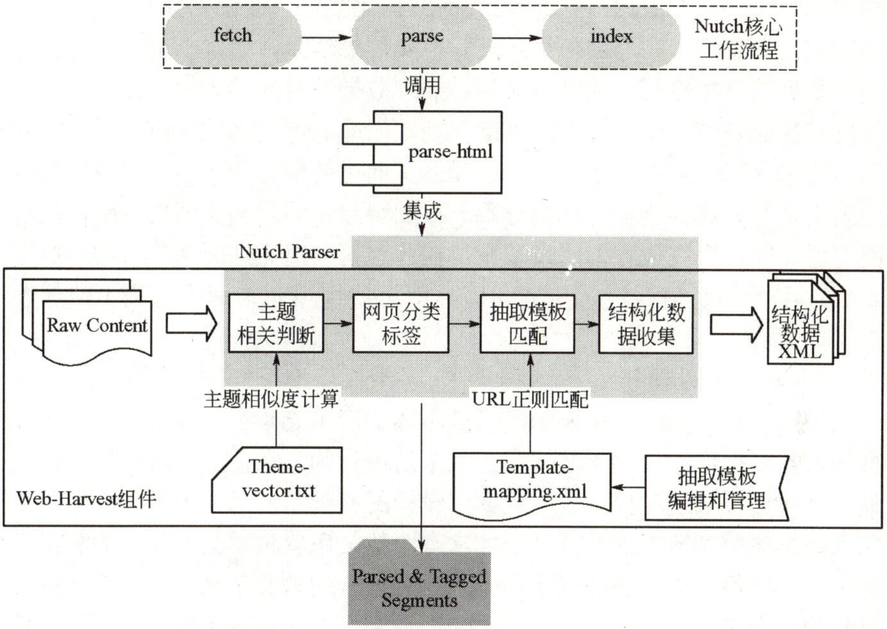

图 7-4　结构化数据抽取模块流程图

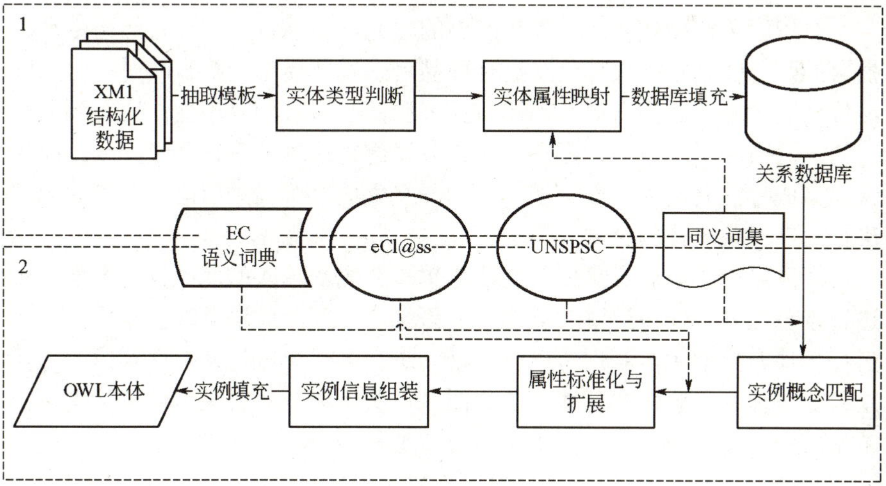

图 7-5　知识库填充模块流程图

抽取时间、页面 URL 及键值对形式的结构化数据，通过模板 ID 可以确定抽取的信息类型，是产品信息还是其他实体的信息，确定 XML 文件的信息类型后就可以将其中的键值对信息插入数据库对应的表中。插入过程中需要解决的是 XML 文件中的“键”到数据库表中“属性字段”的映射问题。由于 XML 文件中的“键”是 Web 页面上的信息项描述，和我们数据库表中定义的属性字段名称会有不一致的现象，通过同义词集来解决映射问题后，即可以完成数据库表填充。在此过程中对无法成功映射到数据库表属性字段的键值对进行单独存储，用于后续填充知识库过程中的属性扩展。

2）本体实例填充

如图 7-5 中虚线框 2 所示，目录本体实例填充是在完成本次结构化数据抽取并将抽取结果存入数据库各表中后进行的。在前文中对数据库模型设计过程进行描述时提到过，数据库设计的基础是商品目录本体模型，但关系数据库模型所表达的语义是非常有限的，所以根据数据库中的数据进行本体实例填充时要考虑到数据库中没有包含的语义信息，主要基于前文提到的概念实例匹配、属性标准化和扩展两个方面在关系数据库结构化数据的基础上进行目录实例填充和语义扩展。

4．商品目录本体语义集成模块设计

知识库填充模块完成了本体实例的填充，这一过程主要将结构化数据抽取的产品或企业等实体信息进行商品目录本体模型的初步映射，得到商品目录局部本体。但考虑到不同数据来源商品目录的异构性，要得到领域内的全局商品目录本体，还需要对这些局部目录本体进行语义集成。商品目录集成方法有两种，即语法集成和语义集成，可以采用语义集成的方法进行局部目录本体的合并与消重。

商品目录本体语义集成的主要思想是首先对输入的商品目录局部本体进行规范化处理，再通过计算元素的语义相似度形成语义映射结果集，最后在本体合并器中，利用本体合并规则进行语义集成，并把得到的商品目录目标本体存入全局本体库中，如图 7-6 所示为商品目录本体语义集成的基本流程，包括概念及概念关系的合并过程。

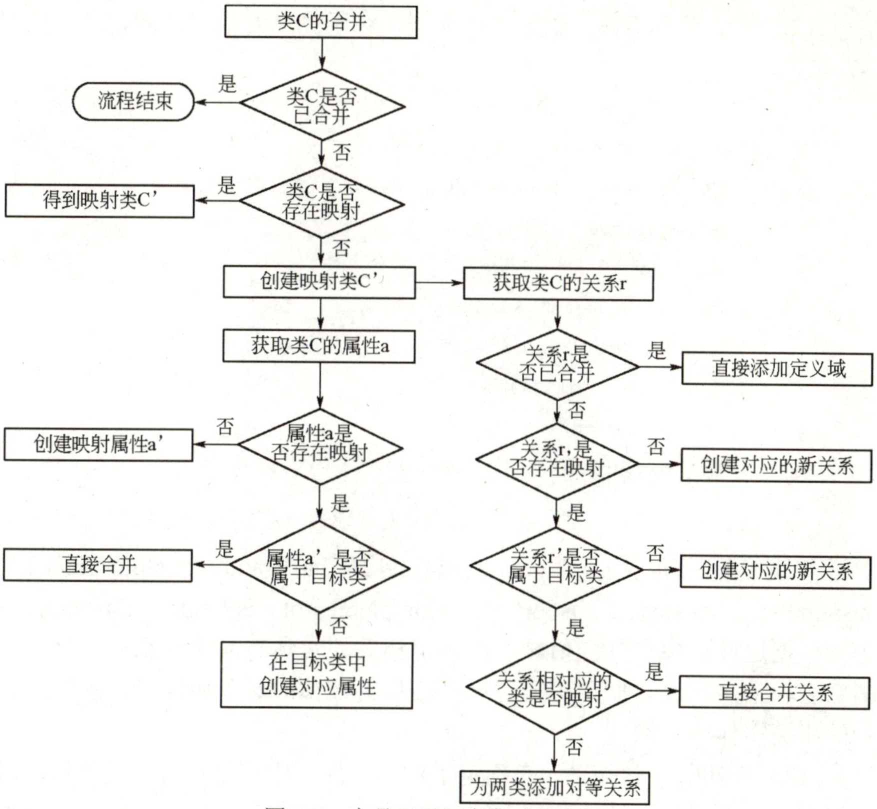

图 7-6　商品目录语义集成流程图

7.1.3　商品目录智能析取与集成系统数据库模型设计

在数据库设计中，设计的目标就是要建立 E-R 图（实体-关系图），这里利用关系数据库模型设计工具 PowerDesigner 进行系统数据库模型的设计，主要以商品目录本体模型为基础设计对应的数据库概念模型。既然是实体-关系图，所以整个建模的核心就是建立“实体”对象和找到实体之间的“关系”。基于关系数据库在本文中的用途——作为结构化数据抽取模块输出的 XML 数据文件的临时存储媒介为后续本体库填充模块提供支持及作为同义词集的存储手段，下面从数据库模型设计的一般步骤叙述本书的数据库模型设计过程。

（1）确认核心实体，确认核心实体为产品。

（2）确认相关实体。根据本体模型中对于产品对象属性的定义，如图7-7所示。

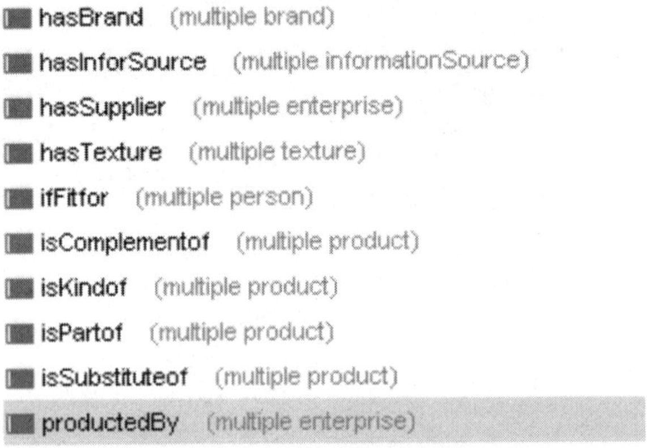

图 7-7 产品概念对象属性

本体模型中定义的产品对象属性包括 hasBrand、hasInforSource、hasSupplier、hasTexture、isForfor、isComplementof、isPartof、isSubstituteof等，根据这些对象属性的值域可以确定相关的实体有品牌、企业、材质、消费者、信息来源，同理再通过产品的相关实体的对象属性可以确定进一步的相关实体还有网页、行业组织等。

（3）确认关联和关系。在确定了数据库模型中应该包含的实体后，需要根据实际情况建立这些实体之间的联系，即关联（Association），是一种用于连接分别代表明确定义的对象的不同实体，这种连接仅仅通过另一个实体不能很明确地表达，而通过“事件”（Event）连接来表示。E-R模型两个实体间的关系一般通过表与表之间的外键约束来表示，外键关系可以表达实体间一对一或一对多的关系，对于实体间的多对多关系无法准确表达，所以除要定义代表实体间简单参照关系的外键关系外，对于实体和实体之间存在着的多对多关系，这种关系通常还存在其他的属性，这些属性如果作为一个明确的实体的属性来表示又不是很合适，这时就要使用Association来表达，这种关系可以理解为一个“事件”虚实体，也就是说是一个动词对应的实体，典型的如 Enterprise 与 product 的关系可以表示为供求关系，即 SupplyAndDemand。基于以上分析，根据本体中概念间关系的定义在数据库模型中定义了各实体间的外键关系外，还增加了 news_enterprise、

enterprise_product、productCategory 等表来尽量表达实体间的关联关系。

（4）确认属性。前面几步工作是最重要、最核心的，接下来的工作就是要完善模型。首先需要的就是要将实体的属性补齐，实体的属性可以根据日常生活常识、用户提交的表单、用户需求调研等方面来确定。这里数据库模型的设计主要基于商品目录本体模型，所以实体的属性也基本参照本体模型中概念的属性定义，并在其基础上扩展了一些虚拟属性，主要有产品信息页面的链接路径属性（linkPath）、页面入链锚文本（inLink Text）等，数据库概念模型如图 7-8 所示。

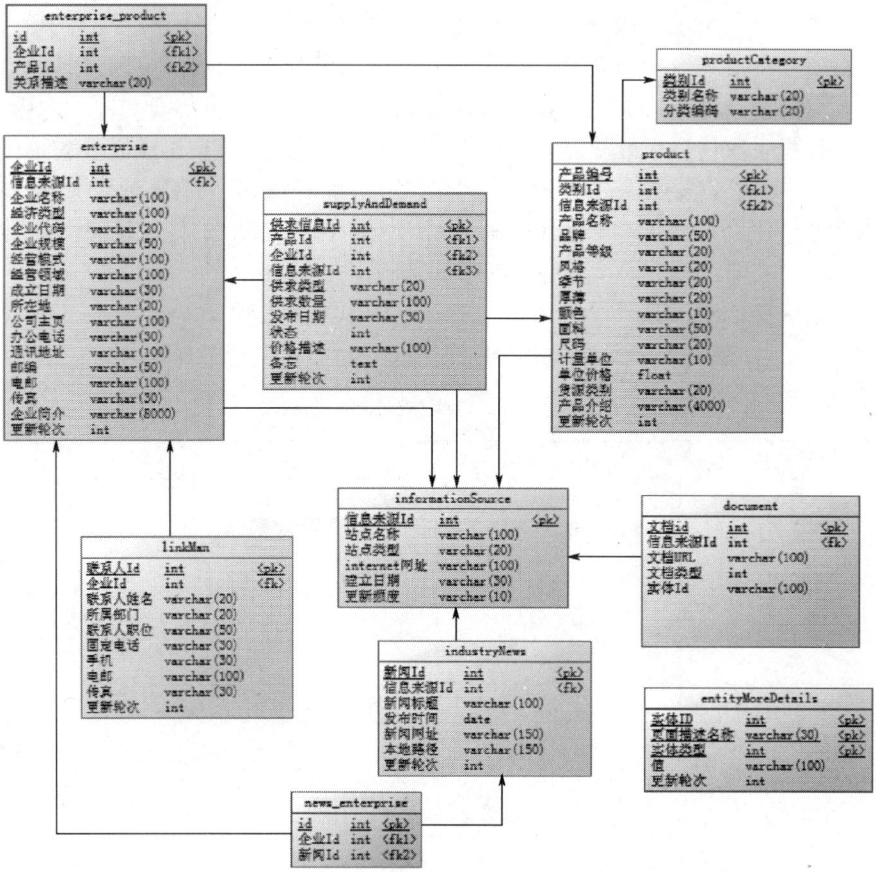

图 7-8 数据库概念模型

7.2 服装商品目录智能析取与集成系统实证

7.2.1 服装商品目录智能析取与集成系统需求

本部分依托国家自科项目“多源商品目录语义集成与个性化服务理论研究”，充分借鉴该项目在商品目录方面已有的诸多理论和方法研究成果，深入其理论体系中多源商品目录语义集成理论相关组成部分，研究目录本体属性集成和目录实例抽取方法。针对国家863重点项目子课题“基于语义的信息在线获取和智能分析技术”关于行业资源本体设计、产品知识本体库构建及语义查询的需求，以服装行业为应用领域，服装商品目录为智能析取和集成目标，实现7.1节设计的商品目录智能析取与集成原型系统，并以阿里巴巴、慧聪等大型B2B电子商务站点作为数据来源，对系统运行结果进行评价，对于本书提出的商品目录智能析取与集成方法及上述两个课题的相关研究内容都具有很好的实证意义。

系统实证研发基础平台环境包括以下三个方面。

（1）如表7-1所示为本原型系统研发及运行的基础软件环境。

表7-1　系统研发环境

操作系统	Windows XP+Cygwin（Linux 模拟环境）
应用软件	Java SE Development Kit 6 for Windows，version 1.6.0_20 Nutch 1.1 Web-Harvest 2.0 Lucene 3.0.1 Jena 2.4.0
Web 服务器	Tomcat 6.0
数据库	MySQL 5.1
本体开发工具	Protege 3.4.4
程序开发工具	eclipse .helios service release 2

（2）开源Web搜索引擎Nutch下载及配置。在Window环境下运行Nutch需要首先安装UNIX系统模拟环境，下载并安装Cygwin （http://cygwin.com/install.html），并添加其 bin 目录到系统环境变量 path 中。下载 Nutch 并解压后可以在 cygwin 模拟的 UNIX 系统环境中使用 Nutch 命令运行 Nutch 爬虫，也可以将 Nutch 导入 eclipse 环境中通过 Nutch 核心类的调用接口运行，在运行 Nutch 爬虫进行网页抓取前需要根据需要做相应的配置，主要是对 nutch\conf 目录下的 nutch-site.xml 进行更改，满足运行的最小配置如下：

```
<configuration>
    <property>
        <name>http.agent.name</name>
        <value>nutch1.1</value>
        <description>HTTP 'User-Agent' request header. </description>
    </property>
    <property>
        <name>http.agent.description</name>
        <value>www.whieb.com</value>
        <description>Further description of our robot- this text is used in theUser-
Agent header.
        </description>
    </property>
    <property>
        <name>http.agent.url</name>
        <value>http://www.whieb.com</value>
        <description>A URL to advertise in the User-Agent header.
        </description>
    </property>
</configuration>
```

主要是对爬虫进行一些基本的描述，如果需要配置其他属性，可以参考 Nutch 的默认配置文件 nutch-default.xml 中的属性，将需要修改的属性在 nutch-site.xml 中进行配置，爬虫运行时会覆盖默认配置中的相应属性。完成基本配置后，还需要建立一个 URL 种子文件，并在其中写入作为爬虫起点的种子 URL 列表，如果需要限定爬虫抓取范围，可以在 crawl-urlilter.txt

中加入 URL 过滤规则，过滤规则使用 URL 正则表达式，如下所示的过滤规则表示将抓取范围限定在 whieb.com 域名下的主机。

accept hosts in MY.DOMAIN.NAME

+^http://([a-z0-9]*\.)*whieb.com/

完成以上配置后即可通过Nutch命令启动爬虫抓取任务：

Crawl urls -dir crawl -threads 5 -depth 2 -topN 50

执行过程截图如图7-9所示，其执行过程还可以利用Nutch定义的一系列子命令分步执行，在这里不一一叙述，Nutch是一个完整的Web搜索引擎，更多内容可参考其官方文档 （http://nutch.apache.org/）。

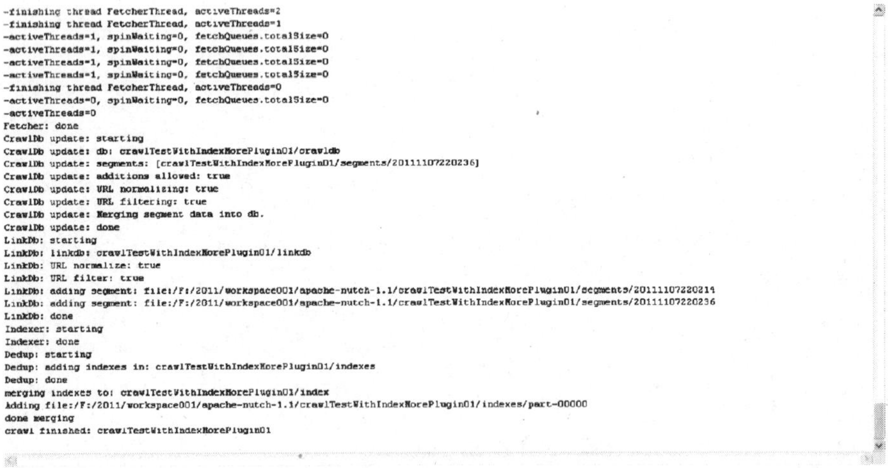

图 7-9　Nutch 在 eclipse 环境中运行截图

（3）结构化数据抽取工具 Web-Harvest 下载及配置。Windows 环境下，配置好了 jre 环境，下载工具 Web-Harvest 即可直接进行运行，下载地址为 http://Web-harvest.sourceforge.net/，根据其模板编写语法并通过语法验证后即可在其自带的 GUI 环境下运行，如图 7-10 所示。本书在系统实现时对 Web-Harvest 进行了简单包装，以方便集成到 Nutch 的 parse-html 插件中，将结构化数据抽取流程整合到 Nutch 爬虫任务的运行过程中。

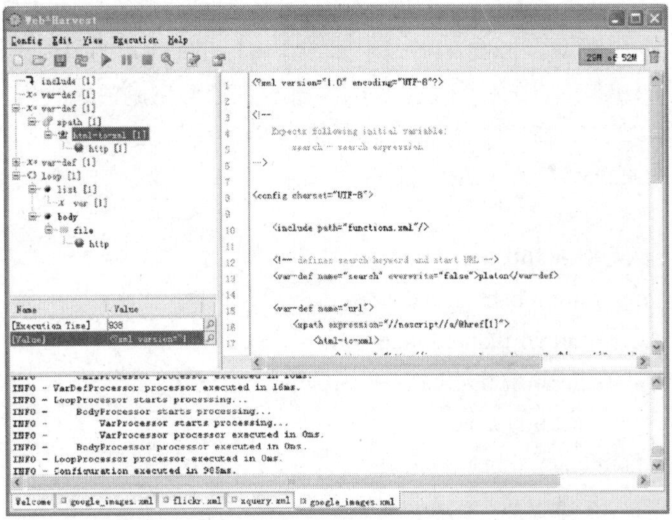

图 7-10　Web-Harvest GUI 运行截图

（4）商品目录本体模型构建。本原型系统以服装行业作为应用领域实现，建立的领域商品目录本体基于在线商品目录中服装产品目录结构及内容调研结果，以第 6 章提出的产品本体元模型为指导，参考商品目录本体分级标准 UNSPSC 和 eCl@ss，并使用服装中文术语国家标准进行中英文概念互译，使用本体开发工具 Protégé 进行构建，在 6.1.3 节中有比较详细的描述。

7.2.2　服装商品目录智能析取与集成系统核心功能实现

服装商品目录智能析取与集成系统核心功能模块包括：主题爬虫模块、结构化数据抽取模块、本体实例填充与语义集成模块，本书以电子商务站点中的服装目录为数据来源，实现了上述各个模块的基本功能。

1．服装行业主题爬虫实现

主题爬虫在 Nutch 的基础上加入主题控制，以最大程度过滤主题不相关的网页为目标，从两个方面进行实现，URL 过滤和主题相似度计算。URL 过滤方面，Nutch 以种子 URL 列表为起点，通过 automaton-urlfilter.txt、crawl-urlfilter 、 domain-urlfilter 、 prefix-urlfilter 、 suffix-urlfilter.txt 、 regex-urlfilter.txt 这些配置文件以不同的过滤方式来进行爬虫运行过程中URL的过滤， 这里从起始URL列表、爬取主机过滤和URL正则过滤三个方面进行URL的过滤。首先从页面来源上保证其主题的相关性，以抓取阿里巴巴网站上的服装产品目录下产品、企业及供应信息为例，实际的URL过滤配置情况如下。

（1）种子URL列表

```
http://gzjcfz8.cn.alibaba.com/
http://yanghuitianxia.cn.alibaba.com/
http://dgchaofanzhifu.cn.alibaba.com/
http://boaofuzhuang.cn.alibaba.com/
http://dgjcfz.cn.alibaba.com/
http://fxfs2008.cn.alibaba.com/
http://gzjcfz8.cn.alibaba.com/
http://miracles1688.cn.alibaba.com/
http://dgxiyanuo.cn.alibaba.com/
http://meosports.cn.alibaba.com/
……
```

（2）主机过滤

```
# accept hosts in MY.DOMAIN.NAME
+^http://([a-z0-9]*\.)*alibaba.com/
```

（3）URL正则过滤

```
+.*contact.*
+.*athena/companyprofile.*
+.*athena/contact.*
+.*intro.*
+.*buyer/offerdetail/[\d].*
+.*supplyself.*
+.*info\.cloth\.hc360\.com/[\d]+/[\d]+/[\d]+.*
+.*v3000103-d.*
+.seller/offerdetail.*
```

另一方面，经过 URL 过滤后抓取的页面中仍然包含了少量的非主体相关页面，因此需要使用页面主题相似度计算来进行 URL 提供的关联度的去噪。首先需要建立一个主题向量，通过从已经建立的商品目录本体中抽取领域概念集，对每个概念赋予一定的权重建立主题向量，由于初始权重分配比较均匀，因此本书定义了自调整算法，使用过程中会对概念词汇权重进行逐渐的调整。另外 Nutch 默认是基于单字分词的，对中文分词效果不佳，本原型系统实现中基于开源分词组件 JE 在 Nutch 中集成中文分词插件，实现了基于最大正向匹配方法的词库分词。文档向量部分词汇及权重如下：中山装 1\上衣 1\上装 1\丙纶 0.8\丝巾 0.7\丝带 1\丝棉 1\丝绒 1\丝绸 0.7\乔其纱 1\云锦 1\亚麻 0.7\人造丝 0.5\人造棉 0.5\人造毛 0.5\人造革 0.5\休闲服 1\休闲装 1\内衣 1\军服 1\军装 1\制服 1\制衣 0.3\刺绣 0.8\化纤 0.2\卡其 0.2\印花 0.1\厚薄 0.7\……。主题相关度判断核心代码：

```
public boolean isThemeRelated(String rawContent, String url) {
if(rawContent == null || rawContent.length() == 0) {
      return false;
}
String testTarget = rawContent.toLowerCase();
double threshold=conf.getFloat("theme.fuzzy.threshold", (float)   5.0);
int hitCount = 0;
double relativity = 0;
for(String word : themeVector.keySet()) {
      boolean isHit = testTarget.contains(word);
      if(isHit) {
            hitCount++;
            relativity += themeVector.get(word);
      }
      if(relativity >= threshold)
            break;
}
if(relativity >= threshold) {
```

```
            return true;
        }
        return false;
    }
```

主题爬虫模块执行完后生成的 Lucene 索引库情况如图 7-11 所示，从图中显示的信息可以得知本次抓取总共下载了 11 639 个网页，从右下子窗口中可以看到按照中文分词插件分词后的索引项文本，可以看出分词效果比较理想。

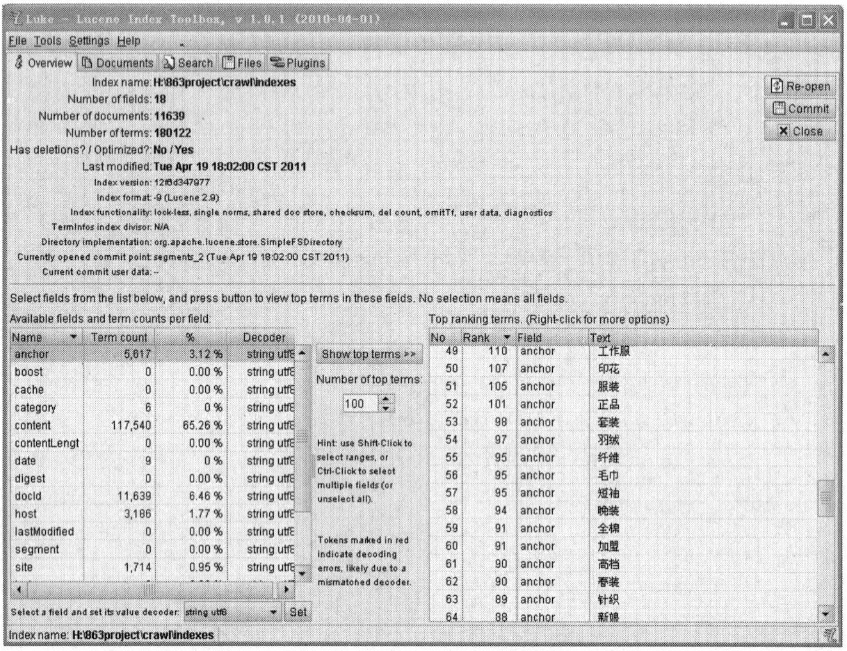

图 7-11　Lucene 索引库概况

2. 结构化信息抽取模块实现

结构化信息抽取模块包括两个部分的实现：模板管理子系统和 Web-Harvest 的集成。

模板管理子系统的功能包括基于数据库存储的模板增、删、查、改及模板的在线提交和验证，使用 jqery+servlet 实现并部署到 Tomcat 服务器，运行界面如图 7-12 所示。Web-Harvest 集成的实现：在 Web-Harvest 的基础上进行封装，加入基于数据库的模板加载和匹配、主题判断、抽取结果的数据库存储等实现，对外提供主题判断和结构化数据抽取调用，改动 Nutch 中 HTML 文档解析插件核心类 HtmlParser，在 Nutch 爬虫文档解析工作流程中，当页面被判定为主题相关时，即触发结构化数据抽取任务，进行数据抽取，然后将结果保存到 MySQL 数据库中建立的临时表 structdata 中。其中结构化数据抽取核心方法代码如下：

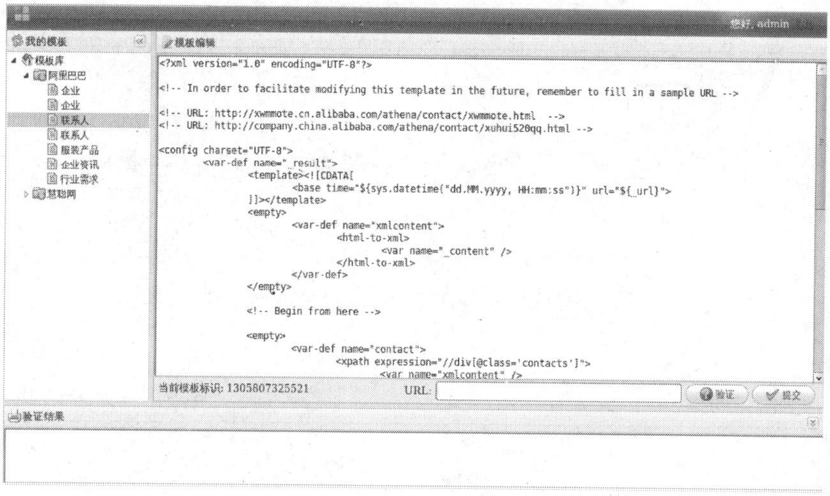

图 7-12　模板管理子系统运行界面

```
public String execute(String content) {
  //根据 url 匹配获取抽取模板
  Template template=TemplateRepository.get(conf).getTemplate(url);
  if(template == null) {
      return CATEGORY_OTHER;
  } else {
      InputSource inputSource = new InputSource(new StringReader(template.
getContent()));
```

```
        DBUtil dbUtil = null;
        Scraper scraper = null;
        try {
            // 初始化抽取器
            ScraperConfiguration config = new ScraperConfigura-tion(input
Source);
            scraper = new Scraper(config, ".");
            scraper.addVariableToContext("_url", url);
            scraper.addVariableToContext("_content", content);
            dbUtil = DBUtil.getInstance(conf);
            //调用 Webharvest 执行抽取任务
            scraper.execute();
            Variable result = (Variable)scraper.getContext().get ("_result");
            String sql = "INSERT INTO structData(templateId, url, content)
VALUES (?,?,?)";
            //抽取结果存入数据库
            dbUtil.update(sql, new Object[]{template.getId(), url, result.to
String()});
        } catch (Throwable e) {...}
        ...
        } finally {
            if(scraper != null)
                scraper.dispose();
        }
        return template.getType();
    }
}
```

对于 HTMLParser 的主要改动如下:

```
public ParseResult getParse(Content content) {
    ...
    // parse the content
```

```
    ...
    try {
            byte[] contentInOctets = content.getContent();
            InputSource input = new InputSource(new ByteArrayInput-Stream
(contentInOctets));
            ...
            content.getMetadata().set("Charset",encoding);
            String contentString = new String(contentInOctets, encoding);
            String urlString = content.getUrl();
            Theme theme = new Theme(getConf());
            //判断主题相关性
            boolean isThemeRelated = theme.isThemeRelated(content- String,
urlString);
            if(isThemeRelated) {
                //对主题相关的文档进行结构化数据提取
                    Harvest harvest = new Harvest(getConf(), urlString);
                    String category = harvest.execute(contentString);
                //在页面内容中的元数据中加入网页分类标签
                content.getMetadata().set("Category",category);
            } else {
                        return new ParseStatus(ParseStatus.NOTPARSED, ParseStatus.
NOTPARSED_THEME_UNRELATED, "This Web page is not theme-related").
getEmptyParseResult(content.getUrl(), getConf());
            }
        ...
  }
```

结构数据抽取效果如图 7-13 所示。

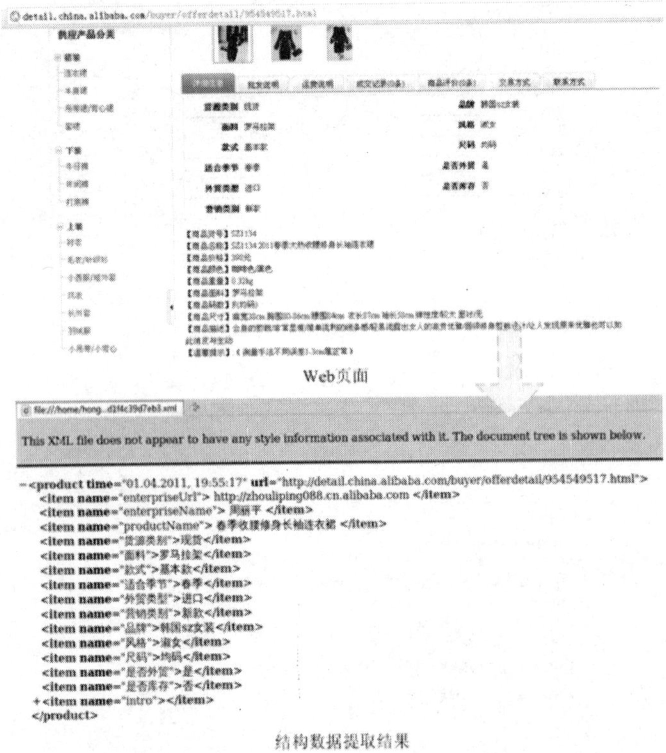

图 7-13　结构化数据抽取效果示例

3. 本体实例填充与语义集成

根据前文所述对知识库填充模块的设计编码实现了结构化数据的数据库存储和本体实例填充，接着需要结合前面的主题爬虫和结构化数据抽取实现以阿里巴巴网站中的服装产品目录为主要数据来源的运行测试，本次运行共抽取到 3344 个产品、1627 家企业、1413 名联系人和 1923 条供求信息的相关数据及这些实体和信息之间的关联关系。由于代码量较大，这里不进行详细代码的展示。

（1）数据库填充，如图 7-14 所示为进行数据库表记录填充后部分产品信息截图。

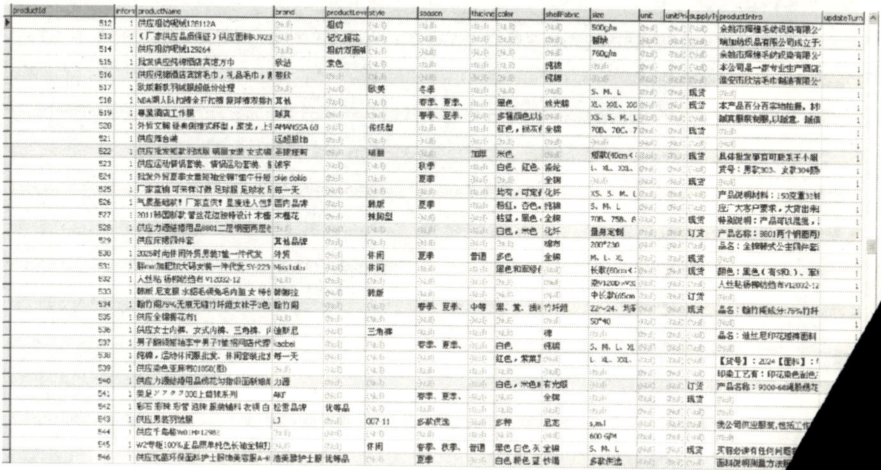

图 7-14　数据库产品表部分记录

（2）本体实例填充，以第 2 章中构建的领域商品目录本体[illegible]本体，本体实例填充将结构化数据抽取的实体信息映射并扩[illegible]本体模型中，运行过程包括类与实体的映射、实体属性的[illegible]步骤，本次运行的实例填充结果如图 7-15 所示。

以本次爬虫运行从 Web 页面中抽取到的产品和[illegible]据源，对领域商品目录本体进行实例填充，其总体[illegible]如表 7-2 所示。

由表 7-2 可知，企业实例填充匹配率要高于[illegible]主要原因是本书的商品目录本体模型的定义中[illegible]只定义了一个分类层次，因此进行概念实例[illegible]装产品分类缺乏统一的标准，导致领域本[illegible]准体系中的产品类别层次，甚至与中文[illegible]准有较大差异，因此产品实例匹配度[illegible]属性信息的缺失也是导致最终无法[illegible]少数实体无法匹配到具体的类别目[illegible]根目录下。

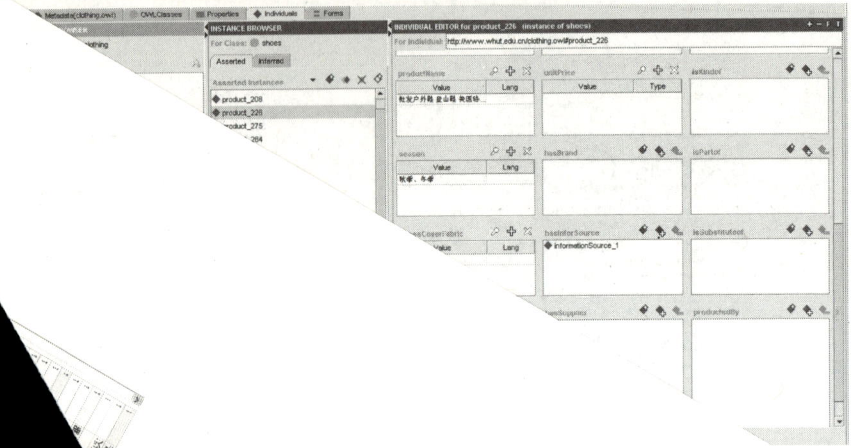

…模型为主干
…充到商品目录
…标准化与扩展等

…企业实体信息作为数
…填充效果已达到预期，

…产品实例的填充匹配率，
…企业属性定义相对简单，且
…匹配时成功率较高。但由于服
…体中的定义参考的是国际目录标
…环境下在线商品目录采用的分类标
…有待提高。另外很多产品实体部分
…配到本体中概念的重要原因，因此有
…录中去，而直接扩充到了产品和企业的

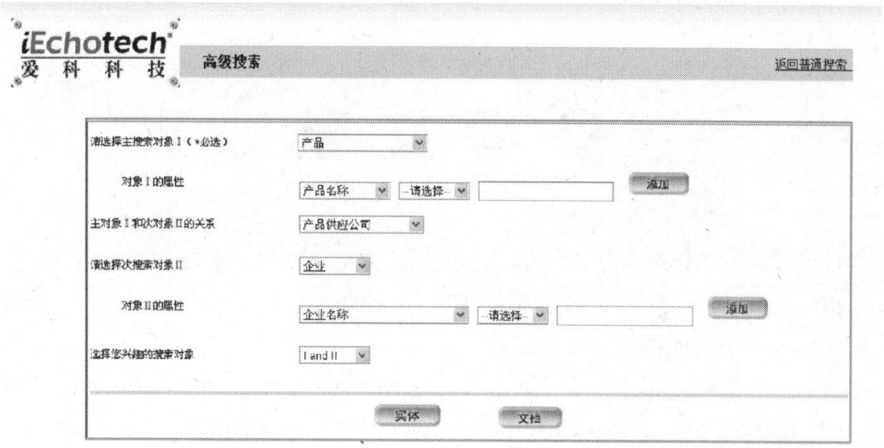

图 7-16　商品目录本体查询页面

实体名称	来源网站	实体详细信息
千彩画意儿童数字油画批发DIY油画数字绘画10X15CM 50个图	阿里巴巴	详细信息
恒源祥 男式半高拉链休闲纯山羊绒衫 YAR520220 专柜正品	阿里巴巴	详细信息
山东临沂圣迪玛品牌牛仔总经销，诚招各县市总代理~~	阿里巴巴	详细信息
供应印花茶巾	阿里巴巴	详细信息
羽绒服	阿里巴巴	详细信息
诚招羊绒衫代理加盟	阿里巴巴	详细信息
诚信经营棉系列服装面料 价格面议	阿里巴巴	详细信息
批发供应做工精良夏季新款白色褐色学生园服校服	阿里巴巴	详细信息
德国CRANE自行车雨披骑行雨衣	阿里巴巴	详细信息
供应经编面料	阿里巴巴	详细信息
2011可爱女童韩版两小口袋蕾丝套装-图色	阿里巴巴	详细信息
供应精品女西装 羊绒大衣 休闲裤小批量加工单	阿里巴巴	详细信息
和谐美淑女型羽绒内胆	阿里巴巴	详细信息
供应皮衣.羊皮.牛皮.猪皮.服装系列	阿里巴巴	详细信息
梦田斜纹四件套	阿里巴巴	详细信息
连体工作服	阿里巴巴	详细信息
供应羊绒衫,羊毛衫\来料加工定做	阿里巴巴	详细信息
草编书架式杂货架	阿里巴巴	详细信息

图 7-17　目录产品查询结果界面

参考文献

[1] Hotho, A., Maedche, A., & Staab, S. Ontology-based text clustering[J]. Proceedings of the IJCAI-2001 workshop text learning: Beyond supervision,Seattle. 2001,1-13.

[2] Wei, J., Bressan, S., & Ooi, B. C. Mining term association rules for automatic global query expansion: Methodology and preliminary results[C]. Proceedings of the first international conference on Web information systems engineering, Hong Kong, 2000(1): 366-373.

[3] Wooju Kim,Dae Woo Choi,and Sangun Park. Product Information Meta-search Framework for Electronic Commerce Through Ontology Mapping[C].ESWC 2005,408-422.

[4] Hadi Khosravi. Designing a Catalog Management System- an Ontology approach[J].Malaysian Journal of Computer Science, 2007,21(1):35-50.

[5] E.Schulten et al. The e-commerce product classification challenge[C]. IEEE Intelligent Systems, USA, 2001,86-93.

[6] Martin Hepp,Joerg Leukel,Volker Schmitz. A quantitative analysis of product categorization standards:content,coverage,and maintenance of eCl@ss,UNSPSC,eOTD, and the RosettaNet Technical Dictionary[J]. Knowledge and Information Systems.2007(13):77-114.

[7] Ick-Hyun Kwon,Chang Ouk Kim. Recommendation of e-commerce sites by matching category-based buyer query and product e-catalogs[J].Computers in Industry,2008(59):380-394.

[8] Hepp, Martin.GenTax: A generic methodology for deriving OWL and RDF-S ontologies from hierarchical classifications, thesauri, and inconsistent taxonomies Semantic Web: Research and Applications[C]. Proceedings 4th European Semantic Web Conference, ESWC 2007,129-144.

[9] Shim,Junho.Shim,Simon S.Y. Ontology-based e-Catalog in e-commerce[J]. Electronic Commerce Research and Applications,2006,5(1):1-3.

[10] Dongkyu Kim, Sang-goo Lee. A Semantic Classification Model for e-Catalogs[C]. Proceedings of the IEEE International Conference on E-Commerce Technology,2004,85-92.

[11] Lee,Taehee Lee,Ig-Hoon Lee,Suekyung. Building an operational product ontology system[J]. Electronic Commerce Research and Applications, 2006,5(1):16-28.

[12] Sangun Park , Wooju Kim. Ontology Mapping Between Heterogeneous Product Taxonomies in an Electronic Commerce Environment[J]. International Journal of Electronic Commerce, 2007–8(12):69-87

[13] 邹文科,孟祥武.基于语义 Web 的商品语义检索系统[J]. 计算机科学,2006,33(8):240-242.

[14] CORCHO O,GOMEZ2PEREZ A. Solving Integration Problems of E-commerce Standards and Initiatives through Ontological Mappings[C]. Proceedings of the Workshop on E-Business and Intelligent Web at the Seventeenth International Joint Conference on Artificial Intelligence(IJCA I22001).Seattle,USA, 2001,909-924.

[15] Katarina Stanoevska-Slabeva.Internet electronic product catalogs: an approach beyond simple keywords and multimedia[J]. Computer Networks, 2000(32):701-715.

[16] Obrst, L., Wray, R.E., Liu, H.: Ontological Engineering for B2B E-Commerce[C]. In: Proceedings of the International Conference on Formal Ontology in Information Systems(FOIS 2001), Ogunquit, Maine, USA, 2001(10) :17-19.

[17] Tolksdorf, R., Bizer, C., Eckstein, R., Heese, R.: Business to Consumer Markets on the Semantic Web[C]. In: Proceedings of the On The Move to Meaningful Internet Systems OTM 2003 Workshops, Catania, Sicily, Italy, 2003(11) :3-7.

[18] Jeongsoo Lee, Heekwon Chae.Design of product ontology architecture for collaborative enterprises[J]. Expert Systems with Applications,2009(6):

2300-2309.

[19] Hepp,Martin: Products and Services Ontologies:A Methodology for Deriving OWL Ontologies from Industrial Categorization Standards[J]. Int'l Journal on Semantic Web & Information Systems (IJSWIS), 2006,2(1):72-99.

[20] Z Cui. An ontology-based approach to eCatalogue Management[J]. BT Technology Journal ,2003,21(4):76-83.

[21] Nie Guihua,Zhang Bo. The Design and Implementation on Chinese E-commerce Semantic Lexicon [C]. ECNET,2008 International Conference on Computer Science and Software Engineering.Wuhan, China,2008(12): 753-755.

[22] Brunner, J.-S.Explorations in the use of semantic Web technologies for product information management[C]. 16th International World Wide Web Conference, WWW, 2007,747-756.

[23] D.Kim, J.Kim, and S.Lee. Catalog Integration for Electronic Commerce through Category-Hierarchy Merging Technique[C].12th International Workshop on Research Issues on Data Engineering （RIDE2002）, IEEE Society, 2002,28-33.

[24] H.Lee and J.Shim: Product Ontology and OWL Correspondence[J]. Studies in Computational Intelligence(SCI), 2008(110) :1-14.

[25] J.Guo, C.Sun. Collaborative product representation for emergent electronic marketplace[C]. Proceedings of the 16th Bled e-Commerce Conference e-Transformation, 2003(16):847-859.

[26] Hepp Martin.GoodRelations: An Ontology for Describing Products and Services Offers on the Web[C]. Lecture Notes in Computer Science ,5268 LNAI, 329-346.

[27] Domenico Beneventano.A framework for the classification and the reclassification of electronic catalogs[C]. 2004 ACM Symposium on Applied Computin, 2004,784-788.

[28] A. Maedche, S. Staab, Ontology learning, in: S. Staab, R. Studer(Eds.), Handbook on Ontologies[J]. International Handbooks on Information

Systems, Springer-Verlag, 2004,173-190.

[29] R. Navigli, P. Velardi, Learning domain ontologies from document warehouses and dedicated Websites[J]. Comput. Linguist. 2004,30(2): 151-179.

[30] P. Buitelaar, D. Olejnik, M. Sintek, A protege plug-in for ontology extraction from text based on linguistic analysis[J]. in: Proceedings of the 1st European Semantic Web Symposium(ESWS), 2004,5(3053):31-44.

[31] Avigdor G, Giovanni M, Hasan J. OntoBuilder: Fully automatic extraction and consolidation of ontologies from Web sources[C]. In: Proc. of the ICDE 2004. Boston: IEEE Computer Society, 2004:853-853.

[32] Maedche, A., & Staab, S. Ontology learning for the semantic Web[C]. IEEE Intelligent Systems, 2001,16(2):72-79.

[33] Khan, L., & Luo, F. Ontology construction for information selection[C]. Proceedings of the 14th IEEE international conference on tools with artificial intelligence, Washington, DC,2002,122-127.

[34] Kietz, J. U., Maedche, A., & Volz, R. A method for semi-automatic ontology acquisition from a corporate intranet[J]. Proceedings of the EKAW'2000 workshop on ontologies and texts. France: Juan-les-Pins. 2000.

[35] Tan, K. W., Han, H., & Elmasri, R. Web data cleansing and preparation for ontology extraction using Wordnet[C]. Proceedings of the first international conference on Web information systems engineering, Hong Kong, 2000(2):11-18.

[36] Sung-Shun Weng, Hsine-Jen Tsai. Ontology construction for information classification[J]. Expert Systems with Applications,2006(31):1-12.

[37] Alani, H., Kim, S., Millard, D. E., Weal, M. J., Hall, W., Lewis, P. H., et al. Automatic ontology-based knowledge extraction from Web documents[C]. IEEE Intelligent Systems, 2003,18(1):14-21.

[38] 杜小勇，李曼，王珊．本体学习研究综述[J]．软件学报，2006,17(9): 1837-1847.

[39] Deitel A, Faron-Zueker C, Dieng R. Learning ontologies from RDF

annotations[J]. In: MaedeheA, StaabS，Nedellec C, Hovy E, eds. Proceedings of IJCAI-01 Workshop on Ontology Learning 0L-2001, Seattle, 2001. Menlo Park: AAAI Press, 2001.

[40] Johannesson P. A method for transforming relational schemas into conceptual sehemas[J]. In: Rusinkiewicz M,ed. Proc.of the ICDE’ 94. Boston:IEEE Computer Society, 1994,190-201.

[41] 傅魁. 基于 Web 的本体学习研究[D]. 武汉理工大学：博士学位论文，2007.

[42] E. Charniak, M. Berland, Finding parts in very large corpora[C]. in: Proc. of the 37th Annual Meeting of the ACL, 1999,57-64.

[43] P. Cimiano, J. Wenderoth, Automatically Learning Qualia Structure from the Web[C]. in: Proceedings of the ACL Workshop on Deep Lexical Acquisition, 2005,28-37.

[44] I. Yamada, T. Baldwin, Automatic discovery of telic and agentive roles from corpus data[C]. In: Proc. of the 18th Pacific Asia Conference on Language, Information and Computation, Tokyo, Japan, 2004(10): 115-141.

[45] R. Girju, D. Moldovan, Text Mining for causal relations[C]. In: Proc. of the FLAIRS Conference, 2002,360-364.

[46] M. Poesio, A. Almuhareb.Identifying concept attributes using a classifier[C]. In: Proc. of the ACL-SIGLEX Workshop on Deep Lexical Acquisition, Ann Arbor, 2005,18-27.

[47] J. Pustejovsky, J. Castano, J. Zhang, B. Cochran, M. Kotecki. Robust relational parsing over biomedical literature: Extracting inhibit relations[C]. In: Pacific Symposium on Biocomputing, 2002,362-373.

[48] S. Vintar, L. Todorovski, D. Sonntag, P. Buitelaar. Evaluating context features for medical relation mining[J]. In: ECML/PKDD Workshop on Data Mining and Text Mining for Bioinformatics, 2003.

[49] A. Almuhareb, M. Poesio, Attribute-based and value-based clustering: an evaluation[C]. In: Proceedings of the Conference on Empirical Methods and Natural Language Proceedings, Barcelona, Spain, 2004,158-165.

[50] A. Popescu, O. Etzioni, Extracting product features and opinions from reviews[C]. In: Proceedings of the Conference on Human Language Technology and Empirical Methods in Natural Language Processing, Vancouver, Canada, 2005,339-346.

[51] Luke K. McDowell, Michael Cafarella. Ontology-driven, unsupervised instance population[J]. Proceedings in Web Semantics: Science, Services and Agnets on the World Wide Web 2008(6):218-236.

[52] Canny J F.Collaborative Filtering with Privacy via Factor Analysis[C]. SIGIR'02.Tampere, Finland, 2002.

[53] Gadanho SC, Lhuillier N. Addressing Uncertainty in Implicit Preferences[C]. The ACM Conference on Recommender Systems, 2007,97-104.

[54] http://www.ccw.com.cn/product/ptech/htm2003/20030627_10UU7_5. htmGeyer W, Dugan C, Millen DR, Muller M, Freyne J. Recommending topics for self-descriptions in online user profiles. Proceedings of the ACM Conference on Recommender Systems, 2008,59-66.

[55] http://www.Webwatchernow.com/

[56] http://www.ics.uci.edu/~pazzani/Syskill.html

[57] Dunja Mladeni.Personal WebWatcher:design and implementation[C]. Technical Report, IJS-DP-7472.

[58] 李春,朱珍民,叶剑,周佳颖.个性化服务研究综述[J].计算机应用研究,2009(11):4001-4005,4009.

[59] Niederée C,Stewart A,Mehta B,et al.A Multi-dimensional Unified User Model for Cross System Personalization[C]. Workshop on Environments for Personalized Information Access. Gallipoli, Italy, 2004:278-289.

[60] Mehta B, Niederée C, Stewart A, et al.Ontologically Enriched User Profiling for Cross System Personalization[C]The 10th International Conference on User Modeling.Edinburgh,UK,2005.

[61] Heckmann D, Brandherm B, Schmitz M,et al.GUMO:The General User Model Ontology[C].International Conference on User Modeling. Edinburgh, Scotland, 2005:428-432.

[62] 张付志,李伟静,朱彩云.基于领域本体的跨系统个性化服务用户模型[J]. 计算机工程,2009,7(13):31-33.

[63] Gorgoglione M, Palmisano C, and Tuzhilin A. Personalization in Context: Does Context Matter When Building Personalized Customer Models? [C] Proceedings of the Sixth International Conference on Data Mining, Boston, 2006,222-231.

[64] Palmisano C,Tuzhilin A,Gorgoglione M. Using Context to Improve Predictive Models of Customers in Personalization Applications[C]. IEEE T. Knowl. Data En,2008,20 (11):1535-1549.

[65] Schilit B, Adams N, Want R. Context-aware Computing Applications[C]. IEEE Workshop on Mobile Computing Systems and Applications, Santa Cruz, CA, 1994.

[66] Adomavicius, G., Tuzhilin, A. User profiling in personalization publication through rule discovery and validation[C]. Proceeding of the 5th International Conference on Data Mining and knowledge Discovery, NewYor, 1999:377-381.

[67] Montaner, M., Lopez, B. and Rosa, J. A taxonomy of recommender agents on the Internet. Artificial Intelligence Review ,2003(19):285-330.

[68] Adomavicius, G., Sankaranarayanan, R., Sen, S. and Tuzhilin, A. Incorporating contextual information in recommender systems using a multidimensional approach[J]. ACM Transactions on Information Systems (TOIS),2005(23): 103-145.

[69] Adomavicius, G. and Tuzhilin, A. Toward the next generation of recommender systems: A survey of the state-of-the-art and possible extensions[C]. IEEE Transactions on Knowledge and Data Engineering , 2005(17):734-749.

[70] Abernethy, J., Bach, F., Evgeniou, T. and Vert, J.-P. A new approach to collaborative filtering: Operator estimation with spectral regularization[J]. The Journal of Machine Learning Research,2009(10): 803-826.

[71] 许海玲,吴潇,李晓东， 等.互联网推荐系统比较研究[J].软件学报, 2009,20(2):350-362.

[72] 蔡宏志.个性化信息推荐服务模式[J]. 情报杂志,2006(9):116-121.

[73] 吴丽花,刘摇鲁.个性化推荐系统用户建模技术综述[J]. 情报学报. 2006, 25(1):55-61.

[74] Ming Ren, Qiang Wei, Fei Li, Guoqing Chen. Personalized Recommendation Using Rule Mining in Neighborhood[C]. The Asia Pacific Conference on Information Management, Beijing, China, 2009(3).

[75] Ayse B.Bener, Volkan Ozadali, Erdem Savas Ilhan. Semantic matchmaker with precondition and effect matching using SWRL[J].Expert Systems with Applications,2009(36):9371-9377.

[76] Chrysanthos Dellarocas, Guodong Gao,Ritu Narayan.Are Customer More Likely to Contribute Online Reviews for Hit or Niche Products? [J] Journal of Management Information System, 2010, 27(2):127-158.

[77] Duen-Ren Liu,Yuh-Jaan Lin,Chung-Min Chen.Deployment of personalized e-catalogues: An agent-based framework integrated with XML metadata and user models[J].Journal of Network and Computer Applications,2001,24(3):201-228.

[78] Hye-young Paik, Boualem Benatallah. Personalised Organisation of Dynamic e–Catalogs[C]. Web Services,E-Business,and the Semantic Web,CAiSE 2002 International Workshop.Toronto,Canada, 2002:139-152.

[79] Chinho Lin a, Chienwen Hong. Using customer knowledge in designing electronic catalog [J].Expert Systems with Applications, 2008(34):119-127.

[80] Ick-Hyun Kwon, Chang Ouk Kim. Recommendation of e-commerce sites by matching category-based buyer query and product e-catalogs[J]. Computers in Industry,2008(59):380-394.

[81] Peter Haase,Andreas Hotho. Collaborative and Usage-driven Evolution of Personal Ontologies[C]. In Proc. Second European Semantic Web Conference (ESWC), Crete, 2005(3532):486-499.

[82] Yu-Chen Chen,Shang-Juh Kao. Application Services Based on Personal Data Ontology[C]. 5th IEEE/ACIS International Conference on Computer and Information Science and 1st IEEE/ACIS International Workshop on Component-Based Software Engineering,Software Architecture and Reuse (ICIS-COMSAR'06),2006,280-285.

[83] 韩永国,孙世新.个性化本体的知识查询研究[J].计算机科学,2006,33(10):141-143.

[84] Jae-won Lee, Taehee Lee. Massive Catalog Index based Search for e-Catalog Matching[C]. in Proceedings of the 9th IEEE International Conference on e-Commerce Technology. Tokyo. IEEE Computer Society,2007,341-348.

[85] Mobasher Bamshad, Burke Robin, Bhaumik Runa, Williams Chad. Toward trustworthy recommender systems: An analysis of attack models and algorithm robustness [J]. ACM Transactions on Internet Technology, 7(4), 2007.

[86] 邹文科,孟祥武.基于语义 Web 的商品语义检索系统[J]. 计算机科学,2006,33(8):240-242.

[87] E.Schulten et al..The e-commerce product classification challenge[C]. IEEE Intelligent Systems Magazine, special issue on Intelligent E-business, USA, 2001(8):86-93.

[88] Fensel, Omelayenko, Ding, Schulten, Botquin, Brown, Flett.A Product Data Integration in B2B Electronic Commerce[C].IEEE Intelligence System, 2001,6(3).

[89] Rakesh Agrawal, Ramakrishnan Srikant.On integrating catalogs[C]. Proceedings of the 10th international conference on World Wide Web, 2001.

[90] Harmonized system committee.Harmonized System Convention. Available at:http://www.wcoomd.org/home_hsoverviewboxes_committees_committ strchs.htm, 2004.

[91] UNDP.United Nations Standard Products and Service Code, White Paper. Available at: http://www.unspsc.org/, 2001.

[92] Cologne Institute for Business Research. eCl@ss-New Standardized Material and Service Classification. Available at: http://www.eclass-online.com/, 2004.

[93] H. Ji, M.C. Yang, T. Honda.A probabilistic approach for extraction design preferences from design team discussion[C].Proceedings of the ASME International Design Engineering Technical Conference & Computer and Information in Engineering Conference, Las Vegas, 2007(9).

[94] S. Orsborn, J. Cagan, P. Boatwright. Quantifying aesthetic form preference in a utility function [J].Journal of Mechanical Design, 2009 (131): 061001-1-061001-10.

[95] Erin F. MacDonald, Richard Gonzalez, Panos Y. Papalambros. Preference inconsistency in multidisciplinary design decision making [J].Journal of Mechanical Design, 2009 (131):031009-1-031009-13.

[96] Li, Xiaofei; Xia, Huan; Liang, Yueling.Technology of electronic catalogs semantic query and system research[C]. 2009 WRI World Congress on Software Engineering, 2009(2): 146-149.

[97] Qingtian Zeng, Zhongying Zhao, Yongquan Liang. Course ontology-based user's knowledge requirement acquisition from behaviors within e-learning systems [J]. Computers & Education, 2009 (53): 809-818.

[98] Chen Donglin, Li Liying. A Study on Semantic Query System and Key Technologies of Distributed E-catalogues.The 4th International Conference on Wireless Communications,Network and Mobile computing, DaLian,China,2008(10).

[99] Ayse B.Bener, Volkan Ozadali, Erdem Savas Ilhan. Semantic matchmaker with precondition and effect matching using SWRL[J].Expert Systems with Applications,2009(36):9371-9377.

[100] Yu-Liang Chi. Ontology-based curriculum content sequencing system with semantic rules[J]. Expert Systems with Applications,2009(36): 7838-7847.

[101] Donglin Chen, Xiaofei Li, Jun Zhang. User-oriented Intelligent service of E-catalog Based on Semantic Web.2010 The 2nd IEEE International

Conference on Information management and engineering ,2010(4): 449-453..

[102]丁峰.基于本体映射的电子目录智能服务理论研究[D]. 武汉理工大学硕士论文,2008.

[103]刘平峰,聂规划,陈冬林.基于知识的电子商务智能推荐系统平台设计[J]. 计算机工程与应用,2007,43(19).

[104] Resnick and Varian. Recommender systems [J].Communications of the ACM.1997, 40(3):56-58.

[105] Eric J.Glover, Steve Lawrence, William P.Birmingham, C.Lee Giles.Architecture of a MetasearchEngine that SupportsUser Information Needs[C].Proceedings of the eighth international conference on Information and knowledge management,1999(11).

[106] Marko Balabanovic.LEARNING TO SURF: Multiagent Systems for Adaptive Web Page Recommendation [D]. Stanford University, Department of Computer Science, 1998(5).

[107] 黄建海,王超,潘金贵.多 Agent 系统 DOLTRI-Agent 中的通信及其安全机制[J].计算机应用于软件,2001,8.

[108] 汪肇兵,朱桂林,陈震岳,石教英.个性化智能信息检索的设计与实现[J]. 计算机工程与应用,2001(11).

[109] Hepp, M., J. Leukel, et al. A quantitative analysis of product categorization standards: content, coverage, and maintenance of eCl@ss, UNSPSC, eOTD, and the RosettaNet Technical Dictionary[J]. Knowledge and Information Systems 2006(13): 77-114.

[110] Jesús del. Intelligent E-Learning Systems: Automatic Construction of Ontologies[J].AIP Conference Proceedings, 2008(1007):211-222.

[111] Farsani, H. K. and M. A. Nematbakhsh. Designing A Catalog Management System–An Ontology Approach[J]. Malaysian Journal of Computer Science,2007,20(1): 35.

[112] Wooju Kim,Dae Woo Choi,and Sangun Park. Product Information Meta-search Framework for Electronic Commerce Through Ontology Mapping[C].ESWC 2005,408-422.

[113] Park, S. and W. Kim. Ontology mapping between heterogeneous product taxonomies in an electronic commerce environment[C]. International Journal of Electronic Commerce, 2007,12(2): 69-87.

[114] Stanoevska-Slabeva, K. and B. Schmid. Internet electronic product catalogs: an approach beyond simple keywords and multimedia[J]. Computer Networks, 2000,32(6): 701-715.

[115] Brunner, J. S. Explorations in the use of semantic Web technologies for product information management[C].16th International World Wide Web Conference, WWW, 2007, 747-756.

[116] D.Kim, J.Kim, and S.Lee, Catalog Integration for Electronic Commerce through Category-Hierarchy Merging Technique[C].12th International Workshop on Research Issues on Data Engineering (RIDE2002), IEEE Society, 2002.

[117] H.Lee and J.Shim: Product Ontology and OWL Correspondence[J], Studies in Computational Intelligence (SCI) 110, 1-14(2008).

[118] J.Guo, C.Sun, Collaborative product representation for emergent electronic marketplace[C].iProceedings of the 16th Bled e-Commerce Conference e-Transformation, 2003.

[119] 刘丹,谢庆生,顾新建.电子商务环境下产品本体构建技术研究[J].计算机应用,2007,27(3):752-755.

[120] Wooju Kim. Agent based intelligent search framework for product information using ontology mapping[J].Journal Intellgent Information System,2008(30):227-247.

[121] Yi YU, Junwei YAN. Semantic Mapping in Product Design and Catalog Integration[C].2008 IFIP International Conference on Network and Parallel Computing, 2008,493- 498.

[122] 唐杰,梁邦勇,李涓子,等. 语义 Web 中的本体自动映射[J].计算学报, 2006, 29 (11) : 1956- 1976.

[123] Hepp,Martin: Products and Services Ontologies:A Methodology for Deriving OWL Ontologies from Industrial Categorization Standards[J].

Int'l Journal on Semantic Web & Information Systems (IJSWIS),2006, 2(1):72-99.

[124] Hepp, Martin.GenTax: A generic methodology for deriving OWL and RDF-S ontologies from hierarchical classifications, thesauri, and inconsistent taxonomies Semantic Web: Research and Applications[C]. Proceedings 4th European Semantic Web Conference, ESWC 2007, 129-44.

[125] Hadi Khosravi. Designing a Catalog Management System- an Ontology approach[J].Malaysian Journal of Computer Science, 2007,21(1):35-50.

[126] Lee,Taehee Lee,Ig-Hoon Lee,Suekyung. Building an operational product ontology system[J].Electronic Commerce Research and Applications, 2006,5(1):16-28.

[127] Guo,J.Collaborative conceptualisation: towards a conceptual foundation of interoperable electronic product catalogue system design[J]. Enterprise Information Systems ,2009,3(1): 59-94.

[128] 傅魁. 基于 Web 的本体学习研究[D].武汉理工大学：博士学位论文，2007.

[129] A. Almuhareb, M. Poesio, Attribute-based and value-based clustering: an evaluation, in: Proceedings of the Conference on Empirical Methods and Natural Language Proceedings, Barcelona, Spain, 2004,158-165.

[130] A. Popescu, O. Etzioni, Extracting product features and opinions from reviews, in: Proceedings of the Conference on Human Language Technology and Empirical Methods in Natural Language Processing, Vancouver, Canada, 2005,339-346.

[131] Luke K. McDowell, Michael Cafarella. Ontology-driven, unsupervised instance population[J]. Proceedings in Web Semantics: Science, Services and Agnets on the World Wide Web 2008(6):218-236.

[132] 李晓菲. 面向客户的商品目录本体自动生成技术研究[D].武汉理工大学：硕士学位论文，2010.

[133] Asuncion Gomez-Perez et al.A survey on ontology learning methods and techniques. OntoWeb,2003.

[134] 杜小勇,李曼,王珊.本体学习研究综述[J].软件学报,2006,17(9):1837-847.

[135]刘柏嵩,高济.面向知识网格的本体学习研究[J].计算机工程与应用,2005(20):1-5.

[136] Marta Sabou. Learning Web Service Ontologies: an Automatic Extraction Method and its Evaluation[C].ISWC2005.

[137] Agirre E, et al. Enriching very large ontologies using the WWW .In Proc. of the ECAI 2004 Workshop onontology Learning,2000.

[138] Xu F, et al. A domain adaptive approach to automatic acquisition of domain relevant terms and their relations with bootstrapping. In Pro. of the LREC 2002.

[139] Missikoff M, Navigli R and Velardi P. Integrated approach for Web ontology learning and engineering[J]. IEEE Computer,2002,35(11):60-63.

[140] Navigli R, Velardi P, Gangemi A. ontology learning and its application to automated terminology translation[J]. IEEE Intelligent Systems,2003,18(1):22-31.

[141] G. Bisson, C. Nedellee, and L. Canamero. Designing clustering methods for ontology building-The Mo'K workbench. In Proc. of the ECAI Ontology Learning Workshop,2000,13-19.

[142] Velardi P, Fabriani P, Missikoff M. Using text proeessing techniques to automatically enrich a domain ontology. In Proc. of the FOIS New York: ACM Press,2001,270-284.

[143] Du B, Tian HF, Wang L, Lu RZ. Design of domain-specific term extractor based on multi-strategy[J]. Computer Engineering,2005,31(14):159-160.

[144] Fisher DH. Knowledge acquisition via incremental conceptual clustering, Machine Learning,1987,2(2):139-172.

[145] Bisson G. Learning in FOL with a similarity measure. In Proc. of the AAAI. SanFrancisco: Morgan Kaufmann Publishers,1992:82-87.

[146] Emde W, Wettsehereck D. Relational instance-based learning. In Proc. of the ICML'96. SanFrancisco: Morgan Kaufmann Publishers,1996, 122-130.

[147] Faure D, Nedellec C. A corpus-based conceptual clustering method for verb frames and ontology acquisition. In Proc. of the LREC,Granada,1998,5-12.

[148] Maedche A, Staab S. Discovering conceptual relations from text. In Proc. of the ECAI 2000 Amsterdam:105Press,2000,321-325.

[149] Nakaya N, Kurematsu M, Yamaguchi T. A domain ontology development environment using a MRD and text corpus. In Proc. of the Joint Conf on Knowledge Based Software Engineering,2002.

[150] Stojanovic L, Stojanovic N, Volz R. Migrating data-intensive Web sites into the semantic Web. In Proc. of the 17th ACM SymP, Newyork, 2002,1100-1107.

[151] 杨喜权,孔德冉.基于领域本体的 Web 信息抽取[J]. 信息技术,2009(009): 69-72.

[152] 柳佳刚,陈山.一种改进的基于本体的 Web 信息抽取[J].计算机工程,2010,36(2):39-44.

[153] 陈静,朱巧明.基于 Ontology 的信息抽取研究综述[J].计算机技术,2007,17(10):84-91.

[154] Embley, D., et al. Automating the extraction of data from HTML tables with unknown structure[J]. Data & Knowledge Engineering ,2005,54(1): 3-28.

[155] Applet D E, Isreal D J.Introduction to Information Extraction Technology. A Tutorial for IJCAL-99,1999.

[156] Schlyter. Structured Data Extraction[D].UMEA University Department of Computing Science: Master thesis,2007.

[157] 陈冬林,李晓菲,张军.客户视角的商品目录本体元模型[J].计算机应用,2010(012): 129-131.

[158] Nie Guihua,Zhang Bo. The Design and Implementation on Chinese E-commerce Semantic Lexicon ECNET,2008 International Conference on Computer Science and Software Engineering.Wuhan,China,2008(12).
[159] Z Cui. An Ontology- Based Approach to eCatalogue Management[J]. BT Technology Journal , 2003, 21(4): 76-83.
[160] Hepp Martin.GoodRelations: An Ontology for Describing Products and Services Offers on the Web[C].Lecture Notes in Computer Science ,5268 LNAI, 329-346.
[161] United Nations Development Programme, Business Function Identifiers (BFI), http://www.un-spsc.org/AdminFolder/documents/BFI.doc (now offline).
[162] F.Menczer, G.Pant, P.Srinivasan, Topical Web crawlers: evaluating adaptive algorithms[J]. ACM Transactions on Internet Technology (TOIT) , 2004, 4 (4):378-419.
[163] M.Ehrig, A.Maedche, Ontology-focused crawling of Web documents[J]. Proceedings of the Symposium on Applied Computing (SAC), 2003(5): 9-12.
[164] G.Pant, P.Srinivasan, Learning to crawl: comparing classification schemes[J]. ACM Transactions on Information Systems (TOIS), 2005,23 (4):430-462.
[165] 黄婵,罗艳梅. 基于领域本体的 Web 页面信息抽取[J]. 实验室研究与探索 2011,30(1): 62-65.
[166] Gutierrez, C., C. A. Hurtado, et al. Foundations of Semantic Web databases[J]. Journal of Computer and System Sciences 2011,77(3): 520-541.
[167] 柳佳刚,陈山.一种改进的基于本体的 Web 信息抽取[J]. 计算机工程,2010,36(4):39-44.
[168] Ji, X., J. Zeng, et al. Tag tree template for Web information and schema extraction[J]. Expert Systems with Applications, 2010,37(12): 8492-8498.

反侵权盗版声明